U0103019

當代觀察 10

琉球是我們的

胡志偉　編著

博客思出版社

目錄

序言

琉球回歸祖國運動，觸及小日本的脆弱神經

據日本《每日新聞》報道，十一月十日起日本舉行針對中國的大規模實彈軍演。演練在九州大分縣舉行，日本自衛隊模擬中國解放軍「入侵」包括釣魚島在內的西南諸島並作出防衛，參演的官兵及戰車規模龐大，並首次將民用船隻納入部隊運輸編組。

駐守北海道的陸上自衛隊最精銳的第七師團，更首次南下三千公里參與演習，以實踐「先發制敵、阻止侵略」及「機動防衛力」等戰略方針。

《每日新聞》說，這次演習是日本去年修訂防衛大綱，並明確將中國作為日本最大假想敵之後，舉行的一次大規模軍事演習。

中共軍情人士則指出，日本自衛隊從北海道調動最精銳部隊到九州參演，非同尋常，說明日本正在暗中擴大軍力，值得警惕。

軍演自十日起將演習至二十二日，在九州大分縣由布市的日出生台演習場舉行，規模為歷來最大，總共動員五千四百名官兵、一千五百輛戰車及三十架戰機，其中包括九〇式坦克、八九式裝甲車和八七式自走高射機關砲等。

駐守北海道千歲市的陸上自衛隊精銳部隊第七師團，派出二百三十五名官兵及五十二輛戰車參與演習，並首次徵用民間最高速的大噸位客貨兩用客輪 Natchan World 負責運送軍備。該船七日上午從北海道苫小牧西港出發，九日已抵達三千公里外的九州大分港。這種萬噸級客輪，時速卅六海浬，一次可以裝運三百五十輛汽車，搭乘一千七百四十六人。

　　日本過去為防範俄羅斯及北韓的侵略，陸上自衛隊的精銳大都部署在北海道和日本東北地區。日本當局此次為了演習，首次大規模將精銳部隊及戰車運送到北海道以外的地區，顯示軍演的中心是強化西南地區的防衛能力，防範中國突襲。

　　此次軍演是「防衛計畫大綱」頒布後，首次舉行的大規模實彈射擊訓練，模擬中國入侵包括釣魚島在內的西南諸島，以考驗自衛隊對這些島嶼的防衛能力。其中首次利用民間高速客輪讓部隊迅速集結到西南方，也實行了「防衛計畫大綱」的「機動防衛力」方針。

　　日本自衛隊舉行如此大規模的演習，自然有其深層原因。這使我憶及，自二〇〇八年以來，我在海外／境外報刊發表一系列文章，大力鼓吹琉球復國／琉球回歸祖國，引起海內外愛國同胞的共鳴。三年來，琉球歸屬問題已成為熱門話題，有等仁人之士建議國務院設立琉球辦，同時，我國的海軍艦艇已光明正大地進出宮古島海域宣示主權。這一連串大快人心的事。觸動了日本這個欺軟怕硬、下賤無恥民族的脆弱神經。據悉，日本防衛廳情報部加強了在香港布建的日本間諜網，專事搜集反日情報——包括保釣、琉球復國運動、東海石油勘探動向等等。這一切表明，國內有識之士與海外／境外愛國僑胞自發組織琉球復國／琉球回歸祖國的運動，大方向是正確的，是為捍衛國家尊嚴與領土主權作出了明鑒萬里的貢獻。

琉球屬於中國鐵證如山

　　1. 琉球自明代洪武五年起，時至清光緒五年，上下五百餘年附屬中國，其合法性來源於中央政府，琉球王累世接受明清兩朝

皇帝冊封和賜印，間歲一貢，歷奉中朝年號、曆朔，遵守中朝禮典，使用中朝律例，琉球官方文書、正史、外交條約均用漢文書寫。

2. 洪武七年，明太祖因琉球察度王之請，命吳楨率沿海之兵至琉球防守，使日本不敢萌其窺伺。康熙五十七年，清聖祖遣命向文思等前往督建武備，並在那霸江上重修南北炮臺，以防禦日本侵略。

3. 本洪武八年，太祖命附祭琉球山川于福建，表示琉球已正式歸入中國版圖，成為中國的屬地，劃歸福建省的一部。

4. 康熙五十八年，康熙特派測量官內廷八品官平安、監生豐盛額兩人，隨同冊封使海寶、徐葆光一道前往琉球，在琉球學者程順則的幫助下，完成《琉球三十六島圖》以補充《皇輿全覽圖》之用。

5. 中國從沒和日本簽訂任何條約、協定割讓琉球，雖然滿清總理衙門與日駐華公使簽訂了《球案約稿》，規定琉球八重山、宮古二群島屬大清國管轄，琉球本島及其以北屬日本國管轄，但清廷卻拒絕批准，因此不具有法律效力。

6. 琉球革命同志會會長曾多次表示希望琉球回歸中國。琉球革命者協會及琉球人民聯盟也曾向聯合國提出備忘錄，呼籲將琉

程順則（1662 - 1734），琉官，對琉球儒學作出相當推動。

球交還中國。

　　7. 一九四七年十二月一日，臺灣參議會請求收回琉球，一九四八年四月，中華民國政府通過了要求將琉球返還中國的決議案。

　　《每日新聞》近日在報道的下面製作了歷史資料鏈接，也顯示出沖繩對日本的長期不認同：一八七九年，日寇入侵琉球，琉球王國的士族要求清朝救援；一八九四年，日清戰爭，沖繩出現清兵來救援的流言；一九一一年，中國發生辛亥革命，部份沖繩報刊同時刊登日本和清朝的年號。《每日新聞》稱，沖繩從傳統上就有親中國的土壤，再加上駐日美軍基地問題引發對日本政府的不滿，讓沖繩對中國的親近感逐漸增強。

　　今年五月末，《每日新聞》和《琉球新報》聯合進行的民意調查顯示，沖繩支持日美安保條約的人僅有 7%。沖繩國際大學學者富川盛武認為，沖繩人當然是日本人，但沖繩人也有既是日本人又不是日本人、既是中國人又不是中國人的獨特感覺。

　　二〇〇五年日本內閣的一項調查顯示，25% 的縣民主張沖繩獨立，40% 的縣民認為自己是沖繩人。

　　《環球時報》記者去年到沖繩採訪時，曾經在石垣島上住了一晚。民宿的所有者是一位七十多歲的老太太，她在和記者聊天時說，她不是日本人，也不是美國人，她根本不認同這兩國的文化。她還用一種與日語相差很大的語言唱起了琉球歌謠。

歷屆中國政府債事　導致琉球長期淪陷

　　對於中國民間出現的「日本沒有對沖繩的合法主權」的說法，清華大學學者劉江永認為，從歷史及國際法上，日本對沖繩

都屬於強行吞併，並無合法主權。

實際上，日本對中國領土說三道四的言論更多，從台灣到新疆、西藏，被日本一些人拿來挑事兒，甚至還有學者公開聲稱中國應該分裂成幾部份。

日本 JCC 新日本研究所副所長庚欣認為，沖繩問題從來都不是中日之間的主流問題，它不是一個中日矛盾問題，而是日本國內問題。一些日本學者和媒體經常拿台灣、西藏等中國內政問題責難中國，因此中國學者這次也拿沖繩向日本「說事兒」，這更像是小孩打架，你打我一下，我還一下，沒有什麼實際意義。

中國社會科學院日本所學者吳懷中認為中國應擁有對沖繩的主權。他說，中國學者提出中國應收回沖繩主權，是給囂張的日本學者以警示。日本有人頻繁藉台灣問題向中國拋出不友好言論，一次又一次地抹黑中國形象，一次又一次地給中日關係增添雜音。中國很少對日本做出激烈回應。

吳懷中說，現在當中國民間提出一些在沖繩問題上反擊日本的聲音時，日本一些人卻反應強烈，並提升到中國霸權主義興起的層面，徹底顯示出日本自卑的心態和對華交往的嚴重「不誠信」態度。顯示出日本對待中國的不平等心態：只能允許自己往死裏罵別人，別人說自己一句壞話就暴跳如雷。中國學者藉沖繩對日本進行反擊，從歷史角度或現實角度都完全是無可厚非的對日本做出一些刺激，對中國奪回話語權有很大幫助。

本書以大量無可置疑的檔案、文獻、地圖，證明琉球主權絕不是日本的，只不過由於一百三十二年前，滿清政府腐敗無能，初則畏敵退縮，欲「以夷制夷」，「聯日抗俄」；繼而以新疆邊陲危急，拒絕批准總理衙門與日方議定的《琉球條約》，致使美國總統格蘭特的外交斡旋破局，琉球國王安置在宮古、八重山兩

群島、保其社稷、續行封貢的意願落空，導致琉球亡國，其國王長期被幽禁於日本。

一九四五年日本投降，琉球得以重生，日本殖民者也全數被盟軍遣返回日。一九四八年四月，中華民國政府通過了將琉球返還中國的決議案。但由於國共內戰方殷，美國出於冷戰思維亟欲重新武裝日本用以對付蘇聯在亞洲擴張勢力範圍，遂產生了將西太平洋戰略要津琉球群島的治權「歸還」日本的意念。

毛澤東「支持琉球歸還日本」貽害子孫後代

國府兵敗大陸退守臺灣後，雖保持聯合國席位達廿二年之久，但其國際地位遠遜於抗戰勝利的一九四五年，以致於被排除在一九五一年九月舉行的同盟國五十二國舊金山對日和會之外，而後國府單獨與日本談判締結「和平條約」時日本吉田政府以「臺灣地位未定」以及「歸還日本在台資產」等議題百般刁難勒索，致使中華民國政府為保留最後一塊落腳點而放棄對日抗戰索償，自然更不能提出琉球歸屬問題，同時也沒有與美國交涉琉球的歸屬問題，結果是舊金山對日和約沒有公開寫明琉球等託管地的主權問題，只是確認了美國在琉球的各項既得利益，達到了美國在琉球行使主權與治權的戰略目標，也為日後日本重佔琉球奠定了基礎。

國共內戰使中國失去了收回琉球群島的大好時機，這是歷史的不幸。然而我們回顧國民政府在戰時與戰後處理琉球問題的歷史過程，可以斷論政府高層缺乏海洋意識與海權思想，對於收復琉球的戰略意義沒有充份認識。在對美外交上，也僅著重於爭取美國支持戡亂戰事切勿中斷武器供應，而對周邊外交未給予足夠的重視，以致缺乏周全的戰略設計和堅定的外交政策。迨其退居

臺灣，雖然民間要求收回琉球的呼聲此起彼伏，且蔡璋等琉球復國運動領袖也提了不少回歸中國或琉球獨立的聲明，設若國府能善於運用民氣，再配合中華民國在聯合國安理會的常任理事國權威，則未必不能對琉球主權提出合理主張，或至少作為與美、日折衝樽俎的王牌，藉以擴張外交戰線。可惜葉公超操盤的外交部過於務實，過份考慮美國的立場，而將外交資源集中在抵禦「中共滲透、打壓臺灣」的議題上，故未能大張旗鼓地操作或炒作琉球問題，因而喪失主動權。正因為國府外交部門的退縮與畏首畏尾，使中華民國放棄了在琉球問題上縱橫捭闔的良機，遂令美國以其硬實力填補了東海海域的權力真空。

在海峽彼岸，一九四九至一九七六年在中南海皇宮坐龍廷的紅朝太祖高皇帝毛澤東乃是出身於農村破落戶的落魄書生，他以《三國演義》《資治通鑒》為治世之法寶，缺乏國際視野與國際戰略觀念，對海洋意識與海權思想更是一竅不通一無所知，以致愚不可及地繼承慈禧太后李鴻章之流的「以夷制夷」陋策與臭牌，竟然公開向日本左翼政客表示「支持沖繩歸還日本」，欲以此離間美日關係，其結果是美國佬順水推舟，將沖繩治權以 3.2 億美元賣給了豺狼成性、喪盡天良的小日本。

在學術界必須清算數典忘祖思潮

改革開放卅三年以來，對外學術交流日趨頻繁，國內外的解密檔案使長期被屏蔽的歷史得以真相畢露，這對於驅除愚昧、啟迪民智大有裨益，於是便產生了愛國者登高一呼、萬眾響應的「琉球回歸祖國」之群眾運動。然而，在極左、媚外思潮浸淫一甲子之久的學術界，至今猶有人認為我們不應該提出琉球歸屬問題，其理由有兩點（一）在古代，琉球只是中國的藩屬國，並不

表示是其直轄領土，（二）其餘藩屬國如朝鮮、安南（越南），現在不也是獨立的國家嗎？

其實不然，首先回答第一個問題：琉球是中國自治區而非藩屬國，其執政權合法性來源於中國中央政府，琉球王朝二十五位國王接受明清兩朝皇帝遣使冊封，使用中國所賜「尚」姓和印綬，歷奉中朝曆法、正朔，而琉球內政則實行高度自治，自為聲教，中國只是對琉球的國家安全（洪武七年，吳楨率兵至琉球防守。康熙五十七年，向文思前往琉球督遵武備，並在那霸江上重修南北炮臺）與外交事務（咸豐四年、五年、九年，琉球與美國、法國、荷蘭簽訂的外交條約均用中文和中國年號），實行保護和督導。何況早在洪武八年，明太祖即命附祭琉球山川於福建，表示琉球已正式歸入中國版圖，成為中國的屬地，劃歸福建省的一部。

至於朝鮮和越南現在是獨立國家，這是因為中國承認了其獨立，承認朝鮮獨立的是《馬關條約》，承認越南獨立的是《中法新約》，而對於琉球，沒有任何法律文本承認其獨立或者歸屬日本。雖然中日擬定了《球案條約》，規定琉球八重山、宮古二群島屬大清國管轄，琉球本島及其以北屬日本國管轄，但總理衙門卻根據李鴻章的建議拒絕簽字，更不說沒有得到光緒帝的御筆批准，因此，此協議不具備任何法律效力。

凡是真正閱中肆外、博古通今的學者都知道，中國古代的封建制度實為一種條理嚴密的聯邦國家制度，它與歐洲領主剝削農奴的封建制度迥然不同。歷代所謂藩屬藩國者，蓋即周制藩服的遺意。琉球群島藩屬於中國五百多年，今竟有人謂不能確認為中國領土，實誤於近世歷史觀念之謬誤，而對於中國歷史竟至渾渾噩噩，其數典忘祖，莫此為甚！

　　我們廣蒐歷史文獻、博採各家之言，編纂這本《琉球是我們的》正是為了拋磚引玉、喚起民眾關心國家大事。在未來的歲月，我們還要編纂《琉球是我們的》第二輯、第三輯以至第廿輯。亟盼海內外愛國同胞群策群力，同心同德，積極踴躍加入我們這個自發組織的「琉球回歸中國」運動，我們深信，笙磬同聲，眾擎易舉，我們的隊伍一定日益擴大壯盛，琉球回歸祖國的戰略目標也一定能早日實現！謹序

胡志偉

辛卯年立冬日於香港

琉球地圖

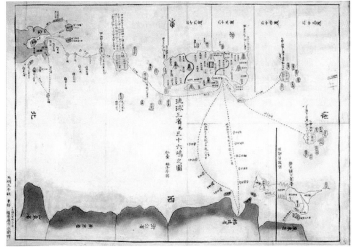
古代琉球國的疆域

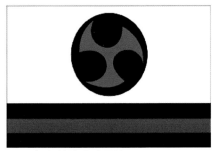
1875 年之前的琉球國旗

1875－1879 年的琉球國旗

琉球王國十七代尚灝王

琉球國宮女

琉球皇帝入城式

琉球使者紀連海朝貢圖

琉球使節一行在紫禁城外等候

康熙五十八年海寶出使琉球

清朝使者來冊封，琉球王接旨。

前往琉球的中國清朝使節

明神宗御筆——守禮之邦

雍正帝御書匾額——輯瑞球陽

乾隆帝御書匾額——永祚瀛嶠

琉球王上朝龍袍服

16－17 世紀的琉球士兵

琉球國王子按司大禮服

琉球王國末期的三司官

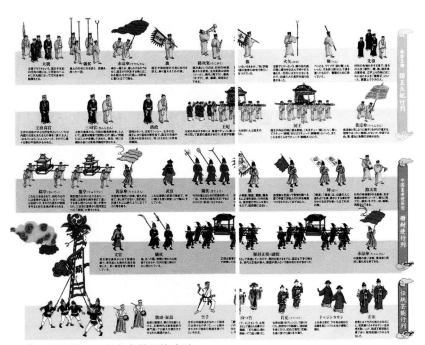

琉球王朝繪卷──處處中華民族痕跡

琉球國的王宮

琉球國美麗鳳凰木

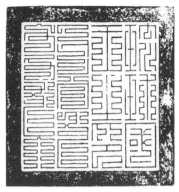

琉球國國王印

首里城牆遺址

琉球王國時期的古城遺址

中國畫家筆下的琉球人

古代琉球人的婚禮

琉球風俗畫貼漢風古韻

琉球龍舟

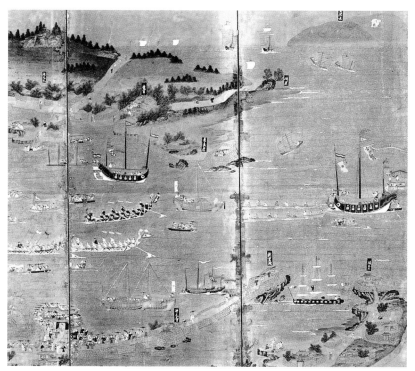

明朝時期的琉球那霸港

琉球國那霸港風光

酷似中土風俗的小琉球王船祭

琉球舞蹈

中國欽差來琉球宣示主權之禮儀

首里天樓彩繪

身著唐服的宮廷演出

琵琶演奏　　　　　　　　　　　　提箏演奏

月琴演奏

來自中土的鼓樂

琉球歷史

萬國津樑──琉球往事

　　琉球國是歷史上立國於琉球群島的國家，前後存在數百年。琉球國位於中國東海，歷史上多次向中國朝貢，屬於中國的附屬國地位與朝鮮相當，曾多次遭受日本入侵。1879 年 4 月 4 日被日本滅亡，國土被置為沖繩縣。琉球國因其特殊的地理位置作為東北亞和東南亞貿易的中轉站，貿易發達，號稱「萬國津樑」。琉球經常受到海嘯和颱風的影響。

南北綿延千餘公里　面積相當五個香港

　　琉球群島散佈在中國臺灣島東北和日本九州西南之間的海面上，包括先島諸島、大東諸島、沖繩諸島、大島諸島、吐噶喇諸島、大隅諸島等六組島嶼，每組都有許多大小島嶼，總計共有五十個以上有名稱有人居住的島嶼和四百多個無名小島，全部陸地面積為 4670 平方公里。琉球群島南北綿延達 1000 公里，它的西側是中國東海，東側是太平洋。群島中最大的島嶼是沖繩諸島中的沖繩島（即琉球大島），面積 1210 平方公里；其次是大島諸島中的奄美大島，面積 730 平方公里。

　　琉球王國疆域包括整個琉球群島，1609 年（明朝萬曆三十七年）日本薩摩藩入侵之後，琉球王國被迫把北方的一些小島嶼讓給薩摩藩作為貿易和駐紮日本官員之用。

　　琉球王國的都城為首里，歷代琉球國王及王族居住和處理政務的首里城和其他琉球文化遺跡在 2000 年被聯合國教育科學文化組織（聯合國教科文組織）定為世界文化遺產。

尚察度被推中山王　尚巴志統一琉球國

統一之前的琉球王國古代有關琉球的最早文字記述出現在《隋書‧流求傳》的相關記載中。

在隋朝史書中出現有關琉球的記載時，該群島的居民已經從原始社會步入了早期的氏族社會時代，或稱按司時代，此時在琉球島上已經出現了統治階級和被統治階級。

十五世紀之前，琉球已經存在山南、中山、山北三個王國，三國分別位於琉球大島的南部、中部、北部。根據《中山世譜》以及《明實錄》和朝鮮《李朝實錄》的記載，山南王國以大里按司為中心，包括大里、佐敷、知念、玉城、具志頭、東風平、島尻大里、喜屋武、摩文仁、真壁、兼城、豐見，大致疆域相當於今日沖繩島南端國場川——與那原一線以南的地域。中山王國以首里按司為中心，包括浦添、首里、那霸、北谷、讀谷、越來、中城、勝連、具志川各城，大致疆域為南至國場川——與那原一線，北至仲泊地峽。山北王國以今歸仁按司為中心，包括今歸仁、羽地、名護、國頭、金武、伊江、伊平屋（伊是名）等城，大致疆域為沖繩島仲泊地峽以北的部分，以及附近的伊江島和伊平屋島。

需要指出的是，在三王國時代，山南、中山、山北三國的勢力並未發展到北方的奄美諸島和南方的先島諸島，而是主要集中在琉球大島（沖繩島）本部。在三王國出現之前，外島按司與琉球本島各按司之間的關係是平等的。根據帶有神話色彩的《中山世鑒》記載，中山王先祖英祖在位時（相當於中國南宋的景定、咸淳時期），奄美、久米、慶良間等外島「來朝入貢」，但這一朝貢關係只是按司之間的結盟關係，而且到第四代王玉城王時

期，隨著琉球本島進入「國分為三」的時代，便已衰落了。

1350年（元朝至正十年），浦添按司尚察度取代英祖第六代世子，被推舉為中山王。尚察

琉球國英祖王朝建立者——英祖王（1229－1299）石棺

度王世子尚武寧王被佐敷按司尚巴志推翻，巴志自立為中山王。1416年中山王尚巴志征服山北。1429年尚巴志又征服山南，形成統一的琉球王國。此後尚德王相繼征服了喜界、慶良間、久米等島的按司勢力，尚真王征服了八重山、與那國等島，至1522年（明朝嘉靖元年）尚真王平定與那國島「鬼虎之亂」後，琉球王國終於將勢力擴張到整個琉球列島，確定了北起喜界島、奄美大島，南至宮古、八重山群島的疆界，即琉球史書中所稱「三省並三十六島」。

琉球貢船遇難台灣　日本乘機廢王設藩

入侵之初1871年11月30日，琉球宮古島民的兩艘進貢船（實際上是以進貢為名的商船），離開那霸港駛往中國。不幸中途遇暴風，漂流海上，一艘幸還，另一艘漂到臺灣西南海岸高山族牡丹社的八遙灣。該船共有船員69名，其中3名淹死，66名登陸。登陸的船員中，54名被臺灣高山族殺死，12名逃出，在鳳山縣受到清政府保護。同年12月11日，又有琉球八重山島民的兩

艘進貢船離開那霸港開往中國，中途遇暴風，漂流海上。一艘下落不明，另一艘於 12 月 28 日漂到臺灣，45 名船員同樣受到鳳山縣政府保護。1872 年 2 月，前後兩批琉球難民 57 人，由當局送到福州的琉球館，7 月平安回到那霸。同年 4 月，日本小田縣民 4 人，也遇難漂到臺灣，被高山族殺害。日本人大嘩，要求懲治清朝和琉球。1875 年，日本明治政府派遣松田道之赴琉球，強迫琉球國王停止向清王朝朝貢。（同樣的手法：日本也對朝鮮做過）松田道之帶來的日本政府的命令包括：1. 使用日本年號，廢止琉球對清朝朝貢和慶賀清帝即位而派遣使者的慣例，同時也廢除琉球國王更迭之際接受清朝冊封的慣例，以及琉球今後與清朝的交涉概由日本外務省管轄處分，撤銷在福州的琉球館，貿易業務由日本領事館管轄等。日本政府還命令琉球「藩王」入朝，研究政治厘革及興建之法。2. 強行將琉球納入日本版圖，強迫琉球和中國斷絕關係。松田道之是明治政府的內務大丞。派遣他到琉球，是因為此時明治政府已經將琉球劃歸內務府管理。1875 年的這份命令，直接背景是內務卿大久保利通向明治政府提出的關於琉球的建議。1874 年在北京簽訂完《北京專條》的大久保利通，回日本後便向明治政府提出「今通過與清國之談判，彼承認我征藩地為義舉，並出銀兩撫恤受害難民，雖似足以表明琉球屬於我國版圖之實跡，但仍難說兩國分界業已判然」，為將來計，期望明治政府借機斷絕琉球「與中國之關係，在那霸設置鎮台分營」。而更遠一點說，1871 年，日本明治政府廢藩置縣，完成了新的中央集權國家體制後，第二年即宣佈廢除琉球王國，設置琉球藩，改琉球國王尚泰為藩王。發展到 1875 年強迫琉球國王停止向清王朝朝貢，可以說是日本政府吞併琉球這一既定國策的一個必然環節。琉球王國被迫停止了對清朝的朝貢。1876 年，記載琉球王國

歷史的《中山世譜》、《球陽》的編撰也被迫停止。

恭親王昏憒怯懦　認琉球為倭屬土

一八七四年十月三十一日，同治十三年九月二十二日，北京。

大清欽命總理各國事務和碩恭親王，軍機大臣大學士管理工部事務文，軍機大臣協辦大學士吏部尚書寶，吏部尚書毛，戶部尚書董，軍機大臣兵部尚書沈，工部尚書崇，頭品頂戴兵部左侍郎崇，理藩院右侍郎成，三品頂戴通政使司副使夏；

大日本全權辦理大臣參議兼內務卿大久保；

為會議條款互立辦法文據事：照得各國人民有應保證不致受害之處，應由各國自行設法保全，如在何國有事，應由何國自行查辦。茲以臺灣生番曾將日本國屬民等妄為加害，日本國本意為該番是問，遂遣兵往彼，向該生番等詰責。今與中國議明退兵並善後辦法，開列三條於後：

一、日本國此次所辦，原為保民義舉起見，中國不指以為不是。

二、前次所有遇害難民之家，中國定給撫恤銀兩，日本所有在該處修道、建房等件，中國願留自用，先行議定籌補銀兩，別有議辦之據。

三、所有此事兩國一切來往公文，彼此撤回註銷，永為罷論。至於該處生番，中國自宜設法妥為約束，以期永保航客不能再受凶害。

同治十三年九月二十二日

會議憑單

大清欽命總理各國事務和碩恭親王，軍機大臣大學士管理工部事務文，軍機大臣協辦大學士吏部尚書寶，吏部尚書毛，戶部尚書董，軍機大臣兵部尚書沈，工部尚書崇，頭品頂戴兵部左侍郎崇，理藩院右侍郎成，三品頂戴通政使司副使夏；

日本全權辦理大臣參議兼內務卿大久保；

為會議憑單事：台番一事，現在業經英國威大臣同兩國議明，並本日互立辦法文據。日本國從前被害難民之家，中國先准給撫恤銀十萬兩。又日本退兵在台地方所有修道、建房等件，中國願留自用，准給費銀四十萬兩，亦經議定，准於日本國明治七年十二月二十日，中國同治十三年十一月十二日，日本國全行退兵，中國全數付給。均不得愆期。日本國兵未經全數退盡之時，中國銀兩也不全數付給。立此為據，彼此各執一紙存照。

同治十三年九月二十二

尚泰王密使上書李鴻章　乞問罪之師救傾覆之危

日本佔領琉球之後，將王室成員和國家大臣都遷往琉球，搶奪宮廷珍寶，大量文字資料被焚毀。

1879 年 3 月，日本向琉球秘密派出軍警人員，採取突然行動，在首里城向琉球王代理今歸仁王子命令交出政權。4 月 4 日，日本悍然宣佈「廢琉置縣」，即將琉球國改為沖繩縣。隨即大肆搶掠中琉往來的文書、文物和寶印，以及琉球國的政府檔案，企圖銷毀和隱匿歷史見證。並強迫尚泰王等前去日本。

1879 年日本吞併琉球後，琉球王國仍拼死反抗，發出血淚抗議，並曾秘密派官員赴天津謁見李鴻章，請求中國「盡逐日兵出

境」。清政府也據理與日本力爭過，但終究未能派兵援助琉球。這也是與清朝政府腐敗、實力衰落有關的。當時，琉球國陳情通事林世功還在北京自殺，以死抗議日本侵略，請求中國出兵。

日本佔領琉球後，宣稱琉球自古為日本屬國，偽造許多資料來證明，並將明朝時候薩摩藩侵略琉球解釋為幫助琉球解決困難。

清政府向日本政府提出抗議，認為琉球作為中國的藩屬，已經從琉球國的國史和日本人的史料裡得到證實，而且琉球與美英法等國也已經締結條約，而且在條約中，用中國文字，用中國年號紀年，等等事實證明琉球第一是一個獨立的國家，第二琉球為清朝的藩屬。派遣駐日本公使進行交涉。1877 年 12 月 18 日，清朝首任駐日公使何如璋、副使張斯桂、參贊黃遵憲等經神戶到達東京。此前，滯留在東京的琉球官員前往神戶，會晤何如璋陳述琉球國情，何如璋等到達東京後，琉球官員毛鳳來又迭次求見。

1877 年 4 月，琉球王尚泰在日本政府步步緊逼的形勢下，派遣妹婿向德宏等人秘密到達福州，陳述琉球國情，後經閩浙總督何璟等人上奏，但是並未離去。時至 1879 年（光緒五年）7 月 2 日，德宏等人「剃髮改裝」到達天津，向李鴻章繼續呼救。其呈送的文本中，先是言稱：現有漂流民來報，敝國已被日本滅亡。繼而則稱：「主憂臣辱，主辱臣死。宏等有何面目復立天地之間？生不願為日國屬人，死不願為日國屬鬼，雖糜身碎骨亦所不辭！在閩日久，千思萬想，與其曠日持久，坐待滅亡，莫如剃髮改裝，早日北上；與其含垢忍辱，在琉偷生，不如呼天上京，善道守死。合國臣民及商人鄉農，雪片信至，催宏上道，效楚國申包胥之痛哭，為安南裴伯耆之號求」，「伏惟中堂威惠于天下」，「速賜拯援之策，立興問罪之師」，以「救敝國傾覆之

危」。其情之切，「淚隨筆下」。

　　1879 年 7 月 23 日，琉球使者向德宏向李鴻章上請願書：具
稟，琉球國陳情陪臣國戚紫巾官向德宏等，為下情迫切，泣懇恩
准據情奏請皇猷，迅賜興師問罪，還復君國，以修貢典事。竊宏
奉主命，來津求援，瞬將十年（按，指 1876 年 12 月，向德宏曾
奉琉球國王尚泰之命，秘密來華，陳奏日本阻止琉球向中國朝貢
之事）。國主久羈敵國，臣民火熱水深。宏不忠不誠，以致未能
仰副主命。乃近住日本之華裔，帶來敝國密函，內云「日人又
脅迫敝國主再幽日京。且紫巾官金培義等，於客歲九月間由閩
回國，才到國後，日人拘禁獄中，至今不放」等情，前來。聞
信之下，肝膽崩裂！嗟乎，人誰無君？又誰無家？乃俾敝國慘無
天日！惟所以苟延殘喘者，仰仗天皇（按，指中國皇帝）之援拯
耳！茲幸法事大定（按，指中法戰爭結束），天朝無事之日，即
敝國復蘇之時也。若任日本橫行，彼
將謂天朝置敝國於度外。數百年國
脈，從是而斬，其禍尚忍言哉！伏惟
傅相老中堂，入贊機宜，出總軍務，
天朝柱石，久已上俞下頌，中外仰如
神明，必救敝國於水火，登之于衽
席。為此瀝情再叩相府，呼號泣血，
懇求老中堂恩憐慘情，迅賜奏明皇
上，嚴申天討，將留球日人盡逐出
境，庶乎日人狡逞之心從是而戢，敝
國主得歸宗社，亡而復存。非特敝國
君民永戴聖朝無疆之德，且與國共安
於光天化日之下，是有國之年仰沐

向德宏

皇上恩施，實出傅相老中堂之賜也。敝國上自國主，下至人民，生生世世，感戴皇恩憲德於無既矣！臨稟苦哭，不勝栗悚待命之至！須至稟者。

又有從被困日本的琉球國王那裡派的請求幫助的使者稱：敝國國主被日迫赴日本，革去王號，給予華族從三品職，著令歸國，敝世子留質日京等語。伏思敝國國主忍辱至此，無非以敝國素無武備，難以抗拒，故暫屈辱其身，上以延續敝國一線之命脈，下以保全敝國百姓之生靈，斷非甘心容忍，屈從倭令。其所以殷殷屬望於宏者，冀能籲請天朝拯救。

琉球駙馬向德宏　力斥倭寇無稽詞

日本寫了《說略》再三強調琉球為日本藩屬，是日本內政，並稱琉球上的人口是從日本遷去的。向德宏得知日本種種狡辯之後，寫文反駁日本的偽造觀點：

一、日本謂敝國屬伊南島，久在政教之下。引伊國史，謂朝貢日本，事實在中國隋唐之際。此謊言也。考敝國在隋唐時，漸通中國，嘗與日本、朝鮮、暹羅、爪哇、緬甸通商往來。至明萬曆間，有日本人孫七郎者，屢來敝國互市，頗識地理。因日本將軍秀吉著有威名，孫乃緣秀吉近臣說秀吉曰：倘赴琉球，告以有事於大明，彼必來聘。秀吉聽之，致書琉球。略曰：我邦百有餘年，群國爭雄，予也誕降，以有可治天下之奇瑞，遠邦異域，款塞來享。今欲征大明國，蓋非吾之所為，天所援也。爾琉球降候出師，期明春謁肥前轅前，若懈愆期，必遣水軍，悉屠島民。敝國懼其威，因修聘焉。若據日使所言，則敝國隋唐時已屬日本，何以至大明萬曆年間尚未入聘？其言之不實，不辨自明。

二、敝國距閩四千里，中有島嶼綿亙，八重山屬島近臺灣處，相距僅四百里，志略所謂去閩萬里，中道無止宿之地者，誤也。距薩摩三千里，中有島嶼綿亙，敝國所轄三十六島之內，七八島在其中。萬曆三十七年（1609 年），被日本佔去五島，亦在其中。志略所謂與日本薩摩相鄰，一葦可航者，誤也。今日本以敝國當薩摩三十一郡邑，謂久屬伊南島，實屬混引無稽之詞。

三、尚寧王被擒，事固有之。蓋因豐臣氏伐朝鮮之後，將構兵於大明，以敝國係日本鄰邦，日本前來借兵借糧，敝國不允所請，日本強逼甚嚴，尚寧更不承服。嗣後島津義久召在薩摩之球僧，親諭日本形勢，還告尚寧王，速朝德川。尚寧王不從，遂被兵。尚寧王為其所擒，此逼立誓文之所由來也。厥後，歲輸八千石糧於薩摩，以當納款，此蓋尚寧王君臣被困三年，不得已屈聽之苦情也。然而事在明萬曆三十七年，是時敝國久已入貢中朝。即以所逼誓文法章而言，亦無不准立國、阻貢天朝之事。且天朝定鼎之初，敝國投誠效順，迄今又二百餘年。恪遵會典，間歲一貢。嗣王繼立，累請冊封。日本向來亦稱琉球國中山王甚為恭順，皆無異說。乃自同治十年（1877 年）以來，謬改球國曰球藩，改國王曰藩王，派官派兵前來，此乃起釁天朝之所由來也。

四、自君君、祝祝為掌管祭祀之官時，則敝國已有神教。據云島祀伊勢大神，出自日本，不知敝國亦祀關聖、觀音、土地諸神，何嘗出自日本也？敝國冠婚喪祭，均遵天朝典禮。至席地而坐，設具別食，相沿已久，亦天朝之古制經典詳載也，焉知非日本之用我球制乎？敝國亦多用漢文，並非專用四十八字母也。如以參用四十八字母為據，則日本一向用天朝漢文，不止四十八字母者，日本亦可為天朝之物矣。有此牽強之理乎？

五、敝國自操土音，間有與日本相通者，係因兩國貿易往

來，故彼此耳熟能道。若未經與日本通商，則日本不能通敝國人之言語，敝國亦不能通日本人之言語。日本以敝國稱國作屋其惹為沖繩，形似浮繩，故曰沖繩始祖天孫氏。天孫氏乃天帝子所生，非日本人也。此語言與日本何涉，不待論辯而見誤矣。如按此論，則日本能操敝國言語，敝國亦可云日本為敝國之物也。

六、日本謂敝國有饑則發帑賑之，有仇則興兵報之，以為保庇其島民。此語強孰甚焉。敝國荒年，雖常貸米貸粟於日本，而一值豐年，便送還清楚，無有短欠。在日本只為恤鄰之道，在敝國只循乞糴之文。如即以此視為其島民，則泰西各國近年效賑天朝山西地方，以及天朝商人之施政奧國，則天朝可為泰西之地耶？奧國可為天朝之地耶？至臺灣之役，彼實自圖其私，且將生端於琉球。故先以斯役為之兆，何嘗為敝國計哉？敝國又何嘗樂日本代為尋釁哉？

七、日本謂敝國國體、國政，皆伊所立，敝國無自主之權。夫國體、國政之大者，莫如封爵、賜國號、受姓、奉朔、律令、禮制諸巨典。敝國自洪武五年入貢，冊封中山王，改流求國號曰琉球。永樂年間賜國主尚姓，曆奉中朝正朔，遵中朝禮典，用中朝律例，至今無異。至於國中官守之職名，人員之進退，號令之出入，服制之法度，無非敝國主及大臣主之，從無日本干預其間者。且前經與法、美、荷三國互立約言，敝國書中皆用天朝年月，並寫敝國官員名。事屬自主，各國所深知。敝國非日本附屬，豈待辯論而明哉？

格蘭特從中斡旋　三分琉球被擱置

交涉之後由於清政府的軟弱，加上當時西北，東北被俄國侵略，所以無暇顧及，駐日公使寫報告建議：放棄琉球則傷害了琉

球的感情，不放棄琉球則惹怒日本，多樹一敵，不如拖延擱置問題。1879 年 6 月 12 日（光緒五年四月二十三日），格蘭特及其隨員揚格（J. R. Young）和美國駐華副領事畢德格（W. N. Pethick）在天津會晤李鴻章，李鴻章要求他就琉球問題進行調停。格蘭特慷慨答應。在他的建議下，日本與中國就琉球問題提出讓琉球國王在南山復國，清朝諮詢琉球國王意見。國王說：南山土地貧瘠，無法生存。清政府拒絕了這個建議。1880 年 4 月 4 日，李鴻章會見竹添進一，並出示了琉球三分方案，也即包括琉球本島在內的中部各島歸還琉球，恢復琉球王國，將宮古及八重山以南各島劃歸中國，將包括奄美大島在內的五島劃歸日本。據李鴻章講，這是何如璋訪問美國駐日公使平安時，由平安秘密出示的，是平安與格蘭特協商決定的。7 月 30 日（六月二十四日），恭親王等在奏摺中也談到：「臣等接何如璋報晤美國駐日使臣平安稱：格蘭特擬一辦法，球地本分三島，議將北島歸日本，中島還琉球，南島歸中國，似此事了，亦兩國有光。又稱格蘭特將大局說定，然後回國云云。」以上所提的建議後來都沒有達成共識。琉球被日本佔領，並成為沖繩縣已經成為事實，而清朝不在與日本的談判條約上簽字，最終琉球問題擱置下

宮古島

來。琉球在清朝不盡力的交涉和日本強行佔領既成事實的情況下
滅亡。

衣冠典章模倣中土　海上貿易盛極一時

1879 年 4 月，日本派出了一支由 450 名軍人和 160 名警察組
成的隊伍，前去鎮壓了已有 200 年不設軍隊的琉球「藩王」，不
容分說將王室強行遷移到了東京，並廢除藩政改為由日本政府直
轄的沖繩縣。

1875 年 –1879 年的琉球國旗琉球的政治架構分為：國王、國
相、寨社三個大體的層次。

國王分有王妃、世子、郡主、附賓（駙馬的低一級稱謂）、
攝政（當國王去世，而世子還沒有得到古代中國中央政府的正式
任命）五種官稱。

國相是一國的行政首腦，國相由國王任命。在琉球的歷史當
中，有很多從中國遷過去的人擔任過這個職位。國相統轄的除了
各個島嶼的「寨社」的「長官」和「酋長」，還管轄國家機構中
的有負責管理出使中國的「朝貢使」的官職「大夫官」、「長史
官」和充當翻譯的「譯官」、負責海事的「通事」、「總管」，
對內的有「紫巾官」、「法司」，「司貢」之類的官員。另：長
史和長史官不一樣，長史和國相是國家的高級官員，而長史官是
具體負責某某工作的官員。

寨社（按司），是琉球的地方行政單位，也是各個島嶼所固
有的官職。這些寨社的長官或酋長都是世襲，也是琉球的大的貴
族和地方勢力，曾經參與過琉球國內的政變。

其他官職有如管理貿易，收稅等等，不加詳述。

　　琉球王國官職分正從九品，王弟、王叔、國相皆稱某地王子，之下為各地按司手中兵權上交國王，聚居於首里，遙控其領地，再下為王舅、法司、紫巾官，稱某地親方。三品以下黃帽官稱某地親雲上，無領地者稱某里之子親雲上、某築登親雲上。從六品至從七品為某掟親雲上。八品紅帽官稱某里之子或某地里主。九品稱築登之，不入流者稱某子。

　　琉球通過與明朝的宗藩關係，不僅從中國獲得大量的物資供應，還發展成為當時鎖國中國的海上對外貿易「總代理」。琉球的船隻，不僅往來那霸與福州之間，還北上日本、朝鮮，又南下安南（越南）、呂宋（菲律賓）、暹羅（泰國）、亞齊、爪哇（印尼）、麻六甲等，遍佈整個南洋群島。琉球從這樣的「轉口貿易」中富裕起來。

　　琉球商人在福州交易的貨物種類繁多，有各種手工業品、醫藥、香料、礦產、海產、紡織品及其他珍奇貨物。福州還有人代售球商之貨。球商從福建帶走的貨物，主要是陶瓷、漆器和絲綢三大類。

　　琉球與中國的大規模文化交流始于明朝。明朝允許琉球與泉州互市，史書記載琉球的察度王已向中國朝貢。

　　琉球人崇尚漢學。1393 年派人來北京國子監學習，此後繼續不斷。明代有多次派出的「冊封使」乘御冠船（船頭似冠形）從中國到達琉球。中國使節帶去的樂舞，戲曲如《姜詩》、《王祥》、《風箏記》、《昭君和番》等，見明姚旅《露書》及《琉球人座樂並躍圖》，《和番》、《借衣靴》和其他音樂舞蹈節目。琉球人則為迎接中國使節而準備大型樂舞《御冠船踴》。琉球的歌舞有如《團扇曲》（六童舞）、《笠舞曲》（四童舞）、《蘭花曲》（三童舞），總名為《太平歌》。其中《老人舞》、

《團扇舞》、《笠舞》一直保存到現在。當時所演戲曲《鶴、龜二兒復父仇》，現在仍在上演，名為《二童敵討》。宗教上琉球亦祀關聖、觀音、土地諸神。

琉球國冠婚喪祭都遵循明朝和後來的中國朝代的典禮。他們在生活中席地而坐，設具別食，相沿已久，也是從中國的古代的經典中學到的禮節。

當時來中國的琉球人很多，有使臣、留學生、水手和商人等，而人數最多的是留學生。一部份留學生是王室親族和大臣子弟，即「官生」，入京都國子監讀書，稱「唐監生」。另一部分在福州學習，稱「勤學人」，他們多數是久米村（即唐營，中國人聚居的村落）人。勤學人在福州學習面很廣，有儒學、天文、地理、醫學、音樂、繪畫等；學習技藝的有冶煉、造船、鑄錢、燒瓷、燒墨、製茶、製糖、製傘等。

因為琉球與中國的特殊關係的緣故，所以琉球國內建有文廟，用來祭祀孔子和學習他的理論著作。文廟在久米村泉崎橋北，創始於康熙十二年。廟中制度俎豆禮儀都按照《會典》（一本明朝和清朝記錄和藩屬關係資料的書籍。琉球本土原來沒有教育機構，通過向中國派遣留學生來培養人才。

康熙五十八年，琉球國在文廟的南邊建起了明倫堂，成為府學（市級別的學校）。從中國人聚居的久米村即唐營，挑選一名任通事官職的人來擔當府學講解師，每月按一定的時間和課時講讀「聖諭衍義」（就是儒家的著作）。每個月的三，六，九這三個日子，還要請紫巾大夫來講堂講學，為學生解釋對中國往來朝貢典禮，考察學生的勤惰，以便選有才的人保舉做官。

琉球國內的儒教教學從八歲開始，學校安排「通事中」一人為訓詁師，教授他們學習。

嘉慶三年，琉球王尚溫建國學於王府北，又建鄉學三所，國中子弟由鄉學選入國學。琉球的教育體系開始確立。

琉王奉中國為正朔　虔事天朝年年進貢

琉球按司察度於明朝洪武五年入貢，受冊封為中山王，改流求國號曰琉球。至於國中官守之職名，人員之進退，號令之出入，服制之法度，都由琉球國自己管理，明朝從不干涉。

從明洪武五年（1372 年）以後，琉球王國一直使用中國朝代的年號，奉行中國正朔。直至清光緒五年（1879 年），日本強行「廢藩置縣」為止，琉球王國的官方文書、與英法荷訂立的外交條約、正史等，都是用漢文寫的。其國都首里城的宮殿，都不是坐北朝南，而是面向西方，表示其歸慕中國之意。琉球人也與日本人做生意，但每逢中國冊封使到琉，必禁用假名、和歌、寬永通寶（日幣），改穿唐服。

元世祖登基之後，派遣使者齎詔書去曉諭琉球，但是因為路途遙遠，風險很大，所以這次的行動沒有成功。

明史對琉球的的歷史記載的最詳實，據記載，洪武初年，琉球群島上存在三個王國，曰中山，曰山南，曰山北，皆以尚為姓，而中山最強，處於三國時期。明太祖洪武五年正月命行人楊載以「即位建元詔」：「朕為臣民推戴，即位皇帝，定有天下之號曰大明，建元洪武。是用遣使外夷，播告朕意，使者所至，蠻夷酋長稱臣入貢。惟爾琉球，在中國東南，遠據海外，未及報知。茲特遣使往諭，爾其知之。」告知琉球列島上的國家，位於中部的中山國王察度遣弟泰期等隨載入朝，貢方物。明太祖很高興，回賜給中山使者當時中國實行的曆法《大統曆》及文

綺、紗羅這些綾羅綢緞。在此之後，幾乎每年都來朝貢。洪武二十五年，三國向明朝派遣了留學生。明朝為了使留學生能夠安心學習，對他們的生活給予了無微不至的關懷，分季節給他們衣服和住的帷幄等等東西。當時琉球向中國派遣留學生達到了空前的地步。明朝很照顧琉球人，琉球人隨朝貢使團來中國大陸，所帶的貨物往往會因為沒有報關而被負責海關的官員查沒，造成很大損失。正統元年，其使者言：貨物都被「官司所沒入，致來往乏資，乞賜垂憫。」皇帝命按照市場價格給了他們很高的費用，算是收購了。在以後的交往中，琉球王國對明朝形成了一種貿易性的依賴情況，所以往往一年來中國好多次「朝貢」，這其實是貿易，明朝政府雖「厭其煩，不能卻也。」在琉球遇到海嘯，暴雨，以及颱風的侵襲後，明朝政府除了給來朝貢的使團很多的援助物資外，還要求琉球朝貢期延長至十年一貢，以便休養生息，但琉球為了能和明朝繼續貿易，以便國內經濟的恢復，還是堅持一年一貢或隔年一貢。琉球在與中國的交往中，吸收了中國的先進技術和文化，在文明上得到了很大的提高，他們有了自己的獨特的音樂，崇尚佛教，在島上修建了崇元寺。宮殿和民房的建築是帶有海島風格的中國古代建築模式，而且建築的方向一律向西，以示傾慕中國，慕義向化之意。明世宗嘉靖年間，倭寇猖獗，在中國東南沿海侵擾。琉球王協助中國破倭，不時向中國提供倭寇的動向，琉球王世子尚元還對從浙江敗還抵琉球境的倭寇，「遣兵邀擊，大殲之，獲中國被掠者六人」送還明朝政府。受到皇帝的嘉獎。嘉靖四十四年，日本有取雞籠山（臺灣古地名）之謀，間接還要侵擾福建，尚寧遣使以聞，皇帝詔海上警備。嘉靖四十年，日本侵入琉球，「當是時，日本方強，有吞滅之意。琉球外禦強鄰，內修貢不絕。四十年，日本果以勁兵三千

入其國，擄其王，遷其宗器，大掠而去。」當時琉球王侍從寫的《喜安日記》記載：「有如家家日記，代代文書，七珍萬寶，盡失無遺！」薩軍將琉球王尚寧等百餘人俘至鹿兒島，達三年五個月，逼迫尚寧王屈辱地承認向其「進貢」。同時還強行割佔琉球北部五島，給琉球造成了很大的損失，但即便如此，也尚未改變中琉關係。明朝禮部官員「乃定十年一貢之例」，但國王還是每年都遣使朝貢。明朝衰敗之後，琉球國還是朝貢不絕，直到南明唐王立於福建，還繼續遣使朝貢。明史讚揚琉球國：「虔事天朝，為外藩最。」

協助明朝剿滅倭寇　轉口貿易恃以為生

琉球曾經協助明朝剿滅倭寇。琉球國與明朝非常的關係和密切的交往，使得在明朝實行海禁之後還能通過琉球這扇視窗瞭解日本和東南亞海上國家的一些事情，增進了明朝對外界的瞭解。由於琉球的國土狹小，人口少，物資匱乏，所以軍事上沒有長足的進步，但有一定的常備軍，即王宮衛隊，這些軍隊保持了很高的戰鬥力，對保護琉球和參與明朝剿滅倭寇的戰鬥中作出了貢獻。但由於軍隊的數量少，沒有抵擋住日本的入侵，國王被擄。

琉球第一個與之產生官方正式交往的國家是古代中國的明朝，其開始時間是明朝滅元朝統一天下，中國的政治、經濟和文化又一次穩定的時期。琉球國王形容與中國的關係是「父子之國」，但實質是琉球的每次的朝貢都是在中國當時薄來厚往的「天朝觀念」中進行的。所以琉球在與中國的朝貢形式的貿易中獲得了巨大的利益，而所得物資銷往日本、朝鮮、東南亞等國家，是琉球成為東海之上一個必不可少的貿易中轉站。值得一提的是，由於當時的日本和明朝的關係惡化，明朝的倭禁很嚴，禁

止和日本人貿易，但日本人的奇缺物資還是通過當時的朝鮮和東海之上的貿易王國琉球那裡得到了及時的補充，琉球也在與中國交往的國家中形成了重要的一環。

　　清朝順治三年，琉球國王尚賢遣使金應元來中國請封，因為當時中國戰亂未平，所以就滯留在福建省很長時期，福建平定後，琉球使者通過清朝的將領來到了北京，禮部官員認為，明朝賜給琉球王的印和官方文書都沒有繳回，不宜封賜，所以，第一次請封沒有成功。翌年，清政府贈給使者衣物和布帛等等東西，讓他們回到了琉球。順治十年，琉球遣使來中國朝貢。第二年，再遣貢使，並且繳換了明朝敕印，請求封號。順治皇帝頒佈了《敕琉球詔》：「帝王祗德底治，協於上下，靈承于天，薄海通道，罔不率俾，為藩屏臣。朕懋纘鴻緒，奄有中夏，聲教所綏，無間遐邇，雖炎方荒略，不忍遺棄。爾琉球國粵在南徼，乃世子尚質達時識勢，祗奉明綸，即今王舅馬宗毅等獻方物，稟正朔，抒誠進表，繳上舊詔敕印。朕甚嘉之，故特遣正使兵科副理官張學禮、副使行人司行人王垓，齎捧詔印，往封為琉球國中山王。爾國官僚及爾民庶，尚其輔乃王，飭乃侯度，協抒乃

首里城內的康熙年代石碑

忠蓋，慎乂厥職，以凝休祉，綿于奕世。故茲詔示，咸使聞知。賜王印一、緞幣三十匹，妃緞幣二十匹；並頒定貢期，二年一貢，進貢人數不得逾一百五十名，許正副使二員、從人十五名入京，餘俱留閩待命。」這個詔書既對琉球作為中國藩屬的肯定，也規定了向新的中國王朝朝貢的級別和時間。但由於當時海上風浪很大，敕封的清朝使者沒有出海。康熙元年，康熙皇帝頒佈了新的《敕琉球詔》：「琉球國世子尚質慕恩向化，遣使入貢，世祖章皇帝嘉乃抒誠，特頒恩賚，命使兵科副理官張學禮等齎捧敕印，封爾為琉球國王。乃海道未通，滯閩多年，致爾使人率多物故。朕念爾國傾心修貢，宜加優恤，乃使臣及地方官逗留遲誤，均未將前情奉明，殊失朕懷遠之意。今已將正副使、督撫等官分別處治，特頒恩賚，仍遣正使張學禮、副使王垓令其自贖前非，暫還原職，速送使人歸國。一應敕封事宜，仍照世祖章皇帝前旨奉行。朕恐爾國未悉朕意，故再降敕諭，俾爾聞知。」原來派去而沒有去成的使者拿著兩道詔書到了琉球，完成了冊封典禮。琉球在康熙時期多次朝貢，但由於貢使在海上遭遇風浪，貢物損失很嚴重，所以琉球會在第二次朝貢的時候將上一次丟失的數目補足，但康熙皇帝不允許。琉球在向清朝朝貢的時候，總是進貢很珍貴的奢侈品，康熙皇帝對使者說：「所進瑪瑙、烏

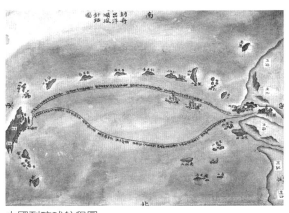

中國到琉球航程圖

木、降香、木香、象牙、錫速香、丁香、檀香、黃熟香等，皆非土產，免其入貢。其琉璜留福建督撫收貯。餘所貢物，令督撫差解來京。」只允許以後進貢土特產，但琉球的本意，第一是恭順使然，第二就是在朝貢貿易中獲得更多的利潤。當時海上不是很平靜，所以冊封使者往往不願遠去琉球，所以會讓琉球請封使者自己將冊封的詔書和印信領回去，但使者非常希望能讓冊封使去琉球，結果皇帝允准了他們的要求。琉球先國王去世後，按照規定「琉球國凡王嗣位，先請朝命，具通國臣民結狀請封。然後欽命正副使奉敕往封，賜以駝鈕鍍金銀印，乃稱王。未封以前稱世子，權國事。」琉球國對中國的朝貢貿易在康熙初年已經很發達了。帶到中國的貨物有：有金銀罐、金銀粉匣、金缸酒海、泥金彩畫圍屏、泥金扇、泥銀扇、畫扇、蕉布、苧布、紅花、胡椒、蘇木、腰刀、火刀、槍、盔甲、馬、鞍、絲、綿、螺盤，額外增加的朝貢之物無定額。康熙十九年，琉球又來貢，皇帝讓把一些奢侈品免去，不要進貢。以後的朝貢中，只有馬及熟硫磺、海螺殼、紅銅等物。康熙二十一年，康熙皇帝在接待琉球朝貢使時，賜御書「中山世土」額。至今還掛在琉球的宮殿裡。這一年，琉球再次向中國派遣留學生。往往冊封使去琉球國，會在海上因為海浪等風險，會遲到琉球，延誤冊封時間。琉球國請封使建議：「今在五虎門開洋，僅三晝夜而達小國。臣遣官迎護，親見舟行之次，萬鳥繞篷而

康熙帝御筆「中山世土」掛在首里正殿

飛，兩魚夾舟而進，經過之處，浪靜波平，條抵琉球內地，通國臣民以為僅見。」希望能通過改變航道，提高效率。皇帝准許了。琉球接待冊封使的時候，會增給他們金銀，但他們卻不受，保持了作為大國的風範，其實皇帝也命令他們不准接受饋贈的禮物的。琉球學生來中國後，皇帝命給予琉球留學生以「都通事」（官職稱呼）這個級別的待遇，每天的伙食非常豐富，四季會發給他們袍褂、衫褲、鞋帽、被褥等，一應具全，連從琉球來陪侍的從人也會對他們照顧。留學生如果在中國病故，皇帝會「賜銀百兩，交禮官擇近京地葬之，並以二百兩贍恤其家。」雍正二年，皇帝在接見由琉球王舅組成的請封使團的時候，御書「輯瑞球陽」額賜給琉球王。還贈送皇室的一些珍貴玉器和金幣等禮物。乾隆三年，御書「永祚瀛壖」額賜給琉球王。並且要求琉球不必為了這個再專程來中國答謝。乾隆四十九年，御書「海邦濟美」額賜給琉球王，並贈送玉、磁、緞匹諸物。嘉慶三年，賜御書「海表恭藩」額贈王。琉球國有許多的商船，漁民因為海風等原因吹到中國境內，清朝政府優待之後，給了他們豐厚的物資遣返了他們。如果有遇難的還會按照規定給予撫恤。雍正八年，琉球的二號貢船，在到達東海海面後遭風漂至臺灣，觸礁，正貢船亦同時漂沒，福州將軍玉德等奏報皇帝。皇帝命令搭救官伴、水梢人等，照常例加倍給賞，貢物不用

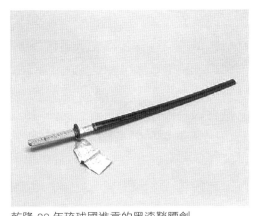

乾隆 22 年琉球國進貢的黑漆鞘腰劍

再另外來派人進貢了。對於遭海風侵襲在中國琉球商埠等，皇帝會命令每名日給鹽菜口糧，等到回國之日另給行糧一月。琉球國對中國頻繁的交往，除了宗藩關係外，清史做了一個總結：「琉球國小而貧，逼近日本，惟恃中國為聲援。又貢舟許鬻販各貨，免徵關稅，舉國恃以為生，其貨本多貸諸日本。國中行使皆日本寬永錢；所販各貨，運日本者十常八九。其數數貢中國，非惟恭順，亦其國勢然也。」非常的準確，也顯示了琉球的外交靈活性和明智性。光緒五年（1879 年 4 月 4 日），琉球遭到日本入侵，王室成員被擄，之後，廢球為縣，琉球國正式滅亡。

薩摩藩入侵首里城　擄琉王尚寧為人質

　　日本由於和中國的關係惡化，造成資源的短缺，通過南方的薩摩藩與琉球進行貿易，從東南亞運回海產品和一些奢侈用品，又從琉球與明朝的貿易當中獲得所需要的緊缺物資，也使琉球的經濟發展增速。日本的薩摩藩於 1609 年侵入琉球，俘虜了琉球王，還侵佔了琉球群島北部的一些島嶼。從另一方面講，琉球與薩摩藩的交往還不是正式的官方交往，琉球與日本的地方行政區域——藩的交往保留在了軍事和經濟層面上。琉球也把日本視為對明朝來講的「夷」，是處於平等地位的兩個國家。當日本定下侵略朝鮮，攻入中國的軍事政策後，琉球處在了兩大強國之間，必然會因為傾向問題而受到另一方的侵略。琉球直到明亡之後與日本的關係還局限於經濟方面，政治上琉球曾經向日本派使者「朝貢」，是被迫的，等於一種軍事上壓迫後的結果。

　　1609 年（明萬曆三十七年）陰曆三月四日，日本薩摩藩家主島津家久在得到幕府許可的情況下，派兵三千人、船一百餘隻，自九州山川港出發入侵琉球，四月一日在琉球大島登陸，四月五

日佔領首里城。五月十七日，薩軍帶著作為人質的琉球王尚寧和王子官員一百餘人撤兵回國。薩摩藩聲稱入侵琉球國的原因，是因為琉球沒有負擔豐臣秀吉入侵朝鮮時的兵費，而

那霸琉球王國金庫

是由薩摩藩代為墊付，但琉球「不予償還」。但實際原因當是為了奪佔中琉之間的貿易利益，並用入侵琉球的收益來彌補薩摩藩入侵朝鮮和參加日本國內戰爭（關原之戰）的軍費開支。據《琉球渡海日記》記載，薩軍登陸後一路放火，向首里進軍，奪佔首里城後進行了大規模的掠奪，將首里城宮殿和那霸金庫所積存的金銀、絲綢、珍貴物品和典籍悉數掃盡，並將琉球王尚寧俘為人質。薩摩入侵之後，琉球在作為中國藩屬國的同時不得不向薩摩稱臣納貢，進入所謂「雙屬」時期。琉球每年要向薩摩派遣慰問使節，並向德川幕府派出「謝恩使」、「慶賀使」。琉球每年還要向薩摩交納貢米六千石、芭蕉布三千段、上等布六千段、下等布一萬段、唐芋一千三百斤、綿子三十石、棕櫚繩一百捆、黑網一百條、牛皮二百張、蓆子三千八百張。薩摩還在那霸港設置了「在番奉行」，作為監視琉球內政和控制其對外貿易的機構。由於琉球人要與日本人進行貿易，進而學會了日本的語言，並且從日本引進了許多的包括飲食，音樂，建築等方面的觀念，使得琉球在飲食上有一些日本人的特點和風俗，音樂上除了以中國的

音樂和海島風情的融合的曲目為主體外，還吸收了日本在音樂方面的造詣。建築上，琉球的宮殿已經部份吸收了日本在建築上的獨特風格，使得琉球的建築更像是中國，琉球，日本三國的融合體。

朝鮮通過琉球向南洋的轉口貿易也有發展，從南洋進口藥物、香料和珍珠、玳瑁、珊瑚等奢侈品。在琉球王國都城首里城（朝鮮稱為海浦）出現了專門航行到朝鮮的琉球貿易船。琉球與朝鮮的關係在政治和經濟方面都有發展，但經濟的作用大於政治作用，因為他們同屬於明朝的藩屬。

琉球與東南亞的關係在經濟是互補的作用。東南亞在明朝時期已經局部成為了荷蘭，西班牙等國的殖民地，他們的產品通過琉球的中轉站賣到朝鮮，日本，獲得了豐厚的利潤。

琉球與以上國家和地區的關係由於政治上局限於：

1. 和朝鮮同屬於中國的藩屬；

2. 日本和琉球是同等的「夷」（按古代中國對外國的稱呼）；

3. 琉球的地位所決定，琉球位於東北亞和東南亞交流鏈的中間，是不可分割的一環。

琉球與之交往過的東南亞國家有八個。與暹羅國、爪哇國進行過官方文書「諮」的交往。與其他國家實際是琉球商人與之貿易而已。

這三個方面決定了琉球與上述國家和地區的關係保持在經濟的層面上，政治上和軍事的關係有過發展，但與日本的這方面的交往卻是很痛苦的，遭受了侵略。

據琉球國史《球陽》記載：1609 年日軍入侵琉球後，「薩州太守遣高崎氏、尾張氏等，均田地，正經界，始定賦稅，納貢於

薩州」。是時，琉球「始授仕上世座奉行職，而專理納貢於薩州並鎮守官飯米等事」。尚寧王之後，尚豐王十一年（1632 年），琉球「創建旅館於那霸（俗叫假屋）。薩州川上氏率橫目一員，附眾二員，與力、筆者各一員，奉使抵國，以為監守（俗稱在番眾，又稱鎮守官）。此時始設旅館數座，安插其使者也哉」。被迫和日本建立了官方正式關係。當時薩摩藩向琉球派遣官員駐在「假屋」者，不過是為了「監守」。而這種「監守」人，則是「始為大和橫目」，其主要是「觀察球人及鎮守官員行事善惡」。後來，「日本人居住中山者，多授此職」。及至尚貞王在位二十五年（1693 年），琉球「創定姑米、馬齒兩島，遣大和橫目職兩員，看守貢船往來」。「至於近世，本國之人奉薩州之命而任此職也」。這時還被迫讓出兩個島嶼來供日本貿易之用。

琉球八百年大事記

12 世紀琉球群島出現山南、中山、山北三國，分別在琉球群島的南部、中部和北部。

1372 年➡明太祖朱元璋給琉球的中山王察度下達詔諭後，琉球的山北、中山、山南三王遂開始向明政府朝貢。從此琉球成為中國明清兩朝的藩屬。

1392 年➡明太祖有見於琉球對於來華使節海上航行的困難，下令善於造船航海的技術者閩人三十六姓移居琉球。這一點是後來促進琉球對海外貿易的關鍵因素之一。閩人三十六姓中包括「知書者，授大夫長史，以為朝貢之司；習航海者，授通事，總為指南之備」。可知他們不僅是善於操舟者，且擔任通譯和其它與朝貢有關的事務。他們在琉球定居以後，便成為代表中國長期協助琉球，增進中琉關係的一群優秀人員。

1416 年➡中山王尚巴志征服北山。

1429 年➡中山王尚巴志征服南山，形成統一的琉球王國（第一尚氏王朝），根據琉球的藩屬關係，每一代國王都需要接受中國政府冊封。

1470 年➡第一尚氏王朝滅亡，尚圓（尚丹）建立第二尚氏王朝。國王依然由中國政府冊封。

1400 年 –1550 年➡琉球王國的黃金時代，高度發達的商業，與中國、朝鮮、東南亞和日本進行貿易。

15 世紀 –16 世紀➡日本對於琉球群島的狼子野心開始浮現，大量倭寇海盜騷擾琉球群島與中國沿海。

1609 年（萬曆三十七年）➡德川家康繼承豐臣秀吉對外擴張的政策，他派鄰近琉球王國的鹿兒島薩摩藩島津家九率領三千士兵侵略琉球，俘虜琉球王，派兵監督琉球內政四十五年。

琉球王御座

1616 年（萬曆四十四年）➡長崎代官（市長）村山等安奉德川家康之命，派其子村山秋安率船十三艘，二、三千人進攻臺灣，這是日本首次大規模對台用兵。但此行動被琉球王尚寧偵知，特別派遣通事蔡廛前赴明廷報告。《明實錄》說：「琉球國王中山尚寧遣蔡廛來言，邇間倭寇各島造戰船五百餘隻，欲取雞

籠山，恐其流突中國，危害閩海，故特移諮奏報」（雞籠山現為臺灣基隆）。

　　1654 年➡琉球王遣使臣到中國請求冊封。清朝順治皇帝封琉球王為尚質王，定二年進貢一次。

　　1853 年 5 月➡美國海軍准將佩里（Matthew C. Perry）的艦隊到達琉球。

　　1854 年 3 月➡佩里與日本簽訂《神奈川條約》，佩里誤以為琉球是日本的領土，所以要求日本開放包括琉球那霸在內的五個港口，日本的談判代表向佩里承認琉球是個遙遠的國家，日本天皇和政府無權決定它的港口開放權。

　　1854 年 7 月 11 日➡佩里與日本談判結束後，趕回琉球與琉球王國政府談判，最後以中、英兩種文字正式簽訂條約，開放那霸港口。

美國海軍准將佩里

　　1866 年➡最後一位琉球國王尚泰繼位。

　　1868 年➡日本明治維新。

　　1871 年 11 月➡牡丹社事件。一艘琉球漁船遇颱風，飄到臺灣南部高山族聚居的牡丹社地方，一些水手因同臺灣高山族居民發生衝突而被殺，其餘由滿清政府送回琉球。

　　1872 年➡日本宣佈琉球王國屬於日本的「內藩」，琉球群島是日本的領土，破壞了自 1372 年起中國為琉球王國的宗主國地位，正式侵佔琉球。並拖延與中國談判琉球問題。

1874 年➡日本以「牡丹社事件」為藉口，聲稱「殺害琉球人就是殺日本人」，出兵入侵臺灣。

1875 年 7 月 24 日➡日本強迫琉球國王停止向清朝中央政府朝貢。

1879 年 4 月 4 日➡日本強迫最後一位琉球國王尚泰流放到東京。把琉球改為沖繩縣。

1879 年➡中日就琉球問題開始談判，中方提出把琉球群島分成三部分：接近日本方向的奄美大島為日本領土，琉球本島及其附近島嶼作為一個獨立的琉球王國存在，而在南部的先島群島則作為中國的領土。日本方面建議把琉球劃分成兩部分：琉球本島及其北方島嶼作為是日本的領土，而南部的先島群島則作為中國的領土（談判中沒有涉及釣魚臺列嶼歸屬）。

1880 年 9 月➡中方在談判中最後妥協，簽署了《琉球專約擬稿》，以日本提出的方式把琉球劃分成兩部分。然而清朝皇帝拒絕同意這一不平等條約，並且指示了中方代表與日本繼續協商。日本方面然後離開，協商破裂。

1882 年➡駐天津領事竹添進一郎與清政府恢復談判琉球問題，但是沒有達成協議。琉球問題一直拖延至甲午戰爭。

1894 年 –1895 年➡中日甲午戰爭後，中國作為戰敗國割讓臺灣、遼東，在琉球群島問題上就更沒有發言權。從此琉球群島乃是一個國家係中國的藩屬這一事實開始被人遺忘。

1898 年➡日本強迫琉球人服兵役。

1901 年➡裕仁天皇誕生。

1901 年➡最後一位琉球國王尚泰去世，民間傳說被毒殺。

1916 年➡全沖繩教師大會要求沖繩教師用污辱的手段懲罰

在學校說琉球語的學生。

1945 年➡第二次世界大戰後期，美國進攻琉球本島，日本士兵強迫琉球人跳崖自殺 [1]，或乾脆處死以減少山洞中缺少食物的壓力，又或因為說琉球語而被認為是間諜慘遭殺害。戰爭使琉球人口減少四分之一。

1945 年 10 月 7 日美國軍官審訊與那國島日軍司令官。

1945 年 –1972 年➡美國佔領時期，美國在琉球實行異化政策。中華人民共和國對於美國佔領琉球的態度是認為該群島屬於美國非法侵佔的日本領土。

1947 年 4 月➡聯合國通過《關於前日本委任統治島嶼的協

1　環球網報導，二○一一年四月廿五日，環球時報發表社科院陳言先生的評論，稱中國人不應忽視日本《沖繩劄記》一案的訴訟結果。據稱，日本最高法院在今日的裁決中承認，二戰末期，大批沖繩平民被逼自殺事件與日軍有關。文章稱，四月廿二日，日本最高法院裁定二戰末期沖繩平民集體自殺與日軍有關。文章稱，四月廿二日，日本最高法院裁定二戰末期沖繩平民集體自殺與日軍有關，駁回了二戰日本老兵對大江三郎作品《沖繩劄記》的上訴請求。作者認為，對於《沖繩劄記》的勝訴，中日兩國媒體顯然沒有給予足夠的關注。日本媒體是有意在忽略沖繩問題，而很多中國人則是出於無知，不瞭解該問題與中國的關係。陳言指出，這次勝訴具有幾個重要意義：首先，法院裁定將成為日本審查歷史教科書的參照，其次，勝訴有助於推動日本社會抵制戰爭，更重要的是，該案件再次將沖繩問題推向前臺，催促日本政府調整、減少和撤出美軍基地，甚至重新考慮美日安保條約。

定》，把北緯 29 度以南的琉球群島和原屬於中國的釣魚臺群島交給美國託管。

　　1970 年➡美日在沒有中國代表參與的情況下簽定《美日舊金山和約》，把琉球群島連同釣魚臺群島的「施政權」轉給日本。但這遭到土地的主人琉球人的群起反對，他們「聚哭於鬧市」。（如今日本與中國爭釣魚臺群島，其實就是在爭琉球群島的戰略意義）

　　1972 年 5 月 15 日至今➡日本重新恢復對琉球群島的統治，繼續實行同化政策。琉球群島現在仍然是日本 47 個地方自治實體中經濟最落後的地方。

　　1996 年 8 月➡沖繩美軍基地的三個美軍士兵，強姦一位年僅 12 歲的女童，引發了沖繩空前的反美浪潮。

　　1997 年 3 月➡在美國國防部長科恩訪問日本時，駐沖繩美軍基地傳出強暴、虐待婦女醜聞：一個美軍將一名婦女從頭頂上扔出去，落在床上摔壞了好幾根骨頭。4 月，日本國會通過「美軍駐沖繩法案」，把美軍進駐琉球變成正式法律。

琉球歷代國王列表

　　琉球國歷史上曾分為中山國、山北、山南三國。後中山國統一了琉球群島，最終國名為琉球王國。這裡把三個國家的君主姓名一一列舉出來，國姓都是「尚」。明朝之前的君主名已不可考。

中山國（第一尚氏時代）
尚察度（1372 ？–1406）
尚思紹（1407–1423）

尚巴志（1424–1441）

尚忠（1442–1446）

尚思達（1447–1451）

尚金福（1451–1453）

尚布里（1453）

尚志魯（1453）

尚泰久（1454–1461）

尚德（1462–1470）

（第二尚氏時代）

尚圓（1470–1477）（或作「尚丹」）

尚真（1478–1526）

尚清（1526–1547）

尚元（1547–1573）

尚永（1573–1591）

尚寧（1591–1623）

尚豐（1623–？）

尚賢（？–1647）

尚質（1647–1668）

尚貞（1669–1709）

尚益（1710–1712）

尚敬（1713–1751）

尚穆（1751–1794）

尚溫（1794–1807）

尚成（1807–1807.6）

尚灝（1807.6–1837）

尚育（1837–1866）

尚泰（1866–1879.5）

註：1875 年起停行滿清年號，行用日本年號；1879 年五月亡於日本。

山南國

尚承察度（1378 ？ –1403）

尚汪應祖（1404–1413）

尚達勃期（1413）

尚他魯每（1413–1429 ？ ）

註：1429 年山南國最後兩次朝貢，其後亡於中山。

山北國

尚怕尼芝（1382 ？ –1392）

尚攀安知（1392–1416）

註：1415 年四月山北國最後一次朝貢，其後亡於中山。

琉球復國運動飽受美日聯手打壓

有人認為琉球語與中國東南方言有親緣關係。在一些人看來，琉球國寶是類似中國琵琶的三弦琴，而日本國寶是日本刀。琉球國技空手道又稱「唐手」源於中國武術，而日本國技是相撲。琉球人喜歡在屋頂放置石獅子像，在交通要道的路口放置「石敢當」。飲食方面，琉球人喜歡喝一種名叫「泡盛」的白酒，吃油多的菜餚，吃豬蹄，很多人認為這些習俗都與日本有別。

1945 年美國進佔琉球群島時，將道路交通從左側通行改成右側通行，但沒有在佔領日本四大島時將其道路交通如此更改。1972 年美國把琉球交還日本後，沖繩縣再度誕生，當地道路交通

靠右行駛與日本他處靠左行駛相反。因為日本無意將靠左行駛改成靠右行駛（1970 年代日本道路交通系統已經非常複雜，如此更改已經極度困難），但想要全國道路交通統一，所以，1978 年 7 月 30 日星期日當地上午 6 時，道路交通從美國統治期間實施的右側通行改回日本的左側通行。

現在有「琉球復國運動」相關組織存在，聲明琉球的獨立性和復國的必要性。

琉球大學 1996 年所作的一項調查顯示，38.4% 認為沖繩應在財政預算方面獨立；13.2% 認為沖繩應在除外交以外所有方面獨立，3% 認為沖繩應該完全獨立。同時 42.6% 自稱為「沖繩人」，31.2% 自稱「沖繩人」和「日本人」，12% 自稱「日本人」。

1925 年，聞一多的七子之歌之臺灣寫道「琉球是我的群弟我就是臺灣」，這是當時中國人的普遍看法。

日本發動二次大戰後，中國國民政府曾提出要光復琉球。如 1938 年 4 月，蔣介石在國民黨臨時全國代表大會上發表講話：「日本自明治以來，早就有一貫的大陸侵略計畫。過去甲午之戰，他侵佔我們的臺灣和琉球，日俄戰後吞併了朝鮮，侵奪我們旅順和大連，就已完成了他大陸政策的初步；他就以臺灣為南進的根據地，想從此侵略我們華南和華東；而以朝鮮和旅大為他北進的根據地，由此進攻我們的滿蒙和華北。臺灣是中國的領土，中國要講求真正的國防，要維護東亞永久的和平，斷不能讓高麗和臺灣掌握在日本帝國主義者之手，必須針對著日本之積極侵略的陰謀，以解放高麗、臺灣的人民為我們的職志。」

1945 年，佔領琉球群島美軍建議由中國託管，但由於中國發生了內戰，無暇顧及這個在東海之中的美麗的群島。

　　二戰期間，1943 年 11 月在開羅會議上，中美交涉琉球問題，美國總統佛蘭克林·德拉諾·羅斯福同意「琉球由國際託管，由中美共同管理」。1945 年日本投降，無條件接收《開羅宣言》和《波斯坦和約》，根據此約「日本只能保有其本土四島」，其它武力吞併的領土必須放棄，但戰後此二地均為美軍佔領，雖然美國「不承認二群島主權歸屬日本」，但也沒有交給中國。1947 年 4 月聯合國《關於前日本委任統治島嶼的協定》，把這兩塊「主權未定」之地交給美國「託管」。

琉球國網頁首頁上的「獨立琉球國宣言」

　　冷戰結束後，美國不支持琉球復國運動。把一些琉球民運份子交給日本處理，與日本聯手打擊琉球愛國人士，使琉球國的部份精英流亡海外，淪落為美國人所說的「恐怖份子」，這使他們徹底看清楚美國的本質，但琉球人復國之心仍然不減，他們都轉而希望中國能夠強大起來幫助琉球復國。然而隨著日本的同化與在國際上孤立的地位，琉球復國運動還將經歷一段艱難的路程。

琉球尚氏王朝諸王列傳

陳劻雅

　　十二世紀，琉球正處於按司割據時代，各地按司修築堡砦，獨霸一方。經過將近兩百年的相互火拼和兼併，到了十四世紀，琉球本島的形成了三大勢力。盤踞在首里城，以那霸、浦添、中城、具志川、勝連一帶為其勢力範圍的浦添按司，是為中山王；盤踞在佐敷、玉城、大里、真壁、豐見城一帶的大里按司，是為山南王。以今歸仁城為據點的今歸仁按司，是為山北王。三王鼎立擁兵割據，史稱「三山割據時代」。西元 1397 年，山南的佐敷按司尚巴志秘密與大里按司汪英紫、汪應祖訂立攻守同盟，伺機推翻中山王武寧。西元 1406 年，眼見時機成熟的尚巴志，於佐敷起兵攻滅中山王武寧，擁立父親尚思紹進入浦添城，即位為中山王，開創了第一尚氏王朝。之後，尚巴志採取各個擊破的戰術，於西元 1416 年消滅盤踞今歸仁的山北王攀安知，西元 1429 年與山南王他魯海斷絕盟約，發兵討伐，統一了三山。西元 1469 年，權臣金丸發動政變，登上中山王寶位。為了掩蓋自己奪取王位的事實，以及獲取明朝的承認和冊封，金丸冒稱尚氏世子（尚圓），以第一尚氏王朝的正統延續自居。故他所建立的王朝史稱第二尚氏王朝。第一尚氏王朝自西元 1406 年尚思紹登基到西元 1469 年金丸奪位，共歷 63 年，凡七王。繼之而起的第二尚氏王朝自第一代尚圓（金丸）起至西元 1879 年琉球廢藩置縣，共歷 410 年，凡十九王。

第一尚氏王朝

尚思紹王　西元 1406–1421 年在位　神號　君志真物

尚巴志王　西元 1422–1439 年在位　神號　勢治高真物

尚忠王　　西元 1440–1444 年在位　神號　不詳

尚思達王　西元 1445–1449 年在位　神號　君日

尚金福王　西元 1450–1453 年在位　神號　君志

尚泰久王　西元 1454–1460 年在位　神號　那之志與茂伊大世主

尚德王　　西元 1461–1469 年在位　神號　八幡之按司　世高王

尚思紹遣使貢方物　永樂帝冊封中山王

尚思紹，鮫川大主之子。傳說鮫川大主原本是葉壁住人，後來移民到大城按司的領地作敷間切，作了大城按司的女婿。有子女兩人，男子就是尚思紹。尚思紹成年之後，又移居到山南佐敷的苗代村。傳說尚思紹資質純厚，被當地居民擁戴為佐敷按司。當時琉球本島三大領主割據三山，戰亂不已，尚思紹自知能力不如其子尚巴志，就讓出按司之位予尚巴志，隱退山林。西元 1406 年，尚巴志起兵擊敗中山王武寧。尚思紹被兒子擁立為中

尚巴志下令建立中山門，作為建國之門

山王，進入了浦添城。此後的國中政事，都由兒子尚巴志一力承擔，尚思紹得以穩坐城中頤養天年。

尚思紹即位之後，仍然按照已往中山王的慣例，遣使明朝朝貢，請求冊封。尚思紹即位的翌年，即明永樂五年，尚思紹自稱中山王世子，遣使進貢方物。同年，永樂帝頒下詔書，冊封尚思紹為新任中山王。至此，尚氏王朝得到了明朝的承認，得以發展獲利豐厚的對明貿易。此後，尚思紹一直致力於加強與明朝的友好關係。在永樂六年，為了答謝明朝的冊封，尚思紹派遣阿勃吾斯等人為謝恩使，再度入朝進貢。之後每逢皇帝壽慶，新舊交替之際，中山王年年朝貢不絕，而明帝惠賜也甚為豐厚。

除了政治上的藩屬關係，尚思紹還重視從明朝輸入文化。永樂九年，中山王派遣模都古等人為官生，首次進入國子監留學。之後官生人數、規模不斷擴充，明帝亦欣然接收，給予衣食賞賜，從優接待。西元 1416 年，世子尚巴志消滅盤踞今歸仁的山北王攀安知，中山王勢力達到山北今歸仁，稱雄本島。

西元 1469 年，尚思紹病逝，在位十六年。尚思紹在位期間，得蒙世子尚巴志翼輔，興政理治，為三山的最終統一奠定了穩固根基。

小按司戡平三山　宣德帝賜姓尚氏

尚巴志於明洪武五年（西元 1372 年）生於佐敷村生於佐敷村。尚思紹與佐敷按司女兒成婚，生子美里大親和平田大親。美里大親就是日後的尚巴志。尚巴志生於明洪武五年（西元 1372 年），據說他身材短小精悍，不滿五尺，所以有「小按司」之稱。洪武二十五年，繼承乃父成為佐敷按司。當時，各地按司只知割據自守，相互征伐，失德廢政，尚巴志萌發了統一三山的志

願。尚巴志繼位之後，韜光養晦，勤練兵馬，大量輸入鐵器，發展農業，等待時機的成熟。此後，尚巴志與山南王承察度叔父島添大里城城主汪英紫締結密約，伺機推翻山南王。汪英紫此後潛伏在山南王王城之中，以其子汪應祖駐守豐見城。西元1397年，尚巴志與汪氏父子裡應外合，合擊山南王承察度，山南王敗逃朝鮮。而同時期的中山王武寧，荒廢政事，上下離心，國勢微弱。西元1405年，尚巴志起兵突襲首里城。中山王武寧猝不及防，各地按司也苦其暴政，不願馳援。武寧兵敗，出城降伏。尚巴志推父親尚思紹為中山王，各地按司紛紛歸順。

　　西元1415年，尚巴志推翻山南王之後，率諸按司聯軍討伐山北王。此時山北攀安知在位，攀安知勇力過人，手下兵強馬壯，城砦險要，山北素來民風強悍，可見鋤滅山北絕非易事。尚巴志以國頭、名護、羽地、讀穀山、越來、浦添等六地按司之兵為頭陣，自領本部兵馬進逼山北王的據點今歸仁城。今歸仁城三面懸崖，是易守難攻的形勝要地，而守城者又是攀安知麾下大將平原。平原勇武驍健，指揮山北兵據城固守。尚巴志軍攻城數日，死傷甚眾卻一無所獲。尚巴志停止攻堅，轉而用計，遣人潛入城中對平原曉以利害，勸其內應。平原受尚巴志錢帛所誘，變節投降。次日，平原力勸攀安知出城迎戰，自率兵馬留守城中，待攀安知出城後，與尚巴志兵內外夾

開國中山王尚巴志和明朝天懷機

攻，大破山北軍。攀安知自殺身亡。此時，不服中山王者，只餘山南的他魯海，三山的統一指日可待。

　　尚巴志平定中山、山北之後的很長一段時間內，與山南保持昔日的盟約，依舊相安無事，兩方交互向明朝朝貢，都分別受到明朝的惠賜。西元 1422 年，尚思紹病逝，尚巴志即位為中山王。西元 1425 年被明朝正式冊封。

冊封之詔　昔我皇考　太宗文皇帝　躬膺天命　統御萬方恩施均一　遠近歸仁　爾父　琉球國中山王思紹　總明賢達茂篤忠誠　敬天事大　益久弗懈　我皇考　良用褒嘉今朕纘承統　念爾父沒已久　爾其嫡子　宜俾承續特遣內官柴山齎敕命　爾嗣琉球國中山王　爾尚立孝立忠　恪守藩服　修德務善　以福國人　斯爵祿之榮　延于無窮　尚其祇承　無怠無忽　故茲敕諭

　　中山王國勢日隆，而相形之下，山南卻日趨沒落，老態龍鍾。山南王承察度被顛覆以後，汪英紫、汪應祖相繼為山南王。後汪應祖之兄達勃期叛亂，弒殺汪應祖，謀奪王位，但很快就被忠於山南的按司所平，復擁立汪應祖之子他魯海為山南王。但是這個他魯海卻是個扶不起的阿斗，在位期間荒淫驕奢，不理國政，國事日非，臣下見勢頭不好紛紛倒向中山王尚巴志，山南日益衰頹。尚巴志趁此良機，突然斷絕先前的秦晉之好，發兵來攻。山南百姓不堪他魯海的暴虐，喜躍拜迎，那些不經戰事的山南兵更是不堪一擊，中山軍與山南軍在城外交戰，他魯每大敗，守城的山南兵閉門不納他魯海，他魯海走投無路，被中山軍誅殺。至此三山一統，中山王從此君臨琉球。宣德五年，宣德皇帝頒下詔書以示慶賀，嘉獎尚巴志統一三山的功勳，並以柴山為使者，賜中山王「尚」姓，從此中山王才開始稱為「尚氏」。

西元 1439 年，尚巴志病逝，終年六十八歲。尚巴志長期不在其位而實謀其政，成就了琉球的一統之治，是尚氏王朝中的有為明君之一。

尚忠敦厚恭慎　惜僅在位五年

琉球國中山王與王妃

尚忠為尚巴志之次子，生於明洪武二十四年（西元 1391 年）辛未。

山北王故地今歸仁一帶，民風強悍好鬥，是個地勢險要的戰略要地。尚巴志消滅山北王之後，一直忌憚當地居民聚眾起事。於是在西元 1422 年，特在此設立監守嚴加防範，稱為「北山監守」。而第一任就是尚忠，世稱「今歸仁王子」。

西元 1440 年，尚巴志逝世，尚忠繼位。翌年（正統七年），尚忠遣長史梁求保等奉表入朝，告尚巴志訃文，請求冊封尚忠為新王。正統八年，冊封使劉遜等至琉球諭祭尚巴志，並冊封尚忠為琉球中山王，賜予尚忠衣冠鈔幣等物。

冊封之詔　昔我祖宗　恭天明命　君主天下　無間遠邇　一視同仁　海外諸國　咸建君長　以統其眾　朕承大寶　祇奉成憲　用圖永寧故琉球國中山王　尚巴志　爰自先朝　恭事朝廷　勤修職貢　始終如一　茲既云亡　其世子尚忠　敦厚恭慎　克類前人　上能事大　下能保民今遣正使給事中余　副使行人劉遜　齎敕　封為琉球國中山王　以主國事　爾大小頭目人等　其欽承朕命　盡心輔翼　惇行善道　俾國人咸

樂太平　副朕仁覆蒼生之意　敕曰　爾遣長史梁求保　奏爾父王尚巴志亡歿　良深悼念特遣使　命爾為琉球國中山王以主國事爾宜篤紹爾父之志　益堅事上之誠　敬守臣節　恭修職貢　善撫國人　和睦鄰境　庶幾永享大平之福

次年，尚忠遣使謝恩。但尚忠還沒有坐穩中山王之寶位，就於當年的十月二十日離世，終年五十四歲。尚忠在位五年，但受到明朝冊封正式為中山王僅僅一年，可以說是沒有什麼特別的政績，就此草草結束了。

尚思達敬守臣節　明英宗賜贈冠服

尚思達是尚忠之子，生於明永樂三年戊子。明正統十年（西元 1445 年）乙丑襲位。正統十二年丁卯遣長史梁球入朝，報告尚忠訃文，並請襲封中山王。正統十三年，明朝以給事中陳傳為冊封使赴琉球，翌年到達，諭祭尚忠冊封新王。

琉球民俗服裝

冊封之詔　爾比遣長史梁球等　奏爾父王尚忠亡歿　良深悼念　特　封爾為琉球國中山王　繼承爾父　主理國事　爾宜篤紹先志　敬守臣節　恪修職貢　簡任賢良　善撫國人　和睦鄰境　以保國土　仍以皮弁　冠服　常服　及金織　紵絲羅緞等物賜王及妃　復詔諭　其國臣庶　盡心輔翼　各循理份　毋或僭踰　俾凡國人　同樂雍熙　副朕一視同仁之意

故諭

尚思達在位時間與尚忠一樣，僅僅五年，其生平沒有太大作為，但其臣下的舉止卻屢次引起朝廷的注意。先是正統十二年所遣貢使之從員在會同館門前毆打同是貢使的西番之人，死傷數人，有司以毆死人者償命了事。又有尚思達之法司王舅馬權度於正統十四年，請以所賜絹匹交易紗、絲，雖然最終獲得允許，但也未免唐突。正統十四年，尚思達病逝，身後無嗣，終年四十二歲。

尚金福在位三年　子志魯死於內亂

尚金福是尚巴志的第六子，生於明洪武三十一年戊寅。尚思達死後，遺命由叔父尚金福襲位。尚金福即位的當年正直明朝的新舊交替，正統皇帝駕崩，景帝繼位，改元景泰。直至景泰二年（西元 1451 年），尚金福才遣使察都入朝報告尚思達的死訊。因為福建倭寇為患，延至景泰三年尚金福才以王叔身份遣使請求襲封中山王位。景帝遣左給事中陳謨（或說喬毅）為冊封使，董守宏為副使，持敕赴國冊封，賜予禮物。翌年尚金福遣謝恩使入朝謝恩。

景泰三年四月十八日，尚金福逝世，終年五十六歲。尚金福死後，獨子尚志魯襲位，尚金福之弟尚布里不服，發兵擊首里城。戰亂中歷代中山王所藏冊封詔書、印信、賜品大多散失，尚志魯亦死於戰亂。諸臣遂推尚巴志之子越來王子尚泰久為王。

尚泰久崇佛重僧　鑄造萬國津梁鐘

尚泰久是尚巴志之幼子，生於明永樂十三年乙未。在尚巴志

在位期間，受封於越來，故世稱「越來王子」。景泰四年（西元1453年）中山王尚金福去世，圍繞其子尚志

琉球王國首都——首里

魯與其弟尚布里對王位爭奪的戰亂爆發，雙方在首里城激戰。戰爭中首里城被焚毀，尚志魯戰死，史稱志魯布里之亂。戰後，群臣擁戴尚泰久為王，於景泰五年即位。之後，尚泰久以王弟身份遣使入朝，奏報國中變亂，請求重新賜予國王之印（原印在首里城戰亂中遺失），請求冊封。景泰七年，冊封正使李秉彝、副使劉儉到達琉球，冊尚泰久為新王。

冊封之詔　帝王主宰天下恒一視而同仁藩屏表率國中或同氣以相嗣朕躬膺天命撫馭諸侯　琉球國王　尚金福　既薨　其弟尚泰久　性資英厚　國眾歸心　遣使齎敕　封為琉球國中山王　凡彼國中　遠近臣庶　宜悉心輔翼　罔或乖違　長堅忠順之心　永享太平之福　故茲詔示　咸使聞知

敕曰　爾自先世　恪守藩維　傳及爾兄　益隆繼述　敬天事上　久而愈虔　屬茲薨逝　軫於朕懷爾乃王弟　宜紹國封特遣使齎詔　封爾為琉球國中山王　並賜爾及妃　冠服綵幣等物　爾尚砥礪臣節　懷撫國人

欽哉

西元 1437 年，爆發了護佐丸阿麻和利之亂。

護佐丸盛春，名毛國鼎，中城按司。跟隨尚巴志統一三山，有智將之稱。護佐丸又以善於築城著稱，為了牽制跋扈的勝連按司阿麻和利，中山王以護佐丸築中城城鎮守。護佐丸掌握著對海外貿易，鎮守堅城，操練兵馬。其女又是尚泰久之妃，一時權傾朝野。為此，阿麻和利十分嫉恨，向尚泰久進讒言，誣告護佐丸聚集兵馬，圖謀反亂。尚泰久信以為真，急發大軍進圍中城城，迫使護佐丸自殺。護佐丸亡後，阿麻和利失去了最後的制約，開始密謀奪取中山王位。但被其妻、王女百度踏楊所獲知，急趨首里城告密。阿麻和利聞知計畫外泄，立即起兵圍攻首里城，被城兵和各地馳援兵馬所擊，敗走勝連城。尚泰久命大城（有鬼大城之稱）薄勝連城，阿麻和利固守城池負隅頑抗，大城再發兵數路急攻，阿麻和利敗死。

護佐丸阿麻和利之亂，實際上是權臣間的爭鬥，雖然以競爭雙方的兩敗俱傷而告終，但卻反映了地方按司實力的發展，到了可以反抗首里城中央的地步。之後不久發生的金丸政變，就是有力的證明。

尚泰久在位期間最為突出的應該是他對修建廟宇、鑄造銅鐘的熱衷。景泰七年（西元 1456 年），日本僧人承琥（字芥隱）到琉球，尚泰久興建廣嚴、普門、天龍三寺，命承琥為主持。此後，各地寺院紛紛建立，國內崇佛重僧之風日盛。琉球國崇尚佛法之風即由此起，故後人將尚泰久比作梁武帝。尚泰久王在位的第五年（西元 1458 年），鑄造了由鄭週撰銘的萬國津樑鐘，懸於首里城正殿，還有許多不同年份大小銅鐘，多為尚泰久時代所鑄。

天順四年（西元 1460）年六月初五，尚泰久病逝，終年

四十六歲。

尚德係暴虐昏君　獨子被群臣誅殺

　　尚德是尚泰久之第三子，生於正統六年辛酉（西元 1441
年）。天順六年（西元 1462 年）遣使節以尚泰久之訃告，請求襲
封中山王。復辟的英宗皇帝遣史科右給事中潘榮為冊封正使，蔡
哲為副使赴琉球冊封新君。

冊封之詔　朕紹帝王之統　纘祖宗之緒　主宰天下　一視同
仁撫馭華夷　靡間遐邇　惟爾琉球國　僻居海島　密邇□中
慕義來庭受封傳業　蓋有年矣　故國王尚泰久　克篤勤誠
敬天事大　甫餘六載　倏爾告終　先業攸存　可無承繼　其
世子尚德　性資仁厚　國眾歸心　茲特遣正使史科右給事中
潘榮　副使行人司行人蔡哲齎詔　往封為琉球國中山王　仍
賜以皮弁冠服等件　凡國中官僚士庶　宜同心輔翼　作我外
藩　嗚呼　循理謹度　永堅率俾之忠親族　睦鄰丕冒咸寧之
化

故茲詔示　悉使聞知

　　尚德是個暴虐昏君。史載其為人「聰明勇猛，才力過人，
知足拒諫。」行為放縱，賞罰自擅，臣下懼怕其盛威不敢進言。
在尚德王時代敢於向尚德直言其過失的就只有金丸一人。金丸是
尚泰久時代的重臣，出身於平民，但頗有勇謀，自從尚思達時代
就出仕尚氏，作為尚泰久的的御物城御鎖側，深受信賴，大小政
務，無不與之磋商然後實行。尚泰久病逝後金丸一如既往地輔助
尚氏，數次指出尚德的失政。尚德自然置若罔聞，最後，君臣兩
人分道揚鑣，金丸在大約西元 1469 年隱居到自己的領地上。與諸
多暴虐君王一般，尚德崇尚武功，昏暴好戰。西元 1466 年，尚

德王親征奇界島（喜界島）。尚德率兵 2000 人，動用了 50 多條
軍船遠征，與當地軍民在岸邊對峙，島兵築寨拒守，兩軍相持數
日。後尚德分兵佯作從島後面進攻，前後合擊擊潰島兵，戰事歷
時將近一個月。尚德在凱旋路經安里村，在此修築寺廟神德寺，
以紀念戰功。

　　遠征之後的翌年四月二十二日，尚德病逝，享年只有二十九
歲。尚德有一獨子，法司欲立之繼承王統，但被群臣所殺，轉而
擁立金丸為王，第一尚氏王朝到了尚德一代也就壽終正寢了。觀
第一尚氏諸王，尚思紹父子艱難創業，後世諸王，雖然沒有乃祖
之遺風，但也未曾向民眾施暴。尚德一朝的暴虐，就葬送了祖輩
的基業，實在令人扼腕。

第二尚氏王朝

　　尚圓王　　　西元 1470–1476 年在位　　神號　金丸按司添末續之
王仁子
　　尚宣威王　西元 1477 年在位　　　　　神號　西之世主
　　尚真王　　西元 1477–1526 年在位　　神號　於義也嘉茂慧
　　尚清王　　西元 1527–1555 年在位　　神號　天續之按司添
　　尚元王　　西元 1556–1572 年在位　　神號　日始按司添
　　尚永王　　西元 1573–1588 年在位　　神號　英祖仁耶添按司
添、日豐操王
　　尚寧王　　西元 1587–1620 年在位　　神號　日賀末按司添
　　尚豐王　　西元 1621–1640 年在位　　神號　天喜也未按司添
　　尚賢王　　西元 1641–1647 年在位
　　尚質王　　西元 1648–1668 年在位
　　尚貞王　　西元 1669–1709 年在位
　　尚益王　　西元 1710–1712 年在位

尚敬王　　西元 1713–1751 年在位
尚穆王　　西元 1752–1794 年在位
尚溫王　　西元 1795–1802 年在位
尚成王　　西元 1803 年在位
尚灝王　　西元 1804–1834 年在位
尚育王　　西元 1835–1847 年在位
尚泰王　　西元 1848–1879 年在位

尚圓王智勇雙全　除苛政寬仁大度

　　第二尚氏王朝 410 年基業的開創者尚圓，是一個出身于伊是名島首見村的平民。此人明永樂十三年（西元 1415 年）生於伊是名島的諸見的農民家庭，小名金丸、松金、思德金。關於金丸的家世，傳說為舜天王末代君主義本之後。無論如何，到了金丸的父親尚稷之時，已經淪落為一名草民了。金丸二十歲時，父母不堪貧困的折磨，雙雙離世，金丸與其弟（尚宣威）以種地維持生計。據說，有一年島中大旱，家家戶戶田中乾旱龜裂，唯有金丸的地裡長期滿水。村民懷疑金丸偷盜水源，於是就在夜裡偷偷把金丸田裡的水放到各自田中。豈料翌日，金丸的田裡又依舊充滿了水。村民十分惱火，決意將偷水的罪名強加給金丸，欲把他殺害。此時，有一白髮老者，警示身處險境的金丸，讓他逃入深山之中。但是長此以往終非萬全之策，於是，金丸決定與妻子、弟弟渡往本島，踏出了其出世的第一步。

　　在金丸二十四歲這一年，金丸舉家來到本島國頭的宜名真，隨後又轉到諸見。迫于生計，金丸投奔首里城，作為奴僕。此時，幸運的金丸，遇上了一個改寫他一生的貴人——越來王子尚泰久，為尚泰久所賞識。不久被舉薦給中山王尚思達，作為來赤

頭士奉中山王。尚泰久即位之
後，貴為中山王的他並未忘記
金丸這個樸實勤快、敬業奉公
的人材，提拔其為西原間切的
地頭，准戴黃冠，此時的金
丸，年僅三十八而已。七年
後，尚泰久又再度晉昇其為御
物城御鎖側官，掌管琉球財
政。一個一文不名的平民，受
到如此破格提拔，可謂寵命優
渥，因為尚泰久的知遇之恩，
金丸「敬以事君，信以使人，
賞罰當理，言行足法。那霸四
邑，受其教化，及海外諸島，
莫不感服」。尚泰久每逢重大
政事，亦召金丸商議，君臣的
默契，造就了百姓大服、國庫
充實的盛世。但是，自從西元
1460 年尚泰久亡故之後，金丸
的仕途變得坎坷不平，嗣位的
國君尚德，剛愎自用，巧言飾

第十八代尚育王

尚圓王

非，廢朝綱壞法典，拒絕金丸的進言，甚至出言辱罵，令這位自
先王以來德高望重的老臣尷尬難堪。五十四歲那年，失意的金丸
致仕，黯然隱居在內間的領地。但如翔雲之龍的金丸終究不會就
此結束其政治生命，只是雌伏以待時機。

　　西元 1469 年，暴虐的尚德終於在遠征凱旋之後死亡。法司按

照慣例召集群臣，宣佈擁立世子繼位的決定。眾人畏懼神權，雖然不滿尚德的暴政，不願意擁立其世子為王，但又不敢有異議。此前，金丸早就大耍其政治手腕，煽動諸臣的不滿情緒，博得老臣安里大親毛興文等人的同情，密謀發動政變。毛興文在此重要時刻發難，突然一躍而起大呼：

> 國家乃萬姓之國家　非一人之國家也　吾觀先王尚德之所為暴虐無道　不念祖宗之功德　不顧臣民之艱苦　廢朝綱　壞典法　妄殺良民　擅誅賢臣　國人胥怨。天變累加　自招滅亡　此天之所救萬民也　幸今御鎖側官金丸　寬仁大度　更兼恩德布於四境　足為民父母　此亦天之所生我君也　宜乘此時　廢世子　立金丸　以順天人之望　何不可之有

言未畢，滿朝文武齊聲附議，喧譁與宮廷間，暴亂一觸即發，王室貴胄與王妃世子倉皇出走，逃亡真玉城。此時的金丸已非昔日的純樸村夫，充斥心間的是謀取王位權謀野心，於是決定斬草除根，發兵追殺。平滅王族之後，群臣立即赴西原間切嘉手刈村的內間御殿，勸金丸即位為王。而金丸卻猶如懵懂不知一般，大驚痛哭，一邊訓斥諸臣的不忠不義，一邊要求立王室有名望者為王（時到如今，王族幾乎被殺戮殆盡，何來有名望之王族？）。之後又避居海灘。群臣一番追逐，一輪苦勸之後，金丸才「不得已仰天大歎　竟脫野服　著龍衣　至首里　踐大位　而中山　開萬世王統之基。」一番扭捏造作之後，金丸終於君臨琉球。這一年，是西元 1470 年，金丸五十五歲。

金丸既得王位，立即去除先王寡義薄恩的苛政，恢復尚巴志時代的德政，一時間政治又復為清明，先朝時期不滿尚德暴政的舊臣如魚得水，相繼出士，此是常理，毋需多表。另外，由於金丸登位的非合法性，使君臣開始顧慮明朝方面的反應。成化七年

（亦即金丸登位的翌年），金丸派遣使臣入朝報告尚德死訊，自稱世子尚圓，請求襲封中山王。明朝的憲宗皇帝君臣蒙在鼓裡，對琉球國內的變故懵然不知，也沒有過度干涉其國內政，就派遣戶科都給事中丘弘、行人司行人韓文出發赴琉球行冊封之禮。途中，丘弘病故，由兵科給事中官榮接替。但正當冊封使赴琉球途中，留在北京的琉球使臣卻發生了令琉球難堪的事故，琉球長史竊取朝廷惠賜的織金蟒羅私自製作錦衣，東窗事發，被提往刑部審訊。雖然事情後來以沒收賜品，通告中山王而告終，但卻令皇帝對琉球的進貢開始有所警惕。成化八年，冊封使到達琉球國，諭祭先王尚德，冊封新君。

> **冊封之詔**　惟爾克世　撫有海邦　臣事皇明　克篤忠敬　乃父尚德　紹襲王封　曾未數年　遽焉薨逝　爾為家嗣　式克象賢　宜承爵命統其國人　茲特遣正使給事中官榮　副使行人韓文　齎詔　封爾為琉球國中山王　並賜爾及妃　冠服綵幣等物　爾宜永堅臣節　益順天心　常懷事大之誠　用廣承先之志
>
> 欽哉　故諭

金丸以尚德之子（實際金丸比尚德要大得多）的身份，襲位為中山王。由此，作為第一尚氏王朝的正統延續，琉球歷史進入了第二尚氏王朝時代。

冊封的同年秋天，琉球派往滿喇加的商船遭遇風暴，由廣東輾轉到福建，滯留當地，修理船隻。滯留福建的琉球人員，沒有因上次長史事件而潔身自愛，謹慎言行，而是日益放縱舉止，甚至發展到殺人掠奪的地步。福建守臣上報朝廷琉球從員登岸焚劫之劣跡。鑒於上次長史事件和此次從員的胡作非為，朝廷傳旨尚圓嚴懲惡徒，依法懲治，並將進貢之期改為二年一貢，從員不得

過百，不得私自兜售貨物，避免再生事端。從此，琉球中山王只能維持二年一貢，更使琉球在朝廷心目中多年虔事明朝的形象大打折扣。

西元 1476 年，在位七年的尚圓逝世，享年六十二歲，葬於上森陵。西元 1501 年移葬玉陵。

尚圓王妃世添大美御前加那志，童名宇喜也嘉，號月光。世添御殿大按司加那志之女，生於西元 1445 年。與尚圓生世子尚真。生一女，童名音智殿茂金，聞得大君加那志（即女巫），號月清。西元 1505 年亡故，與尚圓同葬玉陵。

尚宣威執政半年　慘死於宮廷內鬥

尚宣威是尚圓之弟，約莫生於西元 1419 年。自從尚圓（金丸）兄弟父母離逝之後，尚宣威與其兄相依為命。之後因為尚圓為鄉里所不容，遂跟隨其兄長渡往本島，謀求出路，與之共事尚泰久。後來尚圓被尚泰久所提拔，尚宣威也仰仗兄長，陸續陞官，敘任家來赤頭，後又准戴黃冠。尚圓即位為中山王之後，受封越來間切，稱越來王子。尚圓在位六年即病死，因為世子尚真年幼，群臣遂擁立尚宣威為中山王。但是尚真之母、世添大美御前加那志，不滿尚宣威掌權，急欲己子尚真登位，就暗中謀劃，侍機將尚宣威推下王座。成化十三年二月，神祇君手摩「現世」。按照慣例，尚宣威在首里城行慶賀之禮，巫師從內殿出奉神門，東面而立。但此日巫師皆西面而立，大異於常，並且借鬼神之名，宣佈立尚真為君。琉球此時尚未從落後的神權制度中擺脫出來，神權甚至可以干預國王的政權，而舉國上下也對神權十分敬畏。朝堂上的諸臣見此情形，皆「驚疑無措」。不久，世添大美御前加那志得以借題發揮，迫使尚宣威讓出王位。退隱後的

尚宣威回到舊有領地越來。半年後的八月初四，世添大美御前加那志以圖謀不軌的罪名，將其殺害，享年四十八歲。之後又加諡義忠。

尚宣威一生生活在其兄長的光環中，鬱鬱不得志，當政半年，碌碌無為，成為政治鬥爭的犧牲品。

尚真王銷兵削藩　琉球國空前繁榮

尚真是尚圓之子，生於西元 1465 年，童名真加戶樽金。尚圓死後，眾大臣因為尚真幼弱，就擁立尚圓之弟尚宣威為王，尚真坐其側。但尚真之母世添大美御前加那志並不甘心王位落入小叔手中，隨後即策劃了政變，將尚真擁上王位，其後為防尚宣威復辟，更將之殺害。而登上王位那一年，尚真僅僅 12 歲。

史載尚真「性資英明謙己受益」，待其成年之後親政，果然如人們所預料，做出了不少值得稱道政績，極大地推動了琉球的發展。在尚真之前的數代國王之時，三山一統之前遺留下來的按司制度，就已經與首里城王權有摩擦。而歷經佐護丸之亂、尚圓政變之後，更加令尚真看到按司制度造成的各地領主擁兵自重、威脅王室的弊端。於是，尚真上臺後，首先推行「削藩」政策。尚真將各地按司安置在首里城居住，使得他們遠離各自的領地，弱化其在地方的統治基礎，便於中

琉球王國第二尚氏王朝的尚真王

央控制。同時，為了免除按司離開後造成地方的行政紊亂，又重新由首里城派遣代官一員，管理各地。而對於北山監守，則繼續以宗室駐守，與首里城成犄角之勢。此外，尚真有屬行尚巴志時代曾經推行的銷兵政策，沒收各地居民之弓箭、刀具等武器，將之收歸國有，以作護國之用。這個政策爭議頗大，本來收藏兵器入國，是有利於國防的，但是琉球在實行的過程中，並未始終認真貫徹：兵器沒收之後，並未明顯加強對首里城的戰力加強，而只是本末倒置地執行沒收。這樣的做法危害無疑是極大的，自從尚巴志的文治政策之後一度被弱化的尚武之風，到了尚真一代，經過嚴厲禁制佩戴刀具政策的消磨，終於難再振作。除了鞏固政權，尚真甚至將神權也納入尚氏王朝的統治範圍——以尚真之妹音智殿茂金為女巫聞得太君，如此就可以根據自己的意願，借神靈之口傳達，以控制神靈信仰十分堅定的諸臣。另外，琉球官員的衣冠品位，也是在尚真當政期間確定的。通過一系列的強化中央集權的措施，令首里城的王權達到了空前的鞏固，中山王牢牢掌握了各項權力，無人能與之抗衡，實現了前所未有的獨裁。所以，史家認為，琉球真正意義上的圍繞首里城中山王的中央集權制度，實質上是始於尚真之世。由此可見，尚真對琉球政治的貢獻是莫大的，這也為此後數十年內琉球的文化發展提供了安靜的環境。

此外，尚真還劃定了琉球三十六島的疆域，定立稅制，廢除了殘酷野蠻的人殉制度，自是，「治道大明　政刑咸備　以致雍熙之治」。

尚真在位期間，海外貿易持續昌盛。琉球與李氏朝鮮的往來開始頻繁，琉球從朝鮮進口佛教典籍、青銅、虎皮等物，出口胡椒、硫磺，與明朝貿易遵照上代二年一貢之制（正德間一度恢

復一年一貢，嘉靖初罷），對日本、東南亞則一如既往地充當中轉者，將東南亞的香料象牙等物經大內家、細川家流入界、博多等地。伴隨著貿易的往來，琉球也了開始大量的文化輸入，此期間，瓷器、樂器以及日後盛產的泡盛等物傳入，琉球國的海外貿易在尚真在位初期一度十分繁榮，可謂「異寶至產充滿十方剎」，迎來了琉球國經濟、文化並駕齊驅邁步向前的黃金時代。但是繁盛的景象自應仁之亂的爆發而結束，日本國內戰亂之後產生的大批無主浪人，在九州、四國一帶的大名支援下結隊下海，前往中、朝海岸燒殺擄掠。倭寇的興起不僅極大影響了琉球商船的安全，而更為致命的，倭寇時而冒充琉球商人，在朝鮮海面攔劫貨船，導致剛剛建立起來的對朝鮮貿易聯係跌入冰點。而進入西元 16 世紀，情況愈加不妙，荷蘭的武裝商船率先進入東南亞，佔領麻六甲，其後日本商船也不必通過琉球，直接出入東南亞海區。在尚真在位後期，盛極一時的琉球貿易轉入低谷。

　　除了文治之外，尚真在武功方面也有建樹。西元 1500 年，尚真出兵八重山。八重山自洪武初年臣屬於琉球，年年繳納貢稅，作琉球屏藩。到八重山酋長赤蜂者之時，為擴張勢力，意圖出兵攻擊宮古島的一個酋長——仲宗根豐見屋。此事驚動了首里城中山王，尚真隨即藉口赤蜂近年來「心變謀叛兩三年間絕貢不朝」，於當年二月初二，以大里為大將，領軍船 46 條，支援仲宗根豐見屋，出征八重山。當月十三日，首里城大軍在八重山石垣登岸，兵分兩路，攻擊八重山軍固守的登野城和新河。赤蜂兵力單薄，旋即被擊破，赤蜂被斬殺。此次是首里城自尚德王之後的第二次，也是最後一次出兵本土外征戰，此戰確立了琉球中山王的統治地域，其勢力從本島擴張到離島，基本完成了琉球的統一，建立起全盛之版圖。

　　尚真時代，琉球迎來了宗教文化發展的第二次高潮，自尚泰久以來的崇佛之風，此時又因為海外貿易的繁盛，帶動發展。在尚真即位後的第五年，即營造了圓覺寺和荒神堂，以僧人芥隱為開山住持，兩年後又在圓覺寺旁邊增築御照堂，祭祀「正統昭穆諸位神主」，又過兩年，再鑄造一口銅鐘敬獻圓覺寺，以後又陸陸續續加建、修理，圓覺寺相當於尚氏王室的宗廟，同時又是尚真時代宗教文化鼎盛的見證。此外，琉球在與朝鮮貿易中，輸入不少佛教經典，早于尚德時代，琉球使節獲李氏朝鮮贈送方冊藏經，尚真於約西元 1502 年左右命人在首里城正門外蓄水為池，在池中修築藏經堂，以之為藏經之所。西元 1512 年，日本和歌山的僧侶日秀上人漂流到琉球的金武灣，在富花港上陸，滯留期間建立了金武觀音寺，信眾甚多。日秀上人的渡來引起了尚真的注意，隨即召之入城。自此，尚真鼓勵日秀上人在琉球弘揚佛教，在尚真的支持下，日秀上人在那霸港修建起護國寺，來往商人紛紛參拜，從日本傳播過來的佛教教義也因此深入琉球人心中。這個事件，對日後琉球文化乃至政治都有深遠影響，已往單向從中國輸入宗教文化漸漸為日本方面所取代，日本僧人也因此受到中山王的重用，尤其在尚寧王時代，這個與日後琉球內部親日派的形成不無影響。由此可見，尚真時代琉球對日本佛教系統的吸納，確實為親日

那霸福州園

份子的產生提供了生存的土壤。從此，琉球開始從向中國輸入文化轉而傾向于日本文化的輸入。

西元 1526 年，當政五十年的尚真病逝，享年六十二歲，葬於玉陵。尚真在位期間，有不少政績，推動琉球的封建文化的向前，加強了中央集權統治，確立了中山王府在琉球群島的絕對權威。同時，他也施行了不少有爭議的政策，以繼承前朝的銷兵政策殆害最深。後世對其評價甚高，形容其「仁厚英明進賢用能百廢悉舉大致昇平」，琉球在尚真王五十年間進入了全面發展的鼎盛時期，總的來說，尚真是琉球歷史上一個值得稱道的君王。

尚真有後妃總共三人。王后居仁，尚真叔父尚宣威之女，生卒年不詳。

有妃子二人。思戶金按司加那志（華后），親雲上（琉球的官名）謝成良之女，死於西元 1516 年。還有另一人為茗刈子之女。

尚真有子女共八人，長子尚維衡，世稱浦添王子，王后居仁所生。次子佐司笠按司加那志（幼名真鍋樽號慈山）茗刈子女所生。三子向朝榮，世稱大里王子，生母不詳。四子尚韶威，世稱今歸仁王子。五子尚龍德，世稱越來王子，生母不詳。六子尚清，其後登王位，華后所生。七子尚享仁，世稱金武王子。八子尚源道，世稱豐見城王子，生母不詳。

尚清王御下有方　守父業國勢繁榮

歷史的通常進程，是歷經盛世之後，出現守成的君主。而尚清王，應該就可以說是守成父親尚真所創事業的君主。

尚清生於西元 1497 年，生母華后。他在尚真眾多的子女中排

行第六，幼名真仁堯樽金。在他十一歲那一年，受封中城城，故世稱中城王子。本來尚清並非長子，應該是無緣王位的。而最後登上王座的，不是世子尚維衡，而是尚清，其中有包含其母華后的一番權謀術數。華后為了讓親生兒子尚清成為世子，誣陷世子尚維衡無所不用其極。傳說一日，華后在宮中趁尚真路過之機，謊稱自己胸部有蜜蜂，讓在身邊的尚維衡出手將之驅趕。憨厚的尚維衡不知人心險惡，竟然照著去做，被在遠處的尚真看見，誤以為他調戲庶母。於是怒而廢尚維衡世子之位，轉而立尚清為世子。此即傳說的衣蜂之計。西元 1527 年，尚真崩，華后的陰謀最終得逞，尚清繼位為中山王。當年秋天，尚清派遣使節正議大夫鄭繩等入朝，請求襲封。但是竟然遇風溺死。遲至翌年，才重新派出長史蔡瀚、馬吾喇等人入朝。又經過兩年，經過一輪繁文縟節，朝廷終於決定以吏科左給事中陳侃、行人司行人高澄分別為正副使，經過一番準備，於又過兩年才前往琉球冊封新王。

尚真即位之後，秉承其父德政，琉球之後近三十年內國內大致無事，以下乃是他在位期間發生的重要事情。

西元 1537 年，尚清聽信流言，以發兵大島討伐與灣親方，大破之，迫使其自殺。

西元 1542 年，琉球商船與中國海船爭利，互相殺傷，驚動有司。明廷責中山王勿輕易與華商貿易。

西元 1547 年，修建大美御殿，作為王子降生以及籌辦喪事之地。

西元 1553 年，在江口修築防塞屋良座森城，配以火炮，防禦倭寇。

西元 1555 年，在位二十九年的尚清王逝世，春秋五十九，葬玉陵。史書載：「王英明豁達　御下有方　為事必果務精於

治」，雖然有阿諛奉承的成份，但縱觀其在位近三十年，國勢持續繁榮，未有大的過失。稱之為今主，其實也不為過。

尚清王后思真錢金按司加那志，號月江，毛兼城之女，死於西元 1554 年，葬玉陵。

有王妃多人。城之大按司志良禮，號瑞室。大按司志良禮，屋宜親雲上樂昌寔之女。大按司志良禮（與前者同名），王農大親之女，號禮室與那原阿吳母志良禮，號誠淑那氏堅嘉之妹。

尚清有子嗣十二人。長子尚禎，世稱中城王子，后月江所生。次子尚元，后月江所生。三子尚楊叢，世稱勝連王子。四子尚鑑心，世稱大伊江王子。五女阿應理屋惠按司加那志，號德大。六子尚桓，世稱北谷王子。七子尚範國，世稱風平王子。八子尚宗賢，世稱伊江王子，瑞室所生。九子尚洪德，世稱讀谷山王子，禮室所生。十子尚襲禮，世稱豐見城王子。十一女首里大君按司加那志，號桂月。十二子尚悅，世稱羽地王子，與那原阿吳母志良禮所生。

尚元王無大建樹　外貿業日漸衰弱

尚元王生於西元 1528 年。1555 年，在位二十九年的尚清王逝世，尚元相繼為王。由於當時海盜出沒，冊封使遲遲未能開洋。琉球遣正議大夫蔡廷會等入朝，具言海中風濤莫測，海寇出沒不時，恐使者有他虞，獲罪上國。請求如正德年間，冊封占城故事，由琉球使臣賚回詔冊，不煩明朝遣使冊封。但經禮部商議，決定仍于尚元即位後的五年，即西元 1560 年，海氛稍靜後派遣正使刑科給事中郭汝霖、行人李際春等人赴琉球冊封。

冊封之詔 朕受天命　主宰寰宇　凡政命之宣佈　惟成憲之

是循　其于錫封之典　遐邇均焉　爾琉球國遠處海陬　聲教
漸被　修職效義　閱世巳久　故國王尚清　顯荷爵封　粵踰
二紀　茲者薨逝　屬國請封　世子尚元　朕念象賢　眾心歸
附　是宜承紹國統　特遣正使刑科右給事中郭汝霖　副使
行人司行人李際春　齎詔往封　為琉球國中山王　仍賜以皮
弁冠服等物　王宜謹守禮度　益篤忠勤　凡國中官僚者舊
尚其同心翼贊　以佐乃王　飾躬勵行　用保藩邦　故茲詔示
咸俾悉知

　　尚元王冊封的一波
三折，從側面反映了當時
琉球航海的衰敗到何等程
度。西元16世紀，世界
處在波瀾壯闊的大航海時
代。新航路的開闢、西方
資本主義的發展，使葡萄
牙、西班牙等航海國家紛
紛走上殖民主義的道路。
自從葡萄牙於西元15世
紀在西非海岸設立據點以

第五代國王尚元

後，其觸角不斷向東方伸延。西元16世紀初控制了紅海口，西元
1511年侵入麻六甲，西元1517年開始與明朝通商——西方人終
於闖入古老的東方，西方武裝的商船壟斷了東西方貿易，而僻居
海島的琉球首當其衝受到衝擊。加之倭寇頻繁，文弱不堪的琉球
商人無力抵抗肆虐海上的匪盜，海上貿易因此而陷入困境。琉球
的海外貿易權益被西方強國瓜分豆剖，無以維生的航海戶（如久
米村三十六姓）逐漸星散，隨之琉球的造船技術也日益落後。此

時的琉球，甚至無力建造進貢船隻，而不得不向明朝購買民船代替。人材的凋零，預示著輝煌的大貿易時代即將逝去，琉球開始顯現出衰敗的先兆。

西元 1571 年，中山王府再度出兵大島，征伐不服王府之按司，大敗之，得勝而回。同年，尚元繼續加建圓覺寺，增築御照堂。翌年四月一日，尚元王逝世，在位十七年，春秋四十五，葬於玉陵。史書評價其「仁愛百姓終始如一不愆不忘遵依舊章」，大抵沒有說錯，但可見尚元其實是得過且過，並無大建樹，史書的只是委婉的說法而已。

尚元王后真和志聞得大君加那志，號梅嶽，浦添親方孫，生年不詳，死於 1600 年葬於玉陵。

有夫人三名。米具志川大按司志良禮，翁長大屋子之女。幼名真鍋樽金，號雪嶺。前之按司，新城親方毛安基之女幼名真鍋樽金，號梅嶺。真南風按司，豐見城親方毛盛庸之女，幼名真津比樽，號南霜。

尚元生有三男一女。長子尚康伯，世稱久米具志川王子，夫人雪嶺所生。次子尚永。三女首里大君按司加那志，號一枝，後嫁尚懿。俱妃梅嶽所生。四子尚久，世稱大金武王子，夫人梅嶺所生。

尚永王奠境安民　中山國大體安寧

尚永是尚元第二子，生於西元 1559 年。世稱大金武王子（又稱阿應理屋惠王子）。西元 1573 年，尚元王逝世，尚永繼位為王。亦即尚永登位這一年，明朝在位長達四十七年的大昏君萬曆皇帝朱翊鈞登基，改元萬曆。此時還身為世子的尚永派遣正議大

夫鄭憲等人入朝，慶賀新帝登基，並報告琉球先王的死訊，請求冊封新王。兩年後的冬天，尚永再遣長史梁燦、使者衛榮等人請求冊封，萬曆帝始命戶科左給事中蕭崇業、行人司行人謝傑為冊封正副使，準備赴琉球冊封事宜。經過數年準備，在萬曆七年（西元 1579 年）夏季，冊封使終於出發，前往琉球。

冊封之詔　朕受天明命　君臨萬方　薄海內外　罔不來享　延賞錫慶　恩禮攸同　惟爾琉球國　遠處海濱　恪遵教　世修職貢　足稱守禮之邦　國王尚元　紹序膺封　臣節深謹　茲焉薨逝　悼切朕衷　念其侯度有常　王封當繼　其世子永德　惟象賢能得眾　宜承國統永建外藩　特遣正使戶科左給事中蕭崇業　副使行人司行人謝傑　齎詔往封　為琉球國中山王　仍賜以皮弁冠服等物　凡國中　官僚者舊　尚其協心翼贊　畢力匡扶　懋猷勿替　於承先執禮　益虔於事　綏茲有眾　同我太平　則亦爾海邦　無疆之休

敕

惟爾先世　守此海邦　代受王封　克承忠順　于爾父元　畏天事大　益用小心　誠節懋彰　遽焉薨逝　良用悼傷　爾為塚嗣　克修厥美　群情既附　宜紹爵封

茲特遣使　封爾為琉球國中山王　並賜爾及妃　冠服彩幣等物爾宜恪守王章　遵述先志　秉禮守義　奠境安民　庶幾彰朕無外之仁　以永保爾有終之譽

　　冊封詔書當中有名句「世修職貢　足稱守禮之邦」，於是，在冊封的同年，尚永命法司製造「守禮之邦」牌匾。後世，每逢冊封使的到來，尚氏諸王都將此匾懸掛在首里城正門上，以顯示其勤於修職入貢、讀書學禮的風尚。

　　萬曆十六年（西元 1588 年）十一月二十五日，三十歲的尚永

病逝，在位十六年，葬於玉陵。尚永在位期間，琉球大體安寧無事。但其相鄰的日本，在這十六年裡天翻地覆。織田信長死後，羽柴（豐臣）秀吉繼續他統一日本六十餘州的弘圖，在西元 1585 年登上關白之位，就在尚永死去的這一年，豐臣秀吉正在聚樂第與天皇、大名大肆歡飲，趁機制服朝廷與眾大名，成為名符其實、統治日本列島的權臣。琉球自開闢以來未有的大禍正一步一步逼近。

尚永王后島尻佐司笠按司加那志，北谷王子尚朝里之女，幼名真滿金，號坤功。生於西元 1562 年，死於西元 1637 年。葬於天山禦墓。後移葬於玉陵。有妃妾二人。前之按司，具志頭親方金能安之女，幼名真鍋樽金，號慈山。西之按司，謝名親方葛秀信之女，號梅月。

尚永王無男子，有女二人。長女阿應理屋惠按司加那志，幼名真錢金，號蘭叢。嫁尚寧王為王后。次女聞得大君加那志，幼名思武太金，號月嶺。嫁王族向朝長。

尚寧王戰敗北狩　主戰派鄭迥被烹

琉球尚氏王朝最為著名的君王，尚寧佔一席位。究其原因，並非因為尚寧有什麼雄才大略、卓越功勳，而是因為他的戰敗被擄、苟且屈辱的悲慘經歷。

尚寧生於西元 1564 年，生父為與那城王子尚懿。尚懿之父尚弘業，乃是廢世子尚維衡之子。據說尚維衡因為遭庶母華後陷害，而被其父尚真所廢，轉而立華后的兒子尚清為世子。尚清之後，尚元、尚永相繼為王，但由於尚永無嗣而英年早逝，諸臣只好將前廢世子的曾孫、浦添王子尚寧立為世子，延續王統。華后

通過不義手段取得的王位，最終還是由其後代親手交還原主，實在是可嗟可歎。

然而，尚寧登位之後，等待他的是多舛之命途，他沒有王者應當具有的尊榮，卻慘遭北狩之辱。

西元 1587 年，豐臣秀吉平定了九州。早年秀吉攻略西國之時，

尚寧王

就曾經萌生了吞併琉球的想法。在本能寺之變後，聞知織田信長遇難的秀吉，倉促回師與明智光秀決戰。此時尼子家舊臣龜井茲矩大力促成與毛利家的和議，使秀吉得以全身而退。因為此次的功績，秀吉竟然將獨立的琉球賞賜給龜井。而到了西元 1587 年，豐臣秀吉聽信薩摩島津家的一面之辭，使他先前認為琉球是日本附庸的信念更加堅定，居然貿然遣使琉球，要求中山王尚永派遣使臣向豐臣道賀，趁機宣揚自己的武功。但是由於當年尚永王病故，此事暫時擱置。然而迫於強鄰的威迫，嗣位的尚寧不敢輕易開罪。於是在翌年，派遣了天龍寺的僧侶作為使節前往日本，並且呈遞了尚寧王的國書。此事是日琉對等外交關係破壞的開端。琉球國書用辭雖然謙恭，但仍然不失其獨立自主之地位。但此時的豐臣秀吉，統一日本六十餘州，不特不會把偏僻島國琉球放在眼內，甚至有出兵朝鮮、進而征服中國的妄想。故其在回復琉球的書函中，以上國身份，透露出「以異邦作四海一家」的野心。

尚寧的軟弱妥協，無疑使秀吉的虛榮心得到莫大的滿足。由是，琉球從屬於日本這種一廂情願想法，就不約而同地在薩摩島津、關白秀吉心中根深蒂固，而變得理所當然了。

而隨後的不久，永祿、慶長之役爆發，豐臣秀吉動員了幾乎全日本的十七萬兵力，入侵朝鮮。在秀吉心中想來：作為藩屬，理所當然要承擔出兵的義務。於是，豐臣秀吉又再度無視琉球獨立自主的現實，向琉球索要赴朝鮮作戰的兵額。此時的薩摩島津又再從中作梗，又以琉球不善征戰為藉口，一廂情願地承諾承擔起琉球的分派。此舉實質上是強行要琉球欠下自己一筆「人情」，以方便日後向琉球索取權益。果然不出所料，這個事件日後成為了島津出兵琉球的藉口之一。

在中朝聯軍的打擊下，豐臣秀吉入侵朝鮮的計劃難以得逞。隨著朝鮮戰場的節節失利，豐臣秀吉也因此而鬱鬱病死。秀吉一死，在朝鮮戰場上的軍隊立即潰退。不消說，出兵達萬餘人的島津也因此損傷慘重，而且勞而無功，空手而歸。此時作為五大老的德川家康，也開始著手處理出征朝鮮的後事。經過朝鮮之戰，無疑是使中日關係大受打擊。而德川家康急於和明朝恢復正常邦交。為達成此事，必須通過朝鮮或者琉球這兩個明朝最信任的藩屬國的斡旋。但是，朝鮮之戰餘燼未熄，李氏朝鮮也絕對不願意為日本與明朝的邦交正常而努力。於是，要與明朝修好，就只剩下通過琉球一途。為了顯示誠意，德川家康也命令釋放被俘虜至日本的明朝將領茅國科。而明朝也初步同意恢復貿易，同時從福建派遣商船兩隻到日本交易。但好事多磨，兩隻明船在日本海面遭遇海盜，被焚掠一空。至此，家康直接與明朝交涉的一切努力，均付諸東流。此時，日本將所有的希望，都寄託在琉球身上。然而，琉球自身也有自己的深層考慮。日明關係的正常，就

意味著日本可以同明朝進行朝貢貿易。如此，一直作為日本與明朝的仲介中心的琉球，其轉運生絲的貿易將會大受打擊。出於這個原因，琉球對此事支吾敷衍，不置可否。

之後不久，關原會戰爆發。德川家康與豐臣秀吉的強權派的藤清正、福島正組成東軍，征伐豐臣氏的文史派石田三成策動的毛利輝元、宇喜多秀家等四部大名[1]組成的西軍。薩摩島津貿然加入了西軍，雙方在美濃國的關原會戰，西軍兵敗。雖然家康並沒有追究其抵抗東軍的罪過，但是島津家卻必須為此付出代價。為了削弱西軍大名的勢力，家康將修築駿府城、江戶城的費用攤派在包括島津家等外樣大名身上。島津家經歷了出兵朝鮮之後，人力物力大量損耗，此時又因為戰敗而遭攤派，其藩內財政陷於崩潰，長此以往必定破產無疑。

此期間又發生了飄流船隻事件。琉球派往明朝的進貢船飄流到仙台。德川家康又慣性地將飄流船交給了薩摩島津家。翌年，島津家遵照家康的意思，將飄流船安全遣返琉球。為此，德川家康趁機想顯示自己對琉球的恩德，然後讓琉球感恩戴德地幫助自己向明朝示好，於是要求琉球派遣謝恩使赴日本。但是，家康此舉及其失策。琉球對薩摩島津家向來的所作所為及其厭惡，只是礙於其強大而不便發作。此次家康又再通過島津向琉球交涉，琉球自然也不願意賣傲慢的島津家的帳。剛烈的琉球三司官執之一的鄭迴（謝名親方）執意反對這種向日本示弱的舉動，反對派遣任何使節，而要求日本方面首先放下上國的架子。而尚寧王此時卻優柔寡斷、當斷不斷，竟然採用折衷的方法——派遣非正式使節一員前往感謝日本方面遣返飄流船的好意，而對日本的真正用意視若無睹。島津一向輕漫琉球，早就欲一舉吞併之。現在適逢

1　大名，中世紀日本地方上擁有實力的武士、領主，擴充勢力，自立為王。

財力枯竭，更加意慾通過佔領琉球在北方所管轄的諸島來，解決燃眉之急。而尚寧此舉無疑是戰爭爆發的催化劑，無計可施的德川家康，最終決定默許島津家出兵琉球，以武力解決迫使琉球就範。

而剛剛決定派出使節的尚寧，迎來了明朝的冊封使。自尚寧即位以來，已經經歷了十幾年。但是由於海氛甚盛，原定冊封使兵科給事中洪瞻祖病死，加之朝廷要為冊封的繁文縟節作準備，故遲至西元 1599 年，朝廷才以夏子陽為正使，行人司行人王士禎為副使，前往琉球行冊封之禮。

冊封之詔 朕恭膺天命　誕受多方　爰暨海隅　罔不率俾　聲教所訖　慶賚惟同　爾琉球國　僻處東南　世修職貢　自我皇祖　稱為禮義之邦　國王尚永　祗襲王封　恪遵侯度　倏焉薨逝　良惻朕心　其世子寧　賢足長人　才能馭眾　間關請命　恭順有如　念其國統攸歸　人心胥屬　宜膺寵渥　固我藩籬

特遣正使兵科右給事中夏子陽　副使行人司行人王士禎　齎詔　往封為琉球國中山王　仍賜以皮弁　冠服等物　凡國中官僚耆舊　尚其殫忠輔導　協力匡襄　堅事上之小心　鞏承先之大業　永綏　海　國　共用昇平　惟爾君臣　亦世世永孚於休

敕曰　惟爾上世以來　建邦海外　代膺封爵　長固藩　維爾父永恪守王章　小心祗畏　忠誠茂著　稱我優嘉　遽至長終　良深悼惻　爾為塚嗣　無忝象賢　既允群情宜崇位號　特茲遣正使兵科右給事中夏子陽　副使行人司行人王士禎　齎敕諭封爾為琉球國中山王　並賜爾及妃冠服綵幣等物　爾宜益處侯度　克紹先猷　保祐人民　奠安境土　庶幾恢朕有截之化　抑亦貽爾無疆之休

是年冬，尚寧派遣王舅毛鳳儀、正議大夫鄭道、使者芝巴那等人入朝謝恩，並奏請明朝批准阮國、毛國鼎等人入籍琉球，以填補洪武年間閩人三十六姓的空缺。自從尚永王以來，久米村三十六姓人口散失，琉球因此無力派出船隻出海。於是就趁此機會向明廷請求如洪武年間故事，允許阮、毛等人入籍琉球。

冊封之後的兩年，薩摩終於做好了出兵琉球的充足準備，在德川家康授意下，藉口琉球沒有償還出兵朝鮮的軍費、不派遣謝恩使答謝德川家康、對島津家多年來疏於禮節等藉口，進兵琉球的奄美大島。而此前，尚寧王已經從不同管道獲知薩摩即將來犯的傳言，朝中立即分化為以謝名親方（鄭迴）為首的主戰派和以名護良豐（馬良弼）為首的主和派。戰爭無可避免，尚寧傾向於消極的抵抗，遂命鄭迴著手抗戰的準備。西元 1609 年陰曆二月，以樺山久高為大將的島津家遠征軍 3000 人集結在鹿兒島。島津家的遠征軍實際上是島津三公（家久、義弘、義久）的聯軍。由於遠征軍分屬三個派系，將領成份複雜，加之一連經歷兩次大規模戰役的島津家財政異常困難，所以不敢與琉球長期對峙，而急於速戰速決，預計在當年的年中退兵回國。三月初，薩摩軍船百餘隻從山川灣揚帆出海。之後的進展異常迅速，久不經戰的琉球軍在薩摩軍面前猶如螳臂擋車，在一個月內，大島、德之島、沖永良部島等前哨迅速淪陷，鄭迴倉促建立的防線頃刻土崩瓦解。三月下旬，島津軍進逼本島，焚毀被視為重鎮的北山監守今歸仁城。尚寧王驚恐萬狀，不敢再對島津軍作強硬抵抗，各地官軍退守首里城，作籠城的準備。薩摩軍開始在首里城下燒殺擄掠，準備焦土之後再作去留的打算。但是消息不靈的尚寧王，似乎對薩摩的弱點絲毫不瞭解，被薩摩軍的強硬外表所欺，急於向薩摩示弱，準備投降。此時正為軍需不繼而擔憂的薩摩軍，順水推舟

地答應停戰，接收了首里城。圍繞首里城的零星抵抗，在四月中旬尚寧王在崇元寺向薩摩軍出降後，基本結束。為了防止琉球方面繼續據城抵抗，薩摩方面命令琉球攝政——尚寧王之弟尚宏，以及三司官之一的浦添朝師出城，前往薩摩軍營做人質。四月四日，薩摩方面將尚寧王軟禁在三司官之一的名護良豐宅邸，琉球軍從此不敢繼續反抗。至此，琉球完全陷入薩摩的擺佈之中，琉球戰敗已成定局。

　　為了令尚寧徹底臣服，五月十五日，薩摩將尚寧王以及王弟尚宏、王子尚朝倉、尚熙等人擄往日本，準備朝見已經身為大將軍的德川家康。身陷敵陣的尚寧王根本沒有拒絕的權力，被迫忍辱前往。此行尤如宋朝徽、欽北狩，琉球士民數千人前來送別，悲愴淚下，場面感人肺腑：「遠行者妻兒弟友皆來相送……眾人或哭或泣觀者莫不鼻酸……國王聖駕一起　宮娥皆揮淚」（喜安日記）。尚寧王遠赴日本，而薩摩就留下留守軍控制琉球。從此，琉球國獨立自主的時代結束，從此中山王不得不成為德川幕府的陪臣。

首里城圖解

　　六月二十三日，尚寧一行人到達日本的鹿兒島。而在當年之內，王舅毛

鳳儀、長史金應魁等人入朝，報告薩摩入寇，上奏歷盡戰亂國中殘破，無力進貢，請求延遲貢期。經過上次福建船事件，朝廷對日本印象不佳，可能出於懲罰薩摩的用意，在兩年後尚寧王歸國之後，明朝敕令琉球十年一貢，以此斷絕了德川幕府和薩摩島津與明朝貿易的企圖，此是後話。而此時已經四十七歲的尚寧王，被軟禁在鹿兒島。

　　抵達日本的一年後，同樣在五月十五日，根據德川家康的剛剛是宇樵說的明天送來看就知道命令，尚寧王一行人與島津家久由鹿兒島出發，途經伏見，前往駿府城朝見家康。但是，出於控制形式上存在的琉球國、以達到與明朝貿易的目的，家康還是以外國使團的禮節接待尚寧王。似乎也趁此機會向薩摩方面顯示——琉球是獨立於日本的幕府陪臣，而不是島津的家臣。至此，江戶方面借刀殺人的詭計終於大白於天下，表面上看來，薩摩出兵琉球是做了無用功。

　　尚寧王在前往駿府城的路上受到了與國王身份相稱的款待，八月十日進入駿府城。在駿府城，忐忑不安的尚寧向德川家康獻上貢品以及琉球歌舞，這些舉動頗得家康的歡心。之後隨即在八月二十八日前往江戶晉見將軍德川秀忠，受到將軍的設宴款待，並許下不亡琉球王室的承諾。尚寧對此感激涕零，相對於島津的粗暴入侵，尚寧視德川家為再生父母，長途旅行中的心頭大石終於放下，琉球國作為形式上的獨立國家被保留下來。但是旅途十分艱辛，三個月內輾轉往來，以及水土不服，琉球尚寧王君臣一輪舟車勞頓，有勞碌生病，甚至連王弟尚宏也死在途中，景況也實在悽涼。朝見完畢的尚寧沿著甲信的道路回程。十二月底，一路上忍受圍觀者指指點點的奇恥大辱的尚寧王君臣，終於回到鹿兒島。

此時，薩摩方面正忙於處置琉球。對於島津家來說，第一要務就是隱瞞幕府吞併琉球的大島、喜界島、德島、沖永良部島、與論島約 3 萬石的領地，作為自己出兵的補償。此外，薩摩方面制定了琉球對薩摩的年貢、以及控制琉球內政外交的《十五條》。在尚寧君臣簽署了誓言從屬薩摩、感謝薩摩「割地賜予琉球」「弔民伐罪」之恩的誓表之後，幕府授意島津家釋放尚寧回國，而關於此事史書對尚寧正面描寫頗多，稱尚寧王「言吾事中朝義當有終」，日本感其忠義將其放還。與此同時，主戰派的義士鄭迴被拋入油鍋烹死，另一主戰者浦添朝師則被扣留。

翌年（西元 1611 年）的九月二十日，尚寧王終於被獲准揚帆歸國，十月到達那霸港。十一月下旬，在戰亂中遭到破壞的首里王城，在留守的名護良豐的多方籌措之下，終於修復。蒙塵在外兩年的尚寧，此時想必是感慨萬千。而自鄭迴被殺害、浦添（不消說必定會被罷免）被扣留，琉球國內三司官產生空缺。此時則由名護良豐、池城安賴、讀谷山盛韶繼任，而國相（法司，之前由王弟尚宏擔任）則由日本的僧侶菊隱上任。而琉球也要不時向薩摩派遣人質，以此更替。此時此刻的琉球，不特內政外交都有島津家在旁監視，而且朝中的重臣也由親日派官吏擔任，琉球從此的親日傾向也因此日趨明顯。

尚寧王歸國的同年，幕府立即通過琉球國著手恢復日明貿易的事宜，示意島津家久讓琉球代之傳信明朝，到兩年後，摩方面將起草完畢的書翰交付琉球，轉交明朝的福建道總督軍務都察院御史所。但是明朝已經得知薩摩入寇琉球，知道其所謂進貢不過是借琉球之口實現日本自己的願望而已。於是明朝就以「琉球新經殘破財匱人乏」為由婉轉拒絕了琉球的進貢的要求，命其「俟十年之後物力稍完然後復修貢職未為晚也」。於是，德川家康苦

心等待的日明邦交正常，最終破產。入侵琉球的最終得益者，還是薩摩島津家。

　　歸國之後，尚寧為著他被擄日本的奇恥大辱而耿耿於懷。歸國十年後，尚寧臥病，深知行將就木的尚寧，命臣下修築浦添極樂山的陵寢，以供其萬年之後享用。西元 1620 年陰曆九月十九日，尚寧王逝世，在位三十二年，壽五十七。尚寧身後無子，在薩摩的授意下，由尚元王之孫、王后的堂兄弟任敷王子尚豐繼位。琉球的歷史也由此進入了另一階段。

　　尚寧王無子嗣。王后阿應理屋惠按司加那志，尚永王之長女，幼名真錢金，號蘭叢。死于 1663 年，葬於天山御墓。後移葬于極樂陵。妃妾二人。西之按司，佐邊親方傳厚旨之女，幼名真鍋樽金，號西月。安谷屋大按司志良禮，安穀屋親雲上章氏之女，幼名真鍋樽金，號涼月。

尚貞王

　　以尚寧王為轉折，琉球自主時代結束，琉球歷史進入了兩屬的階段。

　　尚豐王　西元 1621–1640 年在位　神號　天喜也未按司添
　　尚賢王　西元 1641–1647 年在位
　　尚質王　西元 1648–1668 年在位

尚貞王　西元 1669–1709 年在位

尚益王　西元 1710–1712 年在位

尚敬王　西元 1713–1751 年在位

尚穆王　西元 1752–1794 年在位

尚溫王　西元 1795–1802 年在位

尚成王　西元 1803 年在位

尚灝王　西元 1804–1834 年在位

尚育王　西元 1835–1847 年在位

尚泰王　西元 1848–1879 年在位

尚豐王忍辱負重　保琉球劫後重生

尚豐王（佐敷王子尚朝倉）生於西元 1590 年，幼名思五郎金，為尚元王第三子——尚久之四子，同時也是尚寧王后阿應理屋惠按司加那志的堂兄弟，因此，尚豐與中山王府有著異常緊密的親緣關係。在薩摩入寇的那一年，尚豐等琉球王室與尚寧王一道，被島津軍一同擄往日本，渡過了兩年的人質生涯。在滯留日本途中，王弟尚宏病死。由於尚寧無子，所以尚宏被視為王位的繼承者。尚宏之死，王儲空缺，遂為日後尚豐登基製造了契機。在尚寧王歸國之時，尚豐跟隨回國。之後的琉球國，必須以人質交替遣往薩摩。而在日本的期間，德川家康正物色下任琉球國中山王的最佳人選。於是為人幹練而有親日傾向的尚豐即被家康暗中相中。西元 1616 年，尚豐作為人質被派往薩摩，準備接替阿波根親方阿守賢、豐見城親方毛盛績。但是由於當年琉球國攝政菊隱退隱，所以在當年冬天，尚豐就得以回到琉球，作為他登基的前奏出任攝政一職，領食祿千石。

西元 1620 年陰曆九月十九日，尚寧王逝世。在薩摩一手策劃之下，尚豐登基成為中山王。尚豐王隨即遣三司官之一的讀谷山盛韶（毛鳳朝）赴薩摩報告新王即位之事。此時的琉球已經同時向明朝、薩摩兩邊稱臣。同年，明朝的萬曆皇帝逝世，泰昌帝在位不足兩個月也病死了。新帝天啟皇帝登基，琉球隨即遣王舅池城安賴（毛鳳儀）、正議大夫蔡賢等入朝，請求襲封新君，在薩摩的授意之下趁機請求將十年一貢改為二年一貢。天啟

尚豐王

帝以琉球「陳請情切」，遂許琉球五年一貢。與先王即位時候一樣，朝廷的冊封使由於種種原因久久未能派出。除了海上向來不甚安靖的海氛（海盜、西方殖民者）和繁文縟節準備之外，此時明朝內憂外患國庫空虛、無力建造華麗的冊封船，導致冊封使無法早日啟行。遲至崇禎六年（西元 1633 年）六月，以戶科左給事中杜三策為正使、行人司行人楊掄為副使的明朝末代冊封行列，才抵達那霸，冊封已經繼位近十四年的尚豐。同年冬天，尚豐遣王舅向鶴齡、紫金大夫蔡堅等人入朝謝恩，又趁此機會進一步向明朝奏請二年一貢。崇禎帝「嘉其忠順悉許之」，如此，日本方面通過琉球對明貿易的意圖終於得逞，這意味著琉球國將作為中日兩國的「津樑」而長久保留，免於滅亡。

西元 1640 年陰曆五月，尚豐王逝世，在位二十年，壽五十一，葬於玉陵。史載尚豐王「資質英敏　仁德撫民　親賢遠佞　政教復興」……尚豐王在位期間，琉球國不得已屈服在日本的翼卵之下，尚豐王忍辱負重，為日本對明朝的貿易盡力斡旋，力保琉球繼續以表面的獨立國形式保存下來。從這個意義上說，尚豐王的確是使琉球在薩摩破壞之後的劫後重生做出了不少的貢獻。尚豐王死後的四年，大明王朝也壽終正寢，明室的命脈南遷到南京，琉球與明朝的朝貢關係也基本告終了。

尚豐王王后兩人。我謝上森按司加那志，具志頭王子尚朝盛之女，生於西元 1597 年，幼名、思、錢金。號梅岩。死於西元 1614 年，葬於玉陵。

繼室君豐見按司加那志，名護親方馬良豐之女，生於 1588 年，幼名思真牛金，號蘭閨。死於西元 1661 年，葬于父良豐之墓。後移葬於西玉陵。

有妃妾三人。西之按司加那志，大見武親雲上松定昌之女，生於西元 1597 年。幼名真鍋樽金，號涼月。死於西元 1634 年，葬於山川崎御墓，後移葬於西玉陵。真南風按司，幸地親方吳宗廣之女，幼名乙美金，號蘭室。真南風按司，田名掟親雲上樂昌敷之女。幼名真鍋樽金，號南嶽。

與那原阿護母志良禮，與那原村平敷親雲上之女，號苑叢。

尚豐王有子女八人。長子尚恭。次女首里大君按司加那志，幼名思乙金，號徹心，嫁向朝安，後改嫁向朝明。三子尚文，梅岩所生。四子尚賢，西之按司加那志所生。五女澤（左山右氏）翁主，幼名思真鍋樽金，號碧蓮，嫁向朝庸，涼月所生。次女尻佐司笠按司加那志，幼名真蜷甲金，號剛心，嫁向朝古。樂南嶽所生。七子尚質，涼月所生。八女與那城翁主，幼名真鶴金，號

玄禎，嫁向朝誠。南嶽所生。

尚賢王在位七年　經歷了明清更替

　　尚賢王，幼名恩松金，生於西元 1625 年，乃尚豐王第四子。尚賢王作為世子之時，領久米中城 500 斛。西元 1614 年，尚豐王病逝，尚賢繼位。

　　當時正值明朝江山板蕩之際，尚賢王即位之後三年，李自成攻入北京，崇禎皇帝殉國。尚賢王所派遣的請封使節，也因戰亂紛起而滯留在福建。西元 1644 年，福王朱由崧在南京遺臣的簇擁之下登基，改元弘光，是為南明朝的開端。當時，尚賢以琉球中山王世子的身份、派遣毛大用、都通事阮士元等人入朝致賀。翌年，昏暗的南明都城南京被清軍攻破。鄭芝龍等人復在福建擁立朱聿鍵即位為帝，是為隆武朝。福建左衛指揮再次遣使閩邦基招諭琉球，琉球亦再度遣王舅毛泰允、長史金思義等人捧表入貢。但是此後不久，隆武皇帝出兵親征，在江西被殺害。剛剛到達福建的琉球使臣未及朝賀，隆武朝廷也就此覆亡。此時正在福建的清朝征南大將軍博洛召見毛泰允、金思義等人，將一行人帶領上京，晉見順治帝。滿清要求收繳明朝所賜的印信封冊，接收清朝的冊封，繼續以往的朝貢關係。琉球對明朝純粹是因利而交，並沒有所謂的「以大明為父」的父子深情，在得到清朝的繼續朝貢貿易的保證下，爽快地答應交出前朝遺物，投向清朝。清朝遂以通事謝必振陪同毛泰允、金思義等人回國。

　　西元 1647 年陰曆九月，尚賢王逝世，在位七年，壽二十三，葬於玉陵。尚賢一生沒有受任何朝廷的冊封，稱不上是名正言順的中山王，只是以世子的身份出現。尚賢王時期經歷了明清兩朝

的更替，以這個時段為界限，琉球與明朝的朝貢關係結束，開始了與清朝新的交往。

　　尚賢王王后玉寄按司加那志，越來按司向朝則之女，生於西元 1630 年，幼名真加戶樽金，號花圍。死於西元 1666 年，葬于父朝則之墓，後移葬於東玉陵。妃妾一人。真壁阿護母志良禮，真壁親雲上毛盛辰女，幼名真加戶樽金。

尚質王厲行儉約　禁娼妓獎勵開荒

　　尚質為尚豐之子、尚質賢之同母弟，生於西元 1629 年，幼名思德金。先後領有佐敷與中城，直到西元 1647 年，其兄尚賢死後無嗣，遺命被立為世子。

　　即位的翌年，尚質遣周國盛等人與先前來琉球的清朝使節謝必振一同上京，捧表投清。翌年有再遣正議大夫蔡錦等人朝賀順治帝登基，但是因颱風未能到達。西元 1651 年，清廷再遣謝必振齎敕歸諭世子，並討還明朝賜印。歷經兩年，明朝印信上繳完畢，尚遣王舅馬宗毅、正議大夫蔡祚隆等人赴京貢方物，表賀世祖登極，並請求冊封新君。順治帝命兵科愛惜喇庫哈番張學禮、行人司行人王垓為冊封正副使，赴福建準備冊封事宜。但是由於鄭成功的抗清武裝雄據海上，琉球與清朝來往的船隻的安全問題無法受到保障，因此冊封使一直未能渡海。西元 1661 年，延平王鄭成功驅逐了臺灣的荷蘭人，以臺灣作為抗清據點，但是在同

清帝御賜——國王之印

年即病逝。明鄭內部的王位爭奪爆發，鄭經與鄭襲為爭奪王位內鬨，無瑕阻止琉球與清朝的船隻往來。西元 1663 年，清朝遂趁此機會派出冊封使，以首代冊封使張學禮等人奉詔敕以及清朝所賜國印，赴琉球冊封新王。

敕曰　爾國　慕恩向化　遣使入貢　世祖章皇帝　嘉乃抒誠　特頒恩賚　命正使兵科副理官張學禮　副使行人司行人王垓　齎捧敕印封爾為琉球國中山王　乃海道未通　滯留多年　致爾使人　物故甚多　及學禮等　奉挈回京之日　又不將前情奏明該地方　督撫諸臣亦不行奏請　朕屢旨詰問　方悉此情朕念　爾國　傾心修貢　宜加優恤　乃使臣　及地方各官逗留遲豈朕柔遠之意　今已將正副使　督撫等官　分別處治特順恩賚　仍遣正使張學禮　副使王垓　令其自贖前罪　暫還原職　速送使人歸國　一應敕封事宜　仍照世祖章皇帝前旨行　朕恐　爾國　未悉朕意故再降敕諭　俾爾聞知　爾其益殫厥誠　毋替朕命

欽哉　故諭

詔曰　帝王　祗德應治　協於上下靈　承于天時　則薄海通道　罔不率俾為藩屏臣　朕懋纘鴻緒　奮有中夏　聲教所綏無間遐爾　雖炎方荒略　亦不忍遺　故遣使招徠　欲俾仁風暨於海　爾琉球國　粵在南僥　乃世子尚質達時識勢　祗奉明綸　即令王舅馬宗毅等　獻方物　稟正朔　抒誠進表　上舊詔敕印　朕甚嘉之　故特遣正使兵科副理官張學禮　副使行人司行人王垓　齎捧詔？印　往封為琉球國中山王　仍錫以文幣等物　爾國官僚及氓庶　尚其輔乃王　飭乃侯度　守乃忠誠　慎又厥職　以凝休祉　綿于奕世

故茲詔示　咸使聞知

　　冊封期間，尚寧王王后病逝。翌年，尚質遣王舅英常春、正議大夫林有才等人奉表獻方物，慶賀聖祖登極。但進貢船停留福州期間，船隊遭受海盜襲擊，貢品被掠奪。康熙帝仍回賜禮物，命之日後補進。

　　薩摩入寇之後，人心消沉，社會滿目瘡痍，這個狀況持續了近五十年。西元 1666 年，王族向象賢（羽地朝秀）出任攝政一職，開始了著名的改革，史稱「羽地朝秀改革」。改革的內容主要針對琉球戰後殘破的經濟局面而制定。1. 自王室到庶民都要厲行儉約。2. 禁止娼妓。3. 限制女巫的權力，女巫不得參預政事。4. 獎勵開荒，懲治不法。5. 訓練外交人材。向象賢的改革除了廢除女巫特權之外基本上並不是大膽創新的改革，只是對現有政治略作改良修補，但畢竟對戰後的琉球恢復有著積極作用。

　　西元 1668 年陰曆十一月，尚質王逝世，在位二十一年，壽四十，葬於玉陵。史書記載「王恭儉修德　克守基業　愛惠臣民　惟善是務」。琉球國在他統治之下，又安安穩穩地度過了二十年。

　　質王后美里按司加那志，羽地王子向朝泰之女，生於西元 1629 年，幼名真松金，號柏窗。死於西元 1699 年，葬於玉陵。

　　有妃妾四人。真南風按司，知念親方政貞之女，幼名恩戶金，號本空。安谷屋阿護母志良禮，島袋親雲上章正次女，幼名思戶金，號本光。

　　宮城阿護母志良禮，玉城築登之親雲上駱春紀之女，幼名真鍋樽金，號惠室。諸見里阿護母志良禮，石川築登之親雲上之女，童名真牛金，號月嶺。

　　有子女十二人。長子尚貞，王后向氏所生。次子尚弘毅，世

稱大里王子，王后向氏所生。三子尚弘仁，世稱名護王子，王后向氏所生。四子尚弘才，世稱北谷王子，本空所生。五女安谷屋翁主，幼名思乙金，號玉蓮，後嫁向朝智，王后向氏所生。六女諸見里翁主，幼名思武樽金，號寬養，後嫁毛安依，月嶺所生。七子尚弘德，世稱風平王子，惠室所生。八女興那嶺翁主，童名思真鶴金，號梅

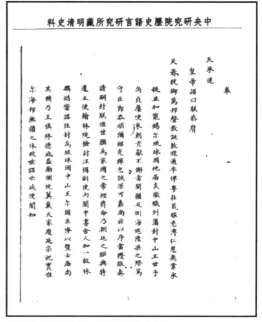

康熙帝詔封尚貞為琉球國中山王

月，後嫁向朝武，本光所生。九女大嶺翁主，幼名真世仁金，號善室，後嫁向朝興，本空所生。十子尚弘信，世稱本部王子，本光所生。十一女宮平翁主，幼名思真鍋樽金，號春光，後嫁尚朝嘉，本空所生。十二子尚弘善，世稱宜野灣王子，本光所生。

尚益在位三年　修復王城大殿

尚益王是尚貞王之孫、已故世子尚純之長子，生於西元1678年，生母為聞得大君加那志毛義雲（具志川親方毛盛員之女），幼名思五郎金。即位前先後領有佐敷、宜野灣、讀穀山、中城等地。由於尚純世子未及繼位就英年早逝，所以在尚貞王逝世之後，按長幼之序，有世子之長子繼承王位，是為尚益王。尚益王

首里的國王大殿

也是個短命之人，未及冊封，在位三年就亡故，沒有施行多少政策，生前唯一的大事，就是他在即位的翌年修復了首里王城的大殿。西元 1712 年陰曆七月，尚益王病逝，壽三十五，葬於玉陵。

　　尚益王王后聞得大君加那志，具志川親方盛昌之女，生於西元 1680 年，幼名思真鶴金，號坤宏，死於 1765 年，葬於玉陵。

　　有妃妾三人。西之按司，國頭親方向朝姿之女，幼名真牛金，號淳德。宮城阿護母志良禮，田場掟親雲上之女，幼名思戶金，號慈雲。知念阿護母志良禮，崎山築登之親雲上孫嗣長女，幼名真尹金，義德。

　　尚益王有子女六人。長女嘉手刈翁主，毛氏所生，幼名思戶金，號泰心，後嫁毛安承。次女古波藏翁主，毛氏所生，幼名

思真鶴金，號宏淑，後嫁毛盛邑。三子尚敬，毛氏所生。四子尚徹，世稱北谷王子，毛氏所生。

五女富盛翁主，幼名思武樽金，號蘭溪，後嫁翁忠喜。六女內間翁主，幼名思真牛金，號順德，後嫁馬良隆。

尚敬王擴建圓覺寺　蔡國師輔政有道行

尚敬是尚益王之三子，幼名思德金，生於西元 1700 年，世稱讀谷山王子、中城王子。西元 1712 年尚益王逝世，尚敬繼位。

尚敬王時期琉球繼續在平穩中發展，主要成就表現在國家的文教、經濟。尚敬王即位的五年後，尚敬王命建築了啟聖廟。啟聖廟建築在聖廟之側，勝聖廟建於尚貞王時期。早在明萬曆間，紫金大夫蔡堅，曾繪畫聖賢之像，後紫金大夫金正春，請命立廟，供奉聖像。於是就在久米村建築廟堂，塑像於廟，越年告成。之後每年春秋之際，恭行祭禮，著為定規。琉球國的儒教興起較遲，直到尚敬王時代才由王室宣導。

尚敬王

西元 1716 年，尚敬王遣耳目官夏執中、正議大夫蔡溫等人奉表入京，貢方物，請求襲封。康熙帝命翰林院檢討海寶、翰林院編修徐葆光為冊封正副使，並給賞如例。西元 1719 年，冊封船抵達琉球，諭祭故王尚貞、尚益，並追封尚貞王世子尚敬為中山王。

冊封之詔 敕日　惟爾遠處海隅　虔修職貢　屬在塚嗣　以

朝命未膺　罔敢專擅　恪遵典制　奉表請封　朕念　爾世守
臣節　忠誠可嘉特遣正使翰林院檢討海寶　副使翰林院編修
徐葆光　齎敕封爾　為琉球國中山王　並賜爾及妃　文幣等
物　爾祇承寵眷　懋紹先猷　輯和臣民　慎固封守　用安宗
社于苞桑　永作天家之屏翰

欽哉　毋替朕命　故諭

詔曰　朕恭膺天眷　統禦萬邦　聲教誕敷遐邇　率俾粵在
荒服悉溥仁恩　並加寵錫　爾琉球國　地居炎徼　職列藩
封　中山王世曾孫尚敬　屢使來朝　貢獻不懈　海寇陸梁之
際　篤守臣節　恭順彌昭克殫忠誠　深可嘉尚　茲以序當纘
服　奏請嗣封　朕惟　世繼為家國之常經　爵命乃朝廷之鉅
典　特遣正使翰林院檢討海寶　副使翰林院編修徐葆光　齎
詔往封為琉球國中山王　爾國臣僚　以暨士庶　尚其輔乃王
慎修德政

益勵悃忱　翼戴天家　慶延宗祀　實惟爾海邦　無疆之休

故茲詔示　咸使聞知

　　自從三藩之亂後，清廷對琉球國恩賞有加。直到尚敬王時代
亦然，格外恩賞之事屢見不鮮，琉球使臣頻頻入京謝恩、貢獻方
物。如雍正元年除例行次品之外，加賞國王琺瑯爐瓶盒、白玉、
青玉爐、自玻璃大碗、青花如意五寸盤等物，賜使臣銀兩、緞等
物；雍正三年再貢又再加賜緞、玉、藍玻璃蓋碗、紫檀木盒等
物，賞使臣銀、緞等物……凡此種種，不勝枚舉。清廷又以「進
獻禮物　若不收受　有交送內務府存留准作年貢之例」准琉球
二年一次正貢。清廷榮寵琉球，不外是嘉獎琉球國所謂的虔修職
貢，嘉惠遠藩之意，琉球得到朝貢貿易的權益，既能夠滿足薩摩
藩的索求，又能為自身帶來豐厚收入，而清朝則換來了政治上的

盟主地位，兩者相得益彰，在十九世紀之前，兩方一直處於親密的蜜月期。

琉球國社稷奠安，尚敬王有餘力著手王家的裝修。西元 1728 年之後，尚敬王擴建了作為尚氏王朝宗廟的圓覺寺，重修了首里城的正殿，之後又改修天王寺，新建儀門，規模壯觀，與圓覺寺「稍有相齊焉」。每逢佳節、朔望，以及先王及妃之忌日，中山王必定親謁圓覺、天王二廟，燒香行禮，此後永著為例。

尚敬王時代，開始興修水利發展農耕經濟。

琉球國內水利設施落後，夏季常常天旱，五穀不熟。但每逢雨季，羽地一帶卻洪水氾濫成災。國師向和聲、奉行武自勇在山南鑿溝引泉，注入農田，解決了天旱時的灌溉。而蔡溫即以治理羽地川而聞名。蔡溫出身于久米村的中國移民家庭，在 27 歲時曾經留學中國。尚敬王時代，受到王府的重用，出任正議大夫，作為貢使入朝，之後被提拔升任國師。西元 1748 年，蔡溫奉命改造羽地川的河道，以便於疏導洪水，同時鞏固兩岸的堤壩，使農田免遭洪水。此外，蔡溫率官僚巡視山林，制定山林之法，改正經界，均分田畝。琉球產殖異常落後的面貌，在蔡溫的推動下改頭換面，法制開始完備。自是琉球百姓安樂，年成豐饒，糧食自給有餘。

西元 1751 年陰曆正月，尚敬王逝世，壽五十二，葬於玉陵。尚敬王時代，在一代名相蔡溫輔之下，琉球民生明顯改善，特別是農業在蔡溫等人主持之下得到長足發展，自薩摩入寇至此近 150 年，琉球國終於得以在戰爭的廢墟上重建，社會又復為安定。

尚敬王只有王后一人。聞得大君加那志，仲里親方馬良直之女，生於西元 1705 年，幼名思龜樽金，號仁室。又稱佐敷按司加那志。死於西元 1779 年，葬於玉陵。

　　尚敬王有子女五人。長女聞得大君加那志，幼名真鶴金，號寬室，後嫁蔡廷儀。次女聞得大君加那志，幼名思戶金，號順成，後嫁向朝倚。三子尚穆。四女安谷屋翁主，幼名真嘉戶樽金，號寂照。五子尚和，世稱讀谷山王子。

尚穆在位四十年　訂刑法修編律例

尚穆王

　　尚穆王在尚敬王子女中排行第三，生於西元 1739 年，幼名思五郎金。

　　西元 1751 年陰曆正月，尚敬王逝世，尚穆繼位，繼續以老臣蔡溫為國相。兩年後，尚穆王遣毛元翼、正議大夫蔡宏謨等人奉表入京，進貢方物，兼請襲封。朝廷以翰林院侍講全魁、翰林院侍講周煌為冊封正副使，於兩年後從福建出發。但冊封船行經古米島附近遭遇暴風，觸礁損壞。冊封使一行收拾聖旨、欽賞幣帛等物登岸，由琉球官員駕海船迎接。一番周折才到達那霸港，諭祭故王尚敬，襲封世子尚穆為中山王。

　　冊封之詔　敕曰　皇帝敕諭　琉球國中山王世子尚穆　惟爾遠處海隅　虔修職貢　屬在塚嗣　恪遵典制　奉表請封　朕念　爾世守藩服　恭順可嘉　特遣正使翰林院侍講全魁　副使翰林院編修周煌　齎　敕封爾為琉球國中山王　並賜爾及妃　文幣等物　爾其祇承寵眷　克懋先猷　和輯臣民　增修

德政　永延宗社之嘉歷　長作天家之屏翰

欽哉　毋替朕命　故諭

詔曰　朕恭膺天眷　統御萬方　聲教誕敷遐邇　率俾粵在
荒服悉溥仁恩　並加寵賜　爾琉球國　地居炎徼　遠隔重
洋　世列藩封　屢膺朝命　代修職貢　恭順彌昭　茲以中山
王世子尚穆。序當纘服　奏講嗣封　朕惟　世繼為家國之常
經　爵命乃朝廷之鉅典　特遣正使翰林院侍講全魁　副使翰
林院編修周煌　齎詔往封為琉球國中山王　爾國臣僚　以暨
士庶　尚其輔乃王　慎修德政　益勵悃忱　翼戴天家　慶延
宗祀　實惟爾海邦無疆之休

故茲詔示　咸使聞知

　　尚穆王在位四十餘年，可以說是沒有與之長期在位相稱的政
績。縱橫期間的無非是頻繁發生的漂流船事件和朝貢賞賚加賜等
事。唯一一件於國於民有所稗益的只有刑法律例的修編。在尚穆
王之前，琉球沒有書面的賞罰律例之定，一律依照舊例處行，導
致刑獄輕重不均、難以服眾。於是尚穆王命國相尚和、法司馬宣
化、向邦鼎、馬國器等人，參考中國刑律、本國舊例，編集例科
律，編成褒獎條例一本，科律十八本，頒行各處。

　　西元 1794 年陰曆四月，尚穆王病逝，在位四十三年，壽
五十六，葬於玉陵。

　　尚穆王王后佐敷按司加那志，高嶺按司向朝意之女，生於西
元 1740 年，幼名思真鶴金，號淑德。西元 1779 年逝世，葬於山
川御墓。後移葬於西玉陵，移骨於東玉陵。

　　有妃妾四人真南風按司，名嘉山親雲上向朝應之女，幼名
真牛金，號仁厚。安谷屋阿護母志良禮，長政善之女，幼名真鍋
樽，號蘭室。宮裡阿護母志良禮，宮裡築登之親雲上彥元恭之

女，幼名真鍋樽，號瑞雲。與儀阿護母志良禮，善憲英之女，幼名真加戶樽，號清室。

尚穆王有子女八人。長子尚哲，早逝向氏所生。次子尚圖，世稱浦添王子，向氏所生。三子尚周，世稱勝連王子，向氏所生。四子尚容，世稱宜野灣王子，向氏所生。五女聞得大君加那志，幼名恩龜樽，號法雲，後嫁向朝睦，長氏所生。六子尚恪，世稱美里王子，長氏所生。七女小那霸翁主，幼名思戶金，號玉浦，後嫁楊昌本，彥氏所生。八女上間翁主，幼名真鶴金，號高東，後嫁向朝英，彥氏所生。

尚溫王設立國學　收儒生無分貧富

尚溫為已故世子尚哲之子，幼名恩五郎金，生於西元 1784 年。領中城知行一千五百斛，故世稱中城王子。

西元 1794 年，尚穆王逝世，作為世子遺孤的尚溫繼承王位，命其叔父尚圖為國相，當其時年僅十二歲。

尚溫王即位的翌年，尚溫王遣毛思義等人奉表入京，進貢方物，兼慶賀太上皇帝傳位，嘉慶皇帝登極。是年，清朝乾隆皇帝禪讓帝位于皇太子，自為太上皇，以是年為嘉慶元年。連綿一百餘年的康乾盛

溥儀穿上乾隆年間琉國進貢鎧甲

世結束，清朝面臨白蓮教運動以及境內各族人民起義，清朝統治由盛轉衰。

是年，發生了尚溫王時代第一次琉球貢船被掠事件。自從康熙年間明鄭覆滅之後，琉球使船在海上的安全尚可得到保證。但到了清朝中葉之後，海上再度匪賊橫行。琉球進貢船在八重山停泊，裝載貨物，被暴風吹離海岸。海盜船趁機來襲，擄掠船上貨物之後離去。貢船漂流至中國溫州府，被州官疑為越南海盜，拘捕處以斬刑。後由琉球通事確認身份方才得免。類似漂流事件在清代層出不窮，早在尚敬王、尚穆王時代，類似的漂流船事件基本上以二年一次的頻率發生，往往是官府問訪漂流情狀，之後蒙地方官恤養，解送回國。有的甚至人間蒸發，一去不返。到了尚溫王時代這種情況還一直持續，之後仍屢見不鮮，不勝枚舉。

嘉慶三年（西元 1796 年），奉清帝上諭，琉球國建立國學，以紫巾官向元佐為國學奉行，督理學務，議立學規，無分貧富招收學生。琉球雖然作為與中國關係最為密切的藩國之一，但是其尊崇儒學的程度遠遠不如週邊諸國。自是，琉球才開始招收儒生，由此可見琉球國文教的落後面目。

西元 1800 年，清朝冊封正使趙文楷，副使李鼎元，詔敕御書臨國，冊封新王。

冊封之詔　詔曰　朕惟　撫辰凝績　宅中恢柔遠之經　繼世象賢裕後重承之選　隸蕃畿於屬國　恢圖域於遐陬　鴻臚獻款　眷懷雁列　律乃有民　誕貴龍光　昭哉嗣服　爾琉球國　職奉溟疆　中山王世　孫尚溫　率乃祖攸行　為前人成烈　固圉克堅于申畫　世守封隆　齋心鳳拱于辰居　遙通象譯　重洋候律　輪年循奉贐之期　百宿趨朝幣效來庭之悃　茲以序當纘服　奏懇嗣封　騰章循覽　夫疆臣秉節馳於海隅

特遣正使翰林院修撰趙文楷　副使內閣中書李鼎元　賚詔往

封　為琉球國中山王　爾國臣工　以暨士庶　尚其輔乃王

綏寧茅土　殫竭葵忱　踐修厥猷　厥邦厥民　越時敘　毋替

朕命　朕心朕德惟乃知於戲　踰鰈水以褒封　恩垂帶礪　錫

龍綸　而式典　慶洽屏藩益勵忠誠　祇承詔示

敕曰　惟爾遠界瀛　虔修職貢　嘉象賢於世守　克篤忠貞

綿燕譽於藩維　凤昭恭順　茲以序胄主邑　賚壞奠以來庭

敬疆臣而悃念箕裘之立範　詒厥孫謀　眷帶礪之凝禧　繩

其祖武　景風式典　俾　綏磐石之宗　湛露覃熙允葉苞桑之

繫　特遣正使翰林院修撰趙文楷　副使內閣中書李鼎元敕封

爾　為琉球國中山王　並賜爾及妃　文幣等物　爾其敬承渥

眷　懋紹先猷　彌勤翼戴　康乃心而顧乃德　率由典常　視

爾師　而寧爾邦　慎固封守　嚮風慕義　聿膺褒渥於新綸守

典承休　遙奉聲靈于奕葉

欽哉　特諭

西元 1802 年陰曆七月，在位七年的尚溫王逝世，年僅十九歲，葬於玉陵。

尚溫王后聞得大君加那志，國頭親方向朝慎之女，幼名思真牛金，號仙德，又稱佐敷按司加那志。生於西元 1785 年，死於西元 1869 年，葬於玉陵。

尚溫王僅有一子尚成，尚溫死後繼位。

尚成王三歲登基　坐龍廷不足半年

尚成是尚溫王的獨子，生於西元 1800 年，幼名思德金。尚成出生僅僅三年，他年輕的父親就匆匆離逝。而幼沖的尚成立即被諸臣推上王位。但他在位不足半年，在十二月就夭折了，可以算

是創下了琉球尚氏諸王之最。西元 1808 年，尚成被清廷追封為中山王，使這位在位時間極其短暫的國君得以名列尚氏王統的世系當中。

誥命　誥曰　景風式典　紹封兼闡夫幽光　湛露覃禧　錫類不忘於繼序　永孝思而請命　載鑒葵枕　眷忠順　以推恩允綏茅昨　爾琉球國　權署國事　故世子尚成　夙孚民望　攝守藩疆。以稟命之不融　致恩綸之未被　燕翼衍瀛之澤　日篤不忘　象賢綿帶礪之休　毋替厥服　茲特追封爾　為琉球國中山王　錫之誥命　于戲　龍光寵荷本支　慰肯構之思　鴻藻榮褒奕葉　奉來庭之職　克膺茂典永賁遺徽

尚灝王子女廿六人　在位卅年壽四十八

尚灝是尚哲世子之末子，世稱具志頭王子，生於西元 1787 年。西元 1804 年，侄子尚成王夭折，作為尚哲王嫡系的尚溫王家絕嗣，於是以其弟尚灝繼承王位。西元 1808 年，清朝冊封正使齊鯤、副使費錫章，齎捧詔敕臨國，追封故世子尚成，諭祭故王尚溫、尚成，襲封尚灝為中山王。

冊封之詔　朕惟　聲教覃敷　綏遠懋柔懷之典　藩維永固褒庸勵翼戴之忱　昭燕譽　以凝禧　箕裘載纘　詣鴻臚而獻款　爾琉球國受職中華符分瀚島　承麻奕葉　中山王世孫尚□　迪惟前光　用承家以開國　繩其祖武

能移孝以作忠　嚴申畫而拱紫宸　金鼇奠海　矢寅恭而將丹悃　石□趨風　共球勿懈于朝宗　帶礪允膺夫疆服　茲以序當主邕表懇嗣符　特遣正使翰林院編修齊鯤　副使工科給事中費錫章　齎詔往封爾為琉球國中山王　爾國臣工　以暨士庶　其咸輔乃王　益勵恪恭　永延祉祚　綏爰有眾　望協乎

宜民宜人　欽乃攸司　勱懋乎維屏維翰　翊皇圖于清晏　式孚三錫之崇褒　保世守以□寧　長荷九重之渥眷

故茲誥示　咸使聞知

敕曰　惟爾世隸藩維　職修方貢　象賢貞度　迪儀矩於□辰　燕譽延光　振英聲於寶胄　茲以系膺紹序　誠□求章　□關遙□於鴻臣　矞矑□申夫鰈水　雲疆宅宇　虔賚葵表　以臚忱　水驛宣綸　俾紹　茅封而衍緒　眷忠藎之世篤　詒厥孫謀　勵寵命以時忱　昭哉嗣服特遣正使翰林院編修齊鯤　副使工科給事中費錫章　敕封爾　為琉球國中山王　並賜爾及妃　文幣等物　爾其祇承恩賚　敬率典常　聿膺蕩節之新榮　允副楓延之篤眷　修其禮物　□夙惕於共球　咨爾人民　迪前光於帶礪　繩武稟箕裘之訓　亮采有邦　承□綏磐石之宗　增修於德

欽哉　特諭

　　西元 1828 年，尚灝王臥病，由世子尚育主理國政。六年後，久病的尚灝王逝世，在位三十一年，壽四十八，葬於玉陵。尚灝王時代，西歐強國已經完成工業革命，西方船隻頻繁出入東亞地區，叩響了古老東方的閉封大門，一場大變亂正在醞釀當中。

　　尚灝王王后佐數按司加那志，豐見城按司向朝興之女。生於西元 1791 年，幼名思龜樽金，號順德，又稱野嵩按司加那志、真鍋樽金、汀間按司加那志。死於西元 1854 年，葬於玉陵。

　　有妃姜十人。具志堅按司，名嘉山親雲上向朝興之女，幼名真松金。古波藏按司，伊是名里之子向朝猷之女。幼名真鍋樽，號蘭溪。小那霸阿護母志良禮，劉定根之女，幼名真牛金，號福岩。前田阿護母志良禮，前田親雲上史友范之女，幼名真牛金，號蘭室。座喜味阿護母志良禮，戴蔡方之女，幼名真嘉戶樽，號

寂照。又吉阿護母志良禮，築登之親雲上泉清照之女，幼名思戶金，號雪庭泉氏又吉。宮城阿護母志良禮，又吉築登之親雲上清照之女，幼名真鶴金。上間阿護母志良禮，玉城築登之顧直豐之女，童名真勢金。仲西阿護母志良禮，儀保築登之元宜照之女，幼名思武樽金，號慈觀。謝名堂阿護母志良禮，謝名堂築登之任昌祿之女，幼名思龜樽，號貞室。

　　尚灝王有子女二十六人。長子尚育，向氏具志堅按司所生。次子尚膺，幼名思五良金，向氏所生，夭折，葬於山川御墓，後移葬於玉陵。三女翁長翁主，幼名真鍋樽，後嫁向朝武。夫人向氏具志堅按司所生。四女識名翁主，幼名思龜樽，號心月，後嫁馬良熹，戴氏所生，五子尚惇，世稱大里王子，劉氏所生。六子尚怡，世稱真蒲戶金王子，戴氏所生，夭折，葬於城間之墓。七女聞得大君加那志，幼名真鶴金，後嫁向朝敕，史氏所生。八子尚健，世稱伊江王子，劉氏所生。九女安室翁主，幼名真牛金，號春澤，後嫁蔡得宜，泉氏真鶴金所生。十女嘉味田翁主，幼名真吳勢金，號慈光，後嫁向朝典，泉氏思戶金所生。十一女思龜樽翁主，泉氏真鶴金所生。十二女嘉手刈翁主，幼名真鶴金，號善室，後嫁向朝陳，泉氏思戶金所生。十三女小那霸翁主，幼名真鍋樽，號玉蓮，後嫁向朝信，泉氏真鶴金所生。十四女與那霸翁主，幼名思龜樽，號真水，後嫁金安惟，泉氏思戶金所生。十五女石嶺翁主，幼名真麻刈金，號秋月，泉氏真鶴金所生。十六女牧志翁主，幼名思戶金，號梅心，後嫁向朝保，顧氏所生。十七子尚謙，世稱義村王子，泉氏思戶金所生。十八女思戶金翁主，泉氏真鶴金所生。十九女安裡翁主，幼名真牛金，後嫁向朝平，顧氏所生。二十子尚慎，世稱玉川王子，元氏所生。二十一女真鍋樽翁主，泉氏真鶴金所生。二十二女宮平翁主，幼

名真嘉戶樽，後嫁向朝敕，泉氏思戶金所生）。二十三女真牛金翁主，泉氏真鶴金所生。二十四子尚胅，世稱真蒲戶金王子，夭折，葬於城間㙒墓，後移葬於西玉陵，泉氏真鶴金所生。二十五子尚脩，世稱名護王子。二十六女掛保久翁主，幼名思武太金，後嫁楊昌章，泉氏真鶴金所生。

尚育王拒絕通商　遇英法手足無措

尚育為尚灝王之長子，生於西元 1813 年，幼名思德金（又稱思真蒲戶金），受封中城郡，食一千五百斛，故世稱中城王子。自尚灝王臥病以來，尚育以世子身份攝政。西元 1834 年尚灝王逝世，尚育王繼位。

西元 1838 年，清朝派遣冊封正使林鴻年、副使高人鑑，捧詔敕御書臨國，襲封王世子尚育。

冊封之詔　詔曰　朕惟共球向化　□忱膺丹□之褒　屏翰銘勳世守席黃圖之舊　嘉象來之致福　久備藩封　紹燕譽以承□　式頒策命　爾琉球國　啟疆溟島　率職海邦　懋奕祀之經綸　奉中朝之正朔　中山王世子尚育　克承先業　丕茂嘉猷　繼堂構以維勤　奉幣□而罔懈　效朝宗於碧□　風靜鯨波　肅拱衛於紫宸　道通魚嶼　茲以序當嗣位　表請錫封特遣正使翰林院修撰林鴻年　副使翰林院編修高人鑑　齎詔往　封爾為琉球國中山王　爾國臣民　以暨士庶　其咸弼乃王　益勵恪恭　長延福祚　思其艱　以圖其易　日修庶政以誠和　勤於邦　複儉於家　永矢一心而翼戴　纘箕裘於勿替　千秋垂駿烈之光　罩帶礪以久安　百世荷龍章之眷

故茲誥示　咸使聞知

敕曰　惟爾世宅瀛□　蔚為國冑　承華綺歲　不愆視膳之儀

主器藩方　聿著維城之望　茲以茅封嗣守　葵向臚忱　嘉越雉之□飛驗□之即序　雲帆轉海　羅□贐於十洲　星使來王拱宸樞於萬里

無忝箕裘之紹　爵壤宜仍　用邀英蕩之頒　絲綸載錫　特遣正使翰林院修撰林鴻年　副使翰林院編修高人鑑　敕封爾為琉球國中山王　並賜爾及妃　文幣等物　爾其祗承寵命　益懋忠藎　助宣□化於鯤溟　允答稠恩於鳳陛　扶桑日麗　被袞繡以揚輝　析木波平　奠藩維而述職　勿墜高會之矩　俾爾熾昌　永惟帶礪之傳　延于苗裔

欽哉　特諭

此時的天朝上國，圍繞著鴉片貿易，與英國發生了激烈衝突，就在冊封尚育王的翌年，林則徐在虎門銷毀煙膏，隨後禁止了鴉片貿易。禁煙運動導致了中英兩國戰爭的爆發。西元 1839年，10 月 1 日，英國內閣決議派遣遠征艦隊，以 4000 兵力發動對華戰爭。戰爭從西元 1840 年 6 月下旬爆發，到西元 1843 年 8月下旬以清朝的戰敗告終。至此，緊閉了 200 餘年的古老帝國大門，被西方列強的強勢武力所撞開。而作為琉球另一宗主國的日本，國內天保年間的危機也籠罩著全國。幕府此時還刻板地執行不合時宜的政治制度，老態龍鍾地緩緩衰亡，貧窮的武士與農民迫於通貨膨脹的壓力，生活在飢餓當中，大鹽平八郎之流的暴動或者強奪糧倉事件時有所聞。同時存在的還有來自西方列強的威脅。西元 1853 年 7 月 8 日，美國海軍准將佩里率領的四艘黑船，進入了江戶灣，結束了江戶幕府 200 餘年的太平盛世。繼中國之後，日本也被迫向世界敞開了國門。

而生存在日清兩國翼卵之下的琉球國也無可避免受到西方列強的衝擊。西元 1844 年 3 月，法國人的艦隊來航，要求與中山

王府締結傳教、貿易的友好條約。其實在此之前琉球已經有西方船隻來航的記錄，但此前的都是遇難或者路過補給而已，對於法國人突如其來的要求，尚育王準備予以拒絕。但法國人並不肯善罷甘休，威脅明年來取滿意答覆，留下船員兩人之後駛離琉球。繼之，英國船也來航登陸。尚育王對此手足無措，遣使將此事報告清廷。結果只得到幾句無關痛癢的撫慰之辭，此事就此不了了之。

西元 1847 年陰曆九月，尚育王病逝，在位十三年，壽三十五，葬於玉陵。

尚育王王后佐敷按司加那志，豐見城王子尚朝春之女，幼名思真鶴金，號元貞，又稱野嵩按司加那志。生於西元 1814 年，死於西元 1864 年，葬於玉陵。有妃妾一人。真南風按司，喜名親雲上向朝清之女，幼名真牛金。

尚育王有子女八人。長女曰國場翁主，幼名真鍋樽，號妙香，王后向氏所生。次子尚濬，王后向氏所生。三女末吉翁主，幼名真牛金，後嫁向朝知，王后向氏所生。四女上間翁主，幼名恩真松金，後嫁馬正全，王后向氏所生。五女兼城翁主，幼名真鶴金，後嫁向朝常，向氏所生。六子尚泰，向氏所生。七女照屋翁主，幼名真嘉戶樽，後嫁向朝盛，向氏所生。八子尚弼，世稱具志川王子，向氏所生。

尚泰王被擄東京　琉球國最終滅亡

尚泰王是尚育王之子，排行第六，生於西元 1843 年，幼名思次良金。西元 1848 年即位，時年僅僅 5 歲。

西元 1853 年 5 月 26 日，佩里的艦隊離開江戶灣，順道來訪

琉球，同樣要求友好通商。得到清廷指示的中山王府準備像上次拒絕法國人那樣對待佩理的要求。但是，美國人比法國人更加強悍，未及尚育王答覆，佩理就率領 200 人荷槍實彈的軍隊登陸，美其名曰親善訪問，實際上是武力要脅，在首里城下等候答覆。中山王府見無法搪塞，遂如日本之例，答應明年答覆，佩理方肯離去。明年 3 月，佩理艦隊再次出現在江戶灣海面，幕府已經無法敷衍了事，與之談判，簽訂了《日米和親條約》（即《日美友好條約》）。佩理的

琉球末代國王尚泰

要求得到滿意答覆後，駛向下一站琉球。中山王府見日本也只能屈服而已，自然不敢再拒絕，也于同年的 7 月與佩理簽訂了《琉美修交條約》，同意了佩理的通商要求。既然應允美國要求，自然不能拒絕先前法國等國家的「友好」，於是在之後，分別與法國、荷蘭簽署了類似的通商、傳教條約，向西方列強開放。

　　此後，第二次鴉片戰爭爆發，咸豐皇帝逃奔熱河，清廷忙於應付英法聯軍的侵略和國內的太平軍起義，自顧不暇，而且上京路上兵荒馬亂，貢路不時間斷，清廷一直沒有派遣冊封使冊封尚泰王。直到咸豐皇帝駕崩之後的同治三年（西元 1864 年），尚泰王方遣正議大夫毛發榮等人捧表進京，請求冊封。西元 1866 年，冊封正使趙新、副使于光甲，齎捧詔敕臨國，諭祭故王尚育，襲封世子尚泰。

冊封之詔 詔曰　朕惟　典隆圭組千秋　垂帶礪之盟　瑞集

共球百世　屹屏藩之衛　紹箕裘而勿替　舊德克承　貳綸□
以崇襃　新恩宜沛　爾琉球國　拓疆東海　稟朔中朝　慶
土宇之久安　荷□之廣冒中山王世子尚泰　夙騫令譽　善繼
先型　雎頓剴早□忱於九陛　波恬碧□　頻輸□贐　以效珍
星拱紫垣　遠涉梯航而請命　茲以序當嗣爵　表□錫封　特
遣正使右春坊右贊善趙新　副使內閣中書舍人于光甲　齎詔
往封爾　為琉球國中山王　爾國臣民　以暨士庶　其咸輔乃
王　溢殫忠悃　懋著豐規　綿世澤以孔長　鞏邦基於丕固
思裕後光前之匪易　勉啟乃心　念宣猷贊化之宜勤　無忘汝
翼　鴻□滋至　繼繩延茅壤之榮　龍節載頒　申錫拜楓廷之
賜　故茲誥示　咸使聞知

敕曰　惟爾　毓秀海邦　蜚英國胄　譽隆肯構　早駿望之丕
昭　德著維城　果象賢之無忝　茲以　承□衍慶　纘業揚□
踰鼇島以來王航鯤溟而命使　瞻雲願切　夙勤修貢於東瀛
捧日心長　彌翼近光于北闕　嘉前徽之克紹　久靜鯨波　念
崇爵之宜頒　載宣鳳□　特遣正使右春坊右贊善趙新　副使
內閣中書舍人于光甲　敕封爾　為琉球國中山王　並賜爾及
妃　文幣等物　爾祗膺簡命　溢勵葵忱　式宏翼戴之勳　大
啟熾昌之緒　祚延茅土　環紫□以承流　榮被芝泥　翊丹宸
而布化　萬里效星辰之拱　用揚鴻烈于方來　九天錫雨露之
恩允荷龍光於靡極

欽哉　特諭

　　而此時的日本，一場大變也在醞釀當中。西元 1854 年，《神
奈川條約》簽訂，日本的鎖國政策由此被打開一個缺口，幕府老
中阿部正弘冒昧的改革，諸藩失去加強軍事力量的制約，削弱了
將軍的絕對統治地位。藩幕體制開始動搖。之後，鼓吹開國的井
伊直弼出任老中，獨斷專行地與列強締結通商條約，200 年來的

鎖國制度至此已經完全瓦解。此外，井伊履行的安政大獄，誠然肅清了反對派，但是更加激起了不滿其外交政策者的怨恨。西元1860年，井伊在觀見途中被刺殺，幕府的統治權威受到致命打擊。無法應付內憂外患的幕府轉而尋求通過公武合體政權來維持統治，但不足一年即告破產。此後上臺的將軍德川慶喜執行強有力的改革，試圖在朝廷與諸強藩中取得平衡，以維持德川家的天下，而這一些努力隨即被倒幕派所否定。在西元1868年的禁中會議中，德川家被排斥在新政府之外。不服的舊幕府軍揚言要收復京都，但在鳥羽伏見被薩長聯軍擊潰，300年德川家的天下一戰丟失，江戶時代終於落下帷幕，以天皇為首的復古集權政府就此君臨日本。

　　日本的巨變，終究還是影響到琉球。西元1868年9月8日，日本新政府改元明治，並於10月13日遷都江戶，改名「東京」，改元詔書與太政令傳達到日本全國，宣示著明治政府是日本唯一中央政權的資訊。作為外國的琉球，也於11月21日收到日本方面頒發的天皇詔書。

> **改元之詔**　體太乙而登位　膺景命以改元　洵聖代之典型而萬世之標準也　朕雖否德　幸賴祖宗之靈　祗承鴻緒　躬親萬機之政　乃改元欲與海內兆更始一新　其改慶（上廣下心）四年為明治元年　自今以後　革易舊制　一世一元　以為永式　主者施行

　　明治政府的改元詔書，應該是限於日本本國內通行，而此次詔書的傳達，無疑是島津家又在作祟。作為倒幕中堅力量的薩摩藩，在躋身新政府後，對於多年來想薩摩繳納貢賦的琉球也視作薩摩藩的一部份。所以天皇改元，琉球也理應是被告諭的對象。而且時間到了江戶末年，日本國內對琉球的認識已經大不一樣。

歷經新井白石等人的渲染，日本國內普遍將琉球視作日本藩幕體制中特殊的一員，與蝦夷並稱為南倭北倭，而並非異國。綜上種種，可以說從頒詔事件中，是可以預見琉球國的未來，將是作為日本國內諸藩一樣，受到一視同仁的對待。而此時的琉球國，還沉浸在清、日兩方左右逢源、在夾隙中長久生存的迷夢之中，對日本方面的用意懵然無所察覺，琉球國上至尚泰王，下到平頭百姓，無不將此事等閒視之，作為日本方面循例的改元通知對待。但是話雖如此，即便積弱多年的琉球察覺出異樣，也難逃亡國滅種之禍。

明治維新之後的西元 1871 年，廢藩置縣開始執行，作為藩國之一的薩摩也被改為鹿兒島縣，在琉球國頭上作威作福長達 200 餘年的薩摩藩終於被除去。尚泰王同樣沒有察覺出有任何不妥，繼續以一獨立王國君主的姿態，冷眼旁觀，似乎與己無關。而此時，東亞政治局勢發生翻天覆地的變化，清朝無力守住封閉的國門，在列強武力逼迫下向外國開放，而熱衷於文明開化的日本，也沒有必要再以琉球國作為媒介與清朝交流。此時的琉球不再擁有賴以生存的資本，在已經被列強橫暴介入的東亞貿易中已經沒有份量。對於急於脫亞入歐的日本來說，琉球的一個新的意義就是作為日本的國防最南前沿，可以作為侵略中國的通道之一。而要實現這一價值，無疑是必須將琉球納入自己的直接統治當中。尚泰王對於這些東亞的政治氣候一無所知，是造成他日後被請君入甕的最大原因。為了攫取琉球國主權，明治政府開始按步就班將琉球納入自己傘下。

西元 1872 年，東京政府授意鹿兒島地方當局，要求尚泰王遣使節慶賀明治天皇登極。尚泰王以為只是尋常的朝賀，並沒有遲疑，于當年 7 月 25 日，根據日本方面的要求，派遣伊江王子

尚健、宜野灣親方向有恆為正副使節，出使日本。實際上此行相當險惡，日本準備欺瞞琉球，在東京向琉球使

到東京的琉球國使者

臣宣佈冊封尚泰為日本的琉球藩王，迫使琉球接受米已成炊的現實。而在使節上東京的一路上，日本方面不露聲色，成功將伊江王子一行矇騙到東京。同年的 9 月 14 日，琉球的正副使臣晉見明治天皇，此時，日本外務卿當眾宣讀了冊封琉球中山王尚泰為日本琉球藩藩王的詔書。

　　至此尚泰王由琉球國王降封為琉球藩王，位列華族。伊江王子等人聞之大為吃驚，但是終究無可奈何，沒有拒絕的可能，於是就只好接受日本的冊封。同時，日本為減輕琉球國內反對的聲浪，特下賜日元三萬予琉球國。

　　日本吞併琉球國的過程，史稱琉球處分。冊封琉球藩王事件是琉球處分的第一步，日本成功將琉球完全納入自己的控制當中，已往日清兩屬的局面結束，琉球國作為日本一個藩屬，繼續以表面獨立的身份出現。此時日本羽翼未豐，恐怕做出太大的動作會引發與清朝的衝突。所以日本對此事不敢過份張揚，仍然授意尚泰以清朝冊封琉球國中山王的身份向清朝進貢。在冊封當年日本密鑼緊鼓地進行接管琉球的事宜。日本方面于當年的 9 月下

旬派遣外務省官員赴琉球控制琉球的外交，同時將尚泰送往東京的下飯田町檜木藩王宅邸中，以架空尚泰對琉球的有效統治，規定琉球藩每年向日本貢米為 8200 石。

　　為了應付清朝的反應，日本政府可謂絞盡腦汁。西元 1871 年，宮古島漁船漂流到臺灣，登陸後與當地土著發生流血衝突。以此為藉口，日本發動了侵略臺灣的戰爭。其實在清朝中後期，琉球船隻漂流事件幾乎年年發生，而漂流到台亦非首次。此次漂流事件不過是眾多同類事件中之一，與日本是毫無干係。然而為了向清朝表明日本對琉球的領有，本聲稱宮古島漁民是日本屬民，並以此作為藉口，出兵臺灣。但侵台日軍三千沒能得到滿意戰果，加之瘧疾流行，清海軍軍艦赴台增援，使日本無心戀戰，於西元 1874 年與清朝簽訂《中日北京台事專約》後撤兵。此戰雖然耗費了大量軍費而無所得，但通過《台事專約》的簽署，清朝默認了日本對琉球的宗主關係，並沒有日本預期中的強烈反應。

琉球對日本的諸多要求一一唯命是從，但是對於斷絕與清朝的藩屬關係卻相當抗拒。琉球對於清朝和日本一向左右逢源，力求在兩者當眾取得平衡，以獲得自己生存的空間。但是如果琉球一邊倒向日本，就極有被日本完全吞併的可能。因此，即使明治政府威逼利誘，但是琉球執意不情願斷絕與清朝的關係，雖然清朝已經拋棄了作為自己藩屬的琉

末代琉球王尚泰四子尚順像

球。西元 1875 年，日本政府命令尚泰停止向清朝進貢，將駐福州的琉球館使節撤回。

西元 1878 年，鑒於琉球不肯輕易就範，日本內務省官員松田道之提出使用強硬手段將琉球併入日本版圖之中，提交了琉球處分的草案。翌年 3 月，由熊本鎮守台所派遣的軍隊連同警察進駐琉球，接收琉球所有政府文件、冊籍，宣佈廢琉球藩為沖繩縣，尚泰王被廢。這次事件就是所謂的琉球廢藩置縣。連綿 500 餘年的琉球尚氏王朝最終滅亡。清朝對日本強行兼併琉球的行為發出強烈抗議。日本為緩解兩國的緊張對立，在美國的調停下，日本擬從琉球國土中分割出宮古島和八重山兩島予清朝，權作補償，此即所謂琉球分島。但分島案由於雙方協議不一，一直拖延，直到甲午戰爭之後，不了了之。

之後的尚泰一直居住在東京，被日本政府所監視。西元 1901 年，五十九歲的尚泰病逝，遺體回葬故國琉球的玉陵，尚泰終於可以回到他列祖列宗身邊安息了。

尚泰王王后佐敷按司加那志，佐久真親方章正孟之女，生於西元 1843 年，幼名恩戶金，號賢室。死於西元 1868 年，葬於玉陵。

有妃妾二人。松川按司，美里親方毛安綱之女，幼名真鶴金。平良按司，高宮城親方向朝功之女，幼名真鶴金。

尚泰王有子女六人。長子尚典，章氏所生。次子尚寅，章氏所生。三女真鶴金翁主，章氏所生。四子尚興，幼名思龜金，毛氏所生，夭折，葬於山川之墓。五子尚順，毛氏所生。六女真鍋樽，毛氏所生。

尋找琉球國墓地

「我們是東海捧出的珍珠一串，琉球是我的群弟、我就是臺灣。……」這是我國現代著名詩人、學者聞一多先生的名篇《七子之歌》中的《臺灣之歌》的前兩句。

紫禁城裡等候朝覲的萬國使節，琉球使節忝列其中。

琉球國，是指歷史上在琉球群島建立的山南（又稱南山）、中山、山北三個國家的對外統稱，後來指統一的琉球國（西元 1429 年至 1879 年）。琉球國的地理位置在中國臺灣省和日本之間，曾經向中國的明、清兩代和日本的薩摩藩、江戶幕府朝貢。琉球國多次遭受日本的入侵，西元 1609 年，日本的薩摩藩入侵並在一個時期內控制琉球國北部，此時的琉球國仍然對中國朝貢。琉球國因其特殊的地理位置，以東北亞和東南亞貿易的中轉站著稱，貿易發達，號稱「萬國津樑」。西元 1879 年 3 月 30 日，日本兼併琉球王朝，琉球國滅亡。大部份國土被日本強行改設為沖繩縣，北部諸島則劃入鹿兒島縣。

　　歷史上，從中國的明代開始，琉球國就臣屬於中國，並開始每年向中國朝廷進貢。附圖，各國使節在紫禁城外列隊等候覲見中國皇帝。此圖繪製時間為清代。

設柔遠館招待琉使　一切花費天朝包乾

　　明清兩代，來華的琉球使節、隨從留學生和商人都在福州琉球館居停。琉球館原名「柔遠驛」是明清政府專門用來接待琉球國使華團體的旅宿設施。明中葉（15 世紀末）之前，管理外國來航船舶的政府機構市舶司設在泉州，琉球使節和商船來華在泉州入關。明朝初期的永樂三年（西元 1405 年），明成祖就在泉州車橋村建立附屬于福建市舶司的來遠驛，專門用於接待琉球人。

　　前往中國的琉球人往往先在福州停靠，再前往福建市舶司所在的泉州，其時福州官方在城東南水部門外的河口地區設有廨舍，專供琉球人臨時休息，福州民間稱之為琉球館。但因為琉球使者和商人的船隻多在福州靠岸停泊，明朝就於成化八年（西元 1472 年）在福州設立「懷遠驛」以接待琉球人，其地址就在水部門外的河口地區的原琉球館附近，並廢止泉州的來遠驛，成化十年（西元 1474 年）明朝將福建市舶司移至福州。明朝萬曆年間為區別於廣州的「懷遠驛」，朝廷將福州的琉球館更名為「柔遠驛」，取自《尚書‧舜典》中的「柔遠能邇」，寓意「優待遠人，以示朝廷懷柔之至意」。柔遠驛為來華的使節、留學生或球商而設，所以當地人和琉球人仍稱之為「琉球館」，其遺跡至今保存在福州台江區琯後街的老城街巷裡。

　　琉球使臣抵達福州後，則在琉球館休整調理並參加一系列活動。明清兩代，琉球使節在中國的一切花費全由當地政府包乾。具體到貢使每月給精米三升蔬菜薪火費銀五分，水手等隨從的標

準是每日米一斤鹽菜錢銀一分，而使團歸國時還贈送一個月份量的行糧。

使團進京前在福州的主要活動有幾項：

一、參加地方政府各部門舉辦的歡迎宴會；

二、拜會地方政府各重要機構如將軍、督撫、布政司、按察使等，贈送琉球特產；

三、與文、藝、醫、百工等社會各界人士交流學習；

四、在當地相關政府部門的協助下，以琉球館為貿易視窗，與福州當地商人開展貿易活動。明清政府規定，琉球人在華不得私自與民間交易，而且交易場所必須在政府指定的場所和認可的專門承辦琉球商貿的商人——球商進行，主要出於是為了保護琉球人的利益。

生不願為倭國屬人　死不願為倭國屬鬼

琉球進貢使（或謝恩使）一行，在琉球館休整居停半年後，於當年的秋冬之際，啟程前往北京紫禁城朝貢。明清舊制，外國使節必須趕在 12 月 20 日前入京，以便參加中國皇帝在紫禁城舉辦的除夕和元旦慶宴活動。使節團由正使副使及隨從官員二十多名，遇到重要的朝賀使節一行甚至多達上百人甚至 200 人。為了保障一行人員及貢品的安全，明清政府規定，凡琉球國使臣進京朝貢，沿途地方官府必須負責各自境內使臣的行程接送、車馬、食宿、並由專人負責護送與交接，而福建地方則必須派專員全程護送往返。沿途各地的負責接待的官員好比地接導遊的話，福建省的全程護送官員就是領隊了。所以貢使進京也是政府一筆大項開支：沿途往返的車、船、食宿均由官府供給。據《日本一鑒》

記載：「入朝者沿途往還，給支廩糧之外，每人肉半勵，酒半瓶」使團出發後，其餘人員留守琉球館等候正副使一行回程。

從福州到北京水路兼程近 3000 公里，晝夜催程也要兩個多月。從福州沿閩江到延平府（今三明市、南平市）建寧（今建陽、壽寧）走水路，從建寧到衢州是山路，再從衢州北上基本上是水路，沿途經過嚴州、杭州、嘉興、蘇州、揚州、鎮江、和濟南基本上是沿大運河北上前往北京。

朝貢途中，霜寒露冷，甚至風雪彌漫，漫長而艱辛風險莫測，對生長於亞熱帶的琉球人從體力和精神上都是是一場嚴峻的考驗，很多人半途羸病甚至客死朝貢途中，行程則會大受影響。不僅是琉球使者，就是對護送使節前往紫禁城朝貢的地方官而言，也不亞於生死攸關的艱巨使命。如此水陸兼程曉行夜宿，順利的話，四五十餘日則可抵達北京。所謂「秋冬之交發于福州，行四十餘日乃至北京」農曆十月間從福州啟程，到達北京時已是北風勁吹的嚴冬急景在望了。貢使沿運河北上，在張家灣舍舟登岸入京，返國亦於此乘舟南下。張家灣一直是大運河北端的客船碼頭，凡南北往來出入京城者都在這裡上下船。西元 1783 年英國貢使首次來到中國，船停泊在張家灣客船碼頭，清朝政府派禮部官員來此指導英使練習拜見皇帝禮節。據史籍記載，明清兩代，琉球國貢使和留學生，總是取道京杭大運河，張家灣水陸交會處轉換舟車前往紫禁城。

王大業是在光緒五年（西元 1879 年）日本吞併琉球國時，被琉球國王派來向大清國報告國情而請求出兵援助的使者。結果是清朝政府自顧不暇，無能為力，眼睜睜坐視友好鄰邦被日本所滅，王大業因國破家亡、不能回國而死於北京，他的墓地就在今天的北京通州區張家灣鎮立禪庵村南口琉球國墓地裡。

　　王大業碑原立于張家灣鎮立襌庵村南口琉球國墓地上，乃該墓地最後一位立碑者。該墓地位於古運河北端客船碼頭的南側，凡外國貢使或官生、人員等，出北京走水路者，均於此碼頭上、下船，琉球國人死於北京者皆葬於此，以便往來祭奠。該墓地葬有琉球國貢使、官生、陳情使、都通官等 14 人（王大業乃最後入葬者），是全國歷史上琉球國墓地中葬者的最高等級。清代康熙皇帝曾頒佈有「諭旨」碑，通州知州黃成章曾有通告保護碑。

　　據有關資料介紹：王大業墓碑首、身、座一體，乃一塊石灰岩條基石刻制，碑首橫刻楷書題額「琉球國」三字，碑身居中縱刻楷書首題「陳情都通官王公大業墓」，而卒葬時間「光緒十四年戊子十二月廿五日卒」等 14 個小楷字均分刻於首題兩側（光緒十四年為西元 1888 年）。王大業乃該官員的漢名，其本國名字未刻于石。碑雖簡陋，銘文亦少，但價值頗高，一是表明碑文刻制與中國傳統書寫碑制不同，有異國之風；二是表明所葬人級別不低；三是表明王大業是在光緒五年（西元 1879 年）日本吞併琉球國時被派來向大清國報告國情而請求出兵援助者。結果是清朝政府自顧不暇，無能為力，眼睜睜坐視友好鄰邦琉球國被日本所滅，王大業因國破家亡、不能回國而死於北京。此乃北京通州地區獨有的古運河文化內容。

　　根據這些記載，我開始了尋找王大業碑的行程。

　　這是位於通州張梁路北的立襌庵村委會，傳說中的琉球國墓地就在村南據傳琉球國的墓地在立襌庵村南，我從村委會位置一直向南尋找，經過唐小莊、施園村直到河邊，均未看到這片傳說中的墓地。縱目所及，到處鱗次櫛比的自建民房，僅在施園村南有一小塊玉米地，種滿玉米和蔬菜。問村裡人，附近是否有琉球國墓地，他們都搖搖頭，不知道這墓地在何處。站在運河邊，

已是夕陽西下。眼前的一切，讓我的頭腦中幻化出昔日的景象：在一個多世紀以前，西元 1879 年 10 月的一天，或許也是這樣一個黃昏，琉球國最後一任國王尚泰王的妹婿向德宏等三人衣衫襤褸，匍匐在大清國總理衙門口哭喊不已，引起眾多路人的圍觀。他們在上書李鴻章的請願書中「呼號泣血」，「生不願為倭國屬人，死不願為倭國屬鬼！」向母邦清朝庭求援，以「盡逐倭兵出境」。但是大清國，當時是風雨飄搖、自顧不暇。朝中慈安太后不久前剛剛辭世，慈禧太后獨攬朝政大權，幼小的光緒尚未親政，而西部邊疆的阿古柏侵擾新疆，正在戰爭之中，日本正是借清朝廷自顧不暇時，出兵佔領了琉球國，將在病中的國王尚泰和他的兒子尚典強行移居到東京，琉球國自此滅亡。日本將這段歷史稱作「琉球處分」。

1879 年的四月四日，日本政府正式宣佈，將琉球王國改稱為沖繩縣，同時他把琉球王宮內外所有漢文的詔令、詔書、公文、帳冊統統銷毀，以掩蓋他侵略琉球的事實。當時琉球國曾派使臣到清朝求援，清朝廷因四面受敵不敢出兵，使臣怒而觸柱自殺殉國。在之後，日本企圖通過與清政府簽約永久佔領琉球，清政府始終沒有簽約承認。

壯志未酬身先死：長眠在朝貢途上的琉球人

時間和空間都相當漫長的朝貢之路，留下了琉球人虔誠堅毅的心志也回蕩著他們的歎息和哀歌。從福建到杭州到江蘇再到北京，沿途散點著埋葬琉球人遺骨的纍纍墳塋不難想像那條朝貢之路所承載的離合悲歡。

福州古閩安鎮，琉球人來華的第一站，閩安鎮五虎門是琉球國貢船商船航行中國的首站口岸，琉球貢船及謝恩使、慶賀使、

進香使和留學生等所乘海船，均在閩安鎮港海關登岸。就開始有
人永遠倒下了。西碼山麓，有一座規模龐大、佔地 2600 多平方米
的琉球墓群，埋葬有 263 位從琉球來福州的海上遇難與病故的官
員、船員、商人。

琉球國朝京都通事鄭文英墓，在江蘇淮陰縣。

　　來華的琉球國人因海難與病亡，大多靠岸後就地安葬在閩
安鎮西碼頭山麓等地。閩安琉球墓群在西碼山麓頂端有兩座塔形
墓，每座面積約 50 平方米；橫向排列，距離 2 米。塔有 7 層，下
部 5 層為正方體花崗石砌體，每層高 0.3 米，第 5 層高 0.6 米。
上部兩層為貝殼與糯米糊捶擊拌合築成，近圓柱體，非常堅固，
呈白色，第 6 層直徑 0.8 米，層高 0.6 米葫蘆狀，第 7 層直徑 0.6
米，高 0.9 米，頂部為覆鍋形。塔體第 5 層立面鏨鑿平整刻字。
塔下方長方體坑道寬 5 米，深 6 米，每個坑道各擺放 50 個骸罐。

三座塔形墓三面周邊 6 層山地尚有 113 座小墓，規模格式基本一樣；每座墓碑寬 30 釐米，高 50 釐米，均用漢文刻有「琉球國」字樣及亡者姓名、住址、生卒年月、職務等。琉球墓為靠背椅形式，由石製供桌、碑牌、側屏、寶頂（龜甲形）、山牆等組成，形制簡樸肅穆。2000 年修建羅長高速公路時，閩安琉球墓被遷移至離公路 500 米外山坡上。同年，日本沖繩縣十三人前來閩安參訪，稱祖先是福州閩安鎮人，他們在閩安協台衙門與琉球墓各捧了一把土用布包好帶回日本紀念。

福州連江鎮海琉球墓，位於筱埕鎮長澳村雞姆岩山，坐西北朝東南，三合土築造，圓形墓頂。墓前豎一青石墓碑，高 80 釐米，寬 20 釐米，厚 10 釐米，碑首自右至左橫刻陰字「琉球國」3 個字，右邊上款豎刻「乾隆四十八年癸卯」（1783 年），中間豎刻「泉岐村五主粟國築公芝親雲上墓」，左邊下款陰刻「四月十五日卒」。該墓係琉球人客死定海後所葬。據說直到民國時期，每年清明節都有琉球人到此祭掃。

浙江境內的蘭溪城北一裡壇後地的琉球墓。墓主為「琉球國首里府輿力向氏喦濱親雲上」。清康熙三十年（1691）琉球國遣使入貢，其途經蘭溪病卒葬於此。從墓碑上可知墓主的身份不同一般，是為「首里府」的官員，「親雲上」故琉球官職，為三品王府官員。

位於江蘇淮陰縣王營東的琉球國通事鄭文英墓。鄭文英是琉球國朝京都通事，閩人 36 姓後裔。清乾隆五十八年（西元 1793 年）奉使來中國朝京途中積勞過度壯志未酬而客死半途。原存在土墓一座，墓前有石碑一塊，坐北朝南，高 1.2 米，寬 0.64 米，四周刻有花紋，正中刻「琉球國朝京都通事津文英鄭公之墓」。上款刻「公以乾隆五十八年奉使來貢，十一月十四日道卒葬」。

琉球鳥瞰

蔡璋 [1]

壹　琉球的歷史

一、中琉一體

　　琉球群島領域，應北自屋久島（Ya ku，古稱掖玖、邪、或益救），南至與那國島。其與中國之關係，據梁嘉彬氏之考，遠在二千餘年以前，不但政治、文化、經濟、思想、宗教、風俗習慣、動植物、器具財物多數傳自中國，即以人民血統而論，其原始琉球人在戰國、秦、漢時代已傳染燕、齊、吳、越民族之血統，在明代以後，更加入「閩人三十六姓」之血胤。直至今日，所謂琉球民族，實僅有一部份係由朝鮮及南洋遷來者，其人口大半已皆為「閩人三十六姓」之後，姓氏來源有系譜可查。且琉球歷明、清兩朝，俱受中國敕封，直至民國以後，琉球同胞猶多密航中國，其關係之密切，蓋猶如父子也！

　　琉球土地現雖尚未光復，但琉球二千年來之歷史，現因祖國學者梁嘉彬氏之努力，業已光復成功。

　　據梁氏所著〈古琉球確即瀛洲考釋〉（刊於民國三十六年十二月浙江大學出版《思想與時代》第五十期），證明琉球古稱「瀛洲」，為「海上三神山國」之一。中國人在戰國時代，已可

1　蔡璋（1872–1958）：福建三十六姓移民後代，生於琉球那霸市。1948年在台灣組織琉球革命同志會，主張琉球回歸中國。1958年成立琉球國民黨，主張琉球自主獨立。晚年流亡臺灣，著有《琉球鳥瞰》（1949）、《琉球亡國史譚》（1957）等，力言「緬懷祖國心切」，希望「早日促成中琉一體的實現」。

到達琉球，並有日本橋本增吉所著〈關於沖繩縣那霸市外城岳貝塚出土燕國明刀〉可以資佐證。又，琉球南波照間島至今仍祭祀徐福也。在三國時代，魏人稱琉球為「侏儒國」或「毛人國」，吳人稱琉球為「夷州」或「綜嶼州」（紵嶼山），並詳梁嘉彬氏〈東吳夷州考〉（刊於民國三十七年五月十七日南京《中央日報文史週刊》）及〈用紵樹來考證琉球先史〉諸著。

據梁氏比證中國琉球史料，可知琉球先史略如左：

（一）《三國志‧吳志》：「黃龍二年（西元二三〇年）孫權遣將軍衛溫、諸葛直將甲士萬人，浮海求夷洲及亶洲，亶洲在海中。長老傳言，秦始皇帝遣方士徐福將童男女數千人入海求蓬萊神山及仙藥，止此洲不還。……」

（二）《後漢書》引東吳沈瑩《臨海水土志》：「夷洲在臨海東南，去郡二千里，土地無霜雪，草木不死，四面是山谿。……」

（三）《山海經》註：「今去臨海郡東南二千里，有毛人，在大海洲島上，為人短小，而體盡有毛，如豬，能穴居，無衣服。晉永嘉四年（西元三一〇年），吳郡司鹽都尉戴逢，在海邊得一船，上有男女四人，狀皆如此，言語不通，詣丞相府，未至道死，惟有一人在，上賜之婦，生子，出入市井，漸曉人語，自記其所在，是毛民也。……」

（四）《三國志‧魏志‧倭傳》：「女王國（彬按：在今日本九州宮崎）東渡海千餘里，復有國，皆倭種，又有侏儒國在其南，人長三四尺。……」

又《後漢書‧倭傳》：「雖皆倭種，而不屬女王。……」

（五）某史料：「海東之地，無慮百數，北起拘耶韓，南至

耶馬台而止。旁又有夷州綹嶼人，莫非倭種。度皆與會稽臨海相望。……」（彬按：原始倭人即毛人。）

（六）《新唐書・日本傳》：「其東海嶼中，又有邪古、波邪、多尼三小王，北距新羅，西北百濟，西南直越州，有絲絮怪珍。」（彬按：邪古即益玖，即夷州 Ya Ku，Yichou。）

（七）《太平御覽》：「周詳泛海落綜嶼（一作綹嶼），上多綹（苧麻，可織成夏布，也可做繩子），有三千餘家，云是徐福童男之後，風俗似吳人。」

（八）晉、葛洪《神仙傳》：「宮嵩者，瑯琊人也，有文才，著書百餘卷，師事仙人于吉，漢元帝時，嵩隨吉於曲陽泉上，遇天仙，授吉青縑朱字《太平經》十部，吉行之得道，以付嵩，後上此書，書多論陰陽，否泰，災書之事，有天道、地道、人道云……嵩服雲母數百歲，有童子之色，後出入綹嶼山，仙去。……」

又：

「陳長，在綹嶼山上，已六百餘歲，綹嶼山中人為架屋，每四時，烹殺以祭之，長亦不飲食，顏色如六十歲人，諸奉事者，每有疾病，即以器詣長乞祭水，飲之皆愈，綹嶼山上，累世相承之，……綹嶼在東海上，吳中周詳者，誤到其上，留三年，乃得還，具說如此。綹嶼，其山地方圓千里，上有千餘家，有五穀成熟，莫知其年紀，風俗與吳同。……」（彬按：「綜嶼」、「綹嶼」皆專指沖繩一島，沖繩自古至今，以綜綹樹著名。）

（九）漢・東方朔《海內十洲記》：「瀛洲在東海中，地方四十里，大抵是對會稽，去西岸七十萬里，上生神芝仙草，又有玉石，高且千丈，出泉如酒，味甘，名之為玉醴泉，飲之數升輒醉，令人生長。洲上多仙家，風俗似吳人，山川如中國

也。……」

（十）晉・葛洪《枹朴子》：「古仙者之樂登名山，為入海中大島，若會稽之東，翁洲（彬按：即舟山島），亶洲（彬按：即日本九洲），綜嶼洲（彬按：即琉球沖繩本）。……」

又，劉熙《釋名》：「老而不死曰仙，仙遷也，遷入山也。」

（十一）晉・王嘉《名山記》：「嘉洲，一名魂洲（彬按：即鬼島），亦曰環洲（彬按：即環海列島）……」

（十二）琉球《古史球陽》：「天地未分之初，混混沌沌，無陰陽清濁之辨，既而太極生兩儀，兩儀生四象，四象變化而庶類繁夥。蓋我國（琉球）開闢之初，海浪泛濫，居所無定。時有一男一女，生子於大荒之際，男名志仁禮久，女名阿摩彌姑，運土石，植草木，以防海浪，而嶽森開始。嶽森既成，人物繁夥，穴居野處，與物為友，無價傷之心，歷年既久，而人民有機智，始以物為敵。時複有一人初出而分群類，定民居，號為『天帝子』。『天帝子』生三男二女，長男為『天孫氏』，是國君之始，二男為按司之始；三男為百姓之始，長女為君君之始，次女為祝祝之始，而倫道始矣。『天孫氏』凡二十五世紀，起乙丑，終丙午，其治世一萬七千八百有二年。……」

（十三）琉球佐喜真《與英南島說話》：「天孫氏自中國山東某部（彬按：即瑯琊）降落琉球之時，琉人至為昧蒙，不知用火，喜啖人肉，天孫氏鑽木取火，以鐵鍋熟知念間切志喜屋村水芋之莖，使人民食之。又自山東輸入牛、馬、豚等家畜，而禁戒啖食人肉之習。」（彬按：「天孫」暗指「泰山」，「志仁禮久」暗指「腎肝心肺」，見拙著〈古琉球確即瀛洲考〉。）

（十四）琉球學者首里崎山長濱之「琉球民族來自山東半

島」之說並可參。

　　琉球自「天孫氏時代」起，直至琉球王察度向明太祖進貢止，為一完全獨立之王朝，在政治上並未服屬任何外國。隋唐人所稱的「流求」是臺灣抑為琉球的問題，現正由梁彬嘉氏反覆對「臺灣論者」肉搏中，「琉球論者」已佔絕大勝利。

　　至於琉球與中國正式結成父子宗屬關係，係始於明太祖洪武五年（西元一三七二年），當時所謂琉球三王，即中山，山南，山北三王，由中山王察度領導，均先後現中國進貢，選派學生至中國留學，更請求明帝將閩人三十六姓（琉球語所謂 SONTIA），即「秀才」之意，謂優秀人才也）賜予琉球，且此獎勵航海，養成通譯，制定禮樂，國俗隨之大改，文教亦蒸蒸日盛。明成祖曾遣「行人」時中，奉詔到琉球，賜以布帛，使祭先王察度，奉武甯王為琉球中山王，琉球正史《球陽》、《琉球歷代寶案》及韓國《李朝世宗實錄》，咸載有「中琉一體」史實可稽。

二、全盛時期

　　琉球中世期，即察度王服屬於中國以後，直至明萬曆三十七年日本島津氏侵琉之前，其間蒙中國之庇蔭，事事極形繁榮，是為琉球之全盛時代，茲將該狀態略敘如次：

　　（一）文化提高：儒教、佛教由中國傳入以後，琉球原有宗教（即陰陽道教）遂蒙受影響而交流盛行，時即建立寺廟二十餘所，文化驟然提高，航海技術亦隨而進步，因之，政治得以統一太平，三山由中山王完全合併，華化日甚一日。

　　（二）海外發展：考《琉球歷代寶案》中之蔡氏、洪氏、鄭氏、金氏等數家家譜，即知琉球與南海諸島之交通貿易，其自由奔放，確不受任何拘束。蓋琉球人當時對海外發展情形，均分

別詳載於中國之《皇明實錄》、朝鮮之《海東諸國記》暨琉球之《歷代寶案》諸書。又自明宣德七年（西元一四三二年）迄隆慶四年（西元一五七〇年），此一百三十八年間，由琉球派遣使者至安南、暹羅、太泥、滿剌加、蘇門答臘、杉達、爪哇等、先後達六十次以上。

（三）守禮之邦：琉球對於宗邦之進貢，年年舉行，未嘗間斷，其貢物均極優秀，修貢之次數在明代共一百七十餘次，中國素稱之為「守禮之邦」。查當時進貢中國者計三十餘國，中以琉球為冠，其次為安南，僅八十七次，貢禮之豐既不如琉球，而奉貢之次數亦不及琉球之半，琉球學生入中國「國子監」讀書，歸國皆居政要，由此可見當時琉球人民生活之優裕，文物之進步，純由中國之保護有以致之。

三、日侵慘況

明萬曆三十七年（西元一六〇九年），日本企圖侵略中國，遂攻佔琉球，其史實見於《兩朝平壤錄》、《明政統宗》、《陽秋》、《太三川志附錄》、《島津貴久記》、《舊章錄年記》等書，茲將萬曆年間以來，至清光緒五年（西元一八七九年）日本實行吞併琉球之際，琉球所遭日寇壓迫侵略慘苦狀況列舉於下：

（一）擒尚甯王：明萬曆二十年，日本侵略者豐臣秀吉侵略朝鮮，向琉球徵兵一萬五千，當時琉球外有天朝（中國）庇護，內無盜賊作亂，路不拾遺，上和下樂，廢除武備已近百年，根本無有如許軍隊供其犧牲，雖經日本屢次利誘威迫，皆予拒絕。直至萬曆三十七年，有日寇島津家久者，經「德川幕府」許可，進兵琉球，以兵力三千，戰船百艘，生擒琉王尚甯歸國，幽囚兩年，強迫琉球進貢，琉球烈士殺身成仁者不知凡幾，就中「三司

官」鄭迵殉國慘狀，即為今日琉球國徽「三巴旗」之由來。清代印光、張汝霖合編《澳門記略》及《東寰志略》皆有記載，惟語不詳。光緒五年，琉球紫巾官向德宏（幸地親方）之報告最可參據。尚甯王被擒獲釋後，日本政治勢力雖侵入琉球，惟琉球對於中國，依舊修貢如故。《澳門記略・琉球條》云：

> 萬曆時為日本所破，而修貢如故，後南京繼沒，唐王立於福建，猶遣使奉貢。入本朝（指清朝）尤虔修外藩禮。順治十一年（西元一六五三年），冊封尚賢為中山王；康熙二十一年（西元一六八二年），世子尚貞請襲，遣官冊封，並御書「中山世土」四字賜之；雍正二年（西元一七二四年），賜以「輯瑞球陽」額，屢遣部臣子弟官生入監讀書，今貢道由福建，向德宏來文節略亦云：「即以所逼誓文法章而言，亦無不准立國阻貢天朝之事。」

足證琉球從明初以至清代中葉，始終承認中國為「宗主國」，雖在日本壓迫之下，仍毋稍變其初衷。

（二）緩貢諮文：萬曆三十七年五月，尚甯王對明朝禮部諮文「為急報倭亂致緩貢期事」其文如下：

> 四月初四，藩城被倭羅圍數匝，村舍被劫，靡有孑遺，卑職詳思熟察。進戰退守恐兩難無奈，遣僧菊、居隱、法印等幣帛釋解，倭願罷兵告休，方有旬餘，復逼割土獻降，暴四鵬□言：假不如儀，城廟盡行焚毀，百姓盡行剿滅，土地悉捲所有。卑職仰念叩救天庭，但波程萬里，非可一朝之可達，……舉國官民無奈，議割北隅葉壁一島，拯民塗炭，□彼狡奴得隴望蜀，又挾制助兵取雞籠（案即今臺灣基隆）……卑職深為隱憂，既不能制馭其非，曷敢□恣其虛□，矢口絕拒……我琉球雖是一攝海島，原系欽蒙詔褒守禮

之邦，賜准進貢，……今若助汝肆亂，□我君父之罪責，詎彼狡奴喜怒無常，變圖莫測，復肆攻焚，勒挾國戚及三法司等官，悉牢罹於寺院，威嚇儲允前議，延久不聽，狡奴慮恐計變於稽遲，禍生於日久，五月初五日，乘節端陽，□賊首設醴黌揖遊船，卑職知是酒阱禮囊，亦未割真非□，又恐冒充□嗔，無聊就前，輒惹羈絆，跬步莫離，仍挾率三法司官，一併隨往日本，見其國□裁奪前情等緣由，斯時斯際，進退兩難，□聽依議，隨喚同法（司）官等鄭迥、吳賴端、王舅毛鳳儀、譯使毛鳳廟、毛萬記等，於五月十四日同彼倭奴一起開駕。……

由此可知，琉球人民之慘苦忍從，以前琉球多受日寇之苦，可由《中山世鑑》，《那壩由來記》，《金石文》等觀之。

萬曆以前，即於嘉靖年間，琉球碑文筆力，時竟有遒勁飛舞之生氣，然自萬曆以後，即日本侵琉以後，琉球之文風已大失生氣，日本之強壓政策竟影響琉人，以致指腕無力。

（三）掠糧焚書：琉球中世，為琉球之黃金時代，其燦爛之發育情況，詳述於琉球《歷代實案》、《瑞宗大王實錄》、《成宗實錄》等，宗邦關係之史書中，陳侃之《使琉球錄》活寫當時最為具體。近世琉球，即萬曆以後之琉球關係書，大都受日本壓迫之結果，缺乏真實，只表現琉球人之變態政治思想，不忍詳言。

萬曆之役，已敗戰後，琉球割讓之大島群島等，備受非常之榨取政策，據《大島島志》中云：

日本收買大島、喜界島、惟之島之產糖，若售糖於他處時，則處死。」米穀及一切日用品，皆被日本取去給養，而所有官民間之貴重物品至雜具等件，亦被掠奪一空，島民以甘蔗

及蘇鐵（即鳳尾蕉，俗稱鐵樹）之果實以延生命，旱魃時，只食樹根。更損傷島民之民族自尊心者，則凡中、琉間之文書記錄暨中國書籍等等，咸搜集焚毀無遺，蓋一民族，若無歷史、無宗教、無文學，則如盲目之人、如無舵之舟，即使有之，苟乏實證之紀錄文獻，則其民族於文化史上，亦不能保持永久之生命，吁！琉球何辜，竟遭斯不幸？

（四）苛政奴民：實行丈量琉球諸島地畝，強迫琉球每年對於日本進大量之「貢物」，分割奄美大島、五島為直轄殖民地，直至清光緒年間，「大島因日本實行苛刻的糖業政策，而變成完全之奴隸」（《大島島志》）。

（五）奪滅家譜；日本將大島島民之家譜、文書記錄等沒收燒卻，蓋怨大島島民思慕昔日之琉球，而嚴守其風俗習慣，不肯與日本同化也。日本之最大目的在驅使島民為奴隸，而奪取其「民族自尊心」，大島島民之家譜被奪後，民族史上遂受無類之蔑視，德之島膾炙人口之「犬田布騷動」流血案，實為反抗此日本之奴隸政策，亦民族爭鬥之先例也。

（六）慘無人道：中琉關係之貴重史實文獻，在萬曆三十七年以前，均全部被焚毀，殊使琉胞悲痛。尤其慘無人道者，即實施地租、人頭稅、物產稅、船稅等苛刻稅制，自引虐政屬行後，琉球遂產生慘絕人寰的墮胎風俗，實為人口不增之最大原因，人頭稅之苛刻荼毒，可由現在遺留於琉球島之〈久部良割〉、〈人量田〉、〈琉球婦女文身動機〉、悲慘之曲〈琉球民謠〉，暨光緒十九年（西元一八九三年）琉球〈關於改正稅制致日本之請願書〉等文獻而窺見。

（七）偽造史實：順治七年（西元一六五〇年），日本脅迫琉球宰相向象賢，使依照歪曲之史實而編纂《世史中山世

鑑》，日本在韓國亦做過捏造史實之工作，斯係日本帝國主義一貫之作風，常用之手段也。據該《世史中山世鑑》論及琉球世祖，載為日本源為朝後裔之事，荒唐無稽，不值識者一哂，本年（一九四九年）一月二十二日本刊第七期所刊拙著〈琉球舜天王為日人血胤說正謬〉已加詳駁，何物源為朝，亦欲汙損琉球歷史耶？

（八）壟斷貿易：日寇嚴密監視琉球之國際貿易，並壟斷琉球之貿易利益，禁止遣派學生赴中國留學，禁止使用「三十六姓」（漢姓），改纂國史，限制對外貿易，改變風俗等等，皆使琉胞痛心疾首。

（九）偽施懷柔：同治十年（西元一八七一年），琉球宮古島之帆船在臺灣海面遇颱，船上人被未開化之高山族殺害，當時日本藉口保護琉球，曾對中國抗議，並為討好琉球，曾贈六百噸輪船一艘，但不久即狐狸尾巴盡露，此六百噸輪船亦用作侵略之工具矣。

（十）血書陳情：日寇於同治十三年甲戌（西元一八七四年）討伐臺灣，實乃奪取琉球之伏線，後來即急速進行攻佔琉球之步驟，促令琉球三司官等赴日，嚴厲命令以後琉球須與中國斷絕交通。當時琉球有四十萬人，極力反對歸屬日本，如先烈謝花昇，三司官毛允良等有志之士，曾血書向清朝及歐美各國陳情，堅決反對隸屬日本。

（十一）歸宗何期：當琉球被滅以後，琉王尚泰曾密函當時在福建之紫巾國戚向德宏（幸地親方），向清廷乞援，向氏於光緒五年五月初十奏章，六月再上奏章，另有節略，逐條駁斥日本自稱為琉球宗主國之種種荒謬理論（奏章與節略可參閱左舜生選輯《中國近百年史資料，下卷》三九四頁至四〇五頁）。清廷

當時認防俄、防法為當前急務，對日本政策前後不一，因此除抗議外，並以美前總統格蘭特為介，在北京開始對日交涉，結果議訂中日雙方共管琉球之條約，但清廷其後對此不予批准，日寇隨即逐步擴張它的勢力到琉球群島的全部。迄光緒二十一年，臺灣又被日本佔領，於是琉球問題遂被擱置不問，直至今日，仍為懸案！

（十二）虐政一般：茲將琉球在淪陷期中，日本對琉球所施各項虐政略舉如下：

1. 逮捕親華派：琉球亡國後，有琉胞六百人密航福建，自願歸化（《福州琉球館志》），日本當局因此又大捕琉人。

2. 禁止與漢民族類似之風俗習慣，實行所謂皇民化運動。

3. 清日甲午戰爭，琉胞因不忘中國鴻恩，曾將秘密募得之軍資供給中國，事為日本政府偵悉，而受嚴懲，拖連甚眾。

4. 政治壓迫，稅制苛刻，不依日本國內一般設施，軍隊中及行政中對琉人均有差別待遇，琉人從無一人任事務官，琉球之行政、經商，均由日人獨佔，因此，遂發生所謂「琉球蘇鐵地獄」之悲劇。

5. 教育限制：至光緒二十一年（日本明治三十八年）為止，日人不許琉人受高等教育，其後琉球留日學生漸多，但大部入法律學校，琉球人民少而習法律者多，蓋琉人感覺束縛琉球者，制度也，故欲多求法律知識，以爭取平等地位。惟彼等不欲回顧過去，恐回顧過去益增痛苦，近十年來，志望學醫之青年逐漸增加，其理由亦甚簡單，蓋琉球人於政治上既無出頭地步，入軍隊則受歧視差別待遇，而營商又缺乏資本，彼等唯一出路，只可志望阻礙較少之醫學而已。

6. 民族輕蔑：日人對琉人稱曰人，甚為蔑視，迄最近尚如此，琉球學生常有學潮，即種因於此種民族輕蔑之策，琉胞因在國內備受壓迫，只得群趨海外發展，常痛哭流涕疾呼曰：「吾人之故鄉為五大洲！」蓋將苦悶寄託於波濤也。曾有琉人宮城聰（現年四十左右，住故鄉）出版一書，名曰《地球是故鄉》，備受日本內務省之處罰。

（十三）戰時暴行：琉球在作戰期中，受彼所謂「皇軍」者之暴行，真是罄竹難書，茲略舉一二，以鳥瞰當時琉球同胞無辜受罪之慘況：

1. 日寇因其戰略上之關係，強制琉人疏散，並分配指定臺灣及九洲兩處，因此，琉胞流落他鄉，驟然失卻生活憑藉，無飯吃、無屋居、無事做，甚至疾病、死亡，其死亡數在五萬左右，比及日寇降服盟國時，琉胞相率歸國，幾至每人咸攜骨灰回家。

2. 強制召集琉球學生青年當兵，赴前線充當炮灰，如稍遲不去者，即遭日軍處死，其數約三萬人。

3. 琉球人之墳墓，均似中國之龜甲式墓，戰時乃利用為防空壕，當盟機每次空襲時，日軍輒逐琉胞於壕外，而獨自避之，尤其在盟軍登陸之際，平素作威作福之「皇軍」，即藉口「琉球係爾琉球人之琉球，琉球人應自己守衛本土」。於是，強迫盡驅琉人出守前線，而己則退伏縮避壕中，琉人不出者，立以手榴彈擲之，被炸死者難以數計，其狀之慘，更令人不忍目睹。

4. 當日人利用龜甲式墓充防空壕時，咸將墓中骨骸取出，因琉球人一向極崇拜祖宗遺骨，於是深恨日人，咬牙切齒，無可奈何耳！

貳　琉球之文化

如果看見琉球的文獻，如《御諸雙紙》、《中山世鑑》是用日文編纂，便以為日本文化在琉球已根深蒂固，這是不明白琉球事情的，對文化不能作如此淺薄的觀察，文化和政治、經濟是不可分的，琉球文獻史籍，大部份是萬曆三十七年以後的東西，因而曾受當時政治的影響極大，如說琉球有日本文化的一面，這當然是萬曆以後的產物，因此而律一切，是極大的錯誤！

假如要詳細研究琉球的文化，非用幾百萬字書之不可，現在僅僅將「琉球的文化面」概略地括述一下：

一、言語：受了「兩屬時代」的影響，混雜著中國語和日本語。與此「兩屬地帶」距離較遠的琉球先島群島，則保有琉球獨特的言語，這是看其音韻轉訛的過程，可充份理解的。

二、風俗習慣：《球陽》所載各種風俗事項，大抵歪曲事實，《世法錄》、《聘使略》等書，關於風俗的記載最好——龍頭金簪制、正中結髮的風習、帕的制度、冠服樣式，文藝（國學，切中國文，中國音）、不剃髮的制度（向、翁、毛、馬四姓氏）、飲食、刑法、葬制、墳墓、祭禮、舞踊、唐手（中國拳術），爬龍船（年中行事）等等，都充份表示「中琉一體」的事實。

源自中國的民間藝術

三、建築：察度王時代、尚泰久王時代、尚真王時代，琉球一切建築，都完

琉球國王王冠

全採用中國式。

四、官制：琉球的階級制度，為尚真王三十三年所制定，其編制如次：王子（正一品）；按司（從一品）；三司官（正二品）；親方（從二品）；親雲上（由三品至七品）；里之子（八品）；築登之（九品）。

五、宗教：在古琉球，經過自然教、精靈崇拜、祖靈崇拜等的信仰歷程，而受國家的統一，曾為女君、祝女、大阿母、諾洛克英依等女權所支配。也有石敢當、石獅子、柴插等咒物崇拜，依梁嘉彬氏之考證，琉球原始宗教的「神道」，實不過中國陰陽學說方術的文化面。

琉球察度王三十三年，派官生到國子監學習，得到閩人三十六姓的歸化。大行改革文物制度，儒教道德薰染全琉人心，對於教育大有影響，又在各地修建聖廟，作為紀念及祭祀，後代雖有人傳播日本神教及基督，然而，孔孟之薰染人心既久，他教不能遽然得勢。

琉球國三司官楊太鶴的後人（右）

琉球的中國獅子

六、音樂：歌謠隨著五百年前，由中國傳來的三弦的普及而勃興，採用樂譜「工工四」的琉球音曲，很能表現民族精神，然而三百年來日本的壓迫榨取政策，也反映在這些歌謠上面，成為慘不忍聞的哀曲。

總之，如果檢討琉球的文化面，充份可以看出日本虐政的事實，琉球和日本的文化關係，盡是日本文化的跋扈跳樑，絕不是琉球民族文化的興隆，也不是其成果。

再就民族關係試行檢討，我們看到現在琉球人的骨骼、身體、血液、個性，是和華南人相近而與日本人相遠的！

現在琉球人七十餘萬人裡面，有：

中國三十六姓系——六份之三；北方系——六份之一；南方系——六份之一；雜系——六份之一。光緒三十年，在琉球「荻堂」發現了土器、石斧、牙的裝飾的遺物，經考古學家的研究結果，說明琉球曾有埃奴人居住過，埃奴族後為優秀的南島人（即琉球人）所同化，殆已失掉其痕跡了，僅能在琉球人身體上看到一點點，而琉球人的家譜，大概都是三十六姓系統（福建）。

叁　琉球之地誌

琉球群島在太平洋上，中國東海面，自日本九州至臺灣島之

間，無數島嶼橫列著像一個弧形，成為一道保衛中國之大陸天然堤防。遠在冰河時代，琉球群島原與臺灣均接壤中國，是亞洲大陸之邊沿，後因地質變遷，其間一部份山地沉沒，即成今日之東海。

琉球通寶，全部漢文。

據日本學者如和田清、幣原坦、白鳥庫吉博士之說，謂中國人在明代以前，絕無知悉東海上有琉球列島之理，但皆僅憑臆度，毫未提供證據。據中國學者梁嘉彬之說，謂琉球之原始文字酷似中國殷代甲骨文，已頗可疑，但無論如何，遠在戰國時代，此群島已被中國之方士集團所發現，琉球群島蟠旋蜿蜒，勢若遊龍，東界碧海（一稱荒海，即今太平洋）深淵（即今琉球海溝）之地勢，遠在漢代，已登中國人之記錄（見梁著〈古琉球確即瀛州考釋〉及〈琉球通考〉），參照近人在朝鮮、琉球、日本及美洲之考古發掘報告，及琉球、日本之神道、傳說等，深證梁說不誣也。

琉球群島之最南端為與那國島，與臺灣島僅一衣帶水之隔，其最北端為種子島，與日本九州亦僅兩岸相望。據梁氏說，謂中國交通琉球，在戰國秦漢，以瑯琊，為主要出航基點，在三國、兩晉、南北朝，以臨海、會稽為主要出航基點，在隋、唐以後，以福州為主要出航基點，俱詳梁著〈隋代流求國確非臺灣考〉內。

琉球群島人口增加甚緩，直至今日，各島只扔有七十萬人，

在此美日戰爭，琉人被犧牲者達三十萬，據梁氏之說：琉球在漢前稱「瀛洲」，亦稱「環洲」，已多「仙家」，風俗似吳人；在東吳時代，稱「夷州」，亦稱「綜嶼」或「紵嶼」，有毛人數千人被孫權俘虜；在晉代，有「仙家三千餘」的記錄（彬按：另一史料作千餘家）；在隋代，稱「流求」，為陳稜、張鎮周所俘虜者，有矮小毛人數千人（彬按：另一史料作萬數千人，又另一史料作數萬人），俱安置福州（彬按：有五千餘家）；其在唐代，琉球（彬按：唐稱「流求」，「留仇」，或「留虯」）人北通倭、韓、南通廣州，貿易甚廣；其在明代，琉球人口有七、八萬，清初有二十餘萬；又明代「閩人三十六姓」東渡，以福州人為主，可知福州與琉球之關係密切。

　　梁氏之說既如上，則隋、唐兩代所稱的「流求」，當是琉球而非臺灣。其若臺灣之高山族人，別說在隋唐，便是直到清初（彬按：便是直到今時今日），人口總共有多少？是否矮小多毛？有無海外通商的習慣和工具？敬請主張《隋書》的「流求」是臺灣的論者們，研究研究。

　　琉球移民海外，歷史甚遠，分佈甚廣，據民國二十八年的統計，在菲律賓有九千人，在中國本部五十人，在中國東北有一百五十人，在日本南洋廳有三萬二千人，在西利伯斯島有一百五十人，在爪哇有八十人，在婆羅洲有二百人，在新加坡有一千二百人，在蘇門答臘有五十人，在巴達維亞有七十人，在法國有五十人，在夏威夷有一萬九千八百人，在加拿大有三百人，在美國一千二百人，在紐加里福尼亞有一百人，在墨西哥有二百人，在古巴有一百三十人，在巴西有二萬一千一百人，在玻利維亞有一百二十人，在阿根廷有三千人，在智利有五十人，在秘魯有一萬二千人，琉球本國人口繁殖飽受壓制，因此有「吾人之故

鄉為五大洲」之慘號狂呼，留居海外不返者甚眾！

琉球群島面積合計五千萬公里，包括七十多個島嶼，散佈在北緯二十四度至三十一度，東經一百二十四度至一百三十一度之間，自東北向西南，蜿蜒海上達八百里，按其位置可分為北部群島、中部群島、南部群島三大部份，茲分述如次：

一、北部群島

指在北緯二十七度至三十一度所有島嶼，包括種子群島、奄美群島及吐噶喇群島（寶七島），種子島位置最北，日人佔領琉球後，劃屬熊毛郡。設熊毛支廳治理之。奄美及寶七島稍南，劃屬大島郡，設大島支廳治理之。

（一）種子群島，亦稱大隅諸島，包括種子島、屋久島、口之永良部島、竹島、琉璜島、馬毛島、黑島、草垣島等（彬按：在東經一百四十二度北緯二十五度之間，小笠原群島西南另有琉磺——亦稱火山列島，與琉球群島之「琉璜島」有別，前美日「島嶼爭奪戰爭」之最激處，為塞班島與火山列島，不可與琉球之琉璜島相混）。

1. 種子島：為琉球島中最北之島，其地形南北長而東西狹，面積凡四四七方公里，乃群島中之第四大島。

2. 屋久島：位在種子島西南，面積五百方公里，乃群島中之第三大島，北部有宮之浦港。日本佔領後，闢鹿兒島至種子島航線，以此為終點。

3. 竹島、琉璜島：在屋久島之北，琉璜島以產硫磺著名。

4. 黑島、草垣島：位在琉璜島之西。

5. 口之永良島：在屋久島之西，島上有新岳峰，海拔六六三公尺。

（二）奄美群島：舊稱東北八島，計包括：大島、加計呂麻島、德之島、沖永良部島、輿論島、喜界島、請島、與路島、鬚子茂離島等。其中以大島為最大，其餘面積均甚小。

1. 大島：原名阿摩美島，又名鳥父世麻島（琉語），有小琉球之稱，面積七一〇方公里，為琉球群島中之第二大島，名瀨位在島之西北部，北距日本鹿兒島二五〇里，南至那霸七十九里，人口有三萬，乃大島支廳所在地。

2. 計呂麻島：原名佳奇呂麻島，又稱受島，其與大島之間，為大島海峽（小琉球海峽），系海軍要港，可以容納巨型戰艦。

3. 請島：亦稱烏奇奴島，在加計麻島之南。

4. 與路島：亦稱由呂島，簡稱呂島，在請島之西。

5. 須子芬離島：在加計呂麻島之西，地勢高峻，有一五四公尺。

6. 喜界島：又名奇鬼島，或稱鬼界島，在大島之東，島之西岸有港灣，東岸有早町之。

7. 德之島：又名度姑島，簡稱備島，面積二四八方公里，係琉球群島中之第六大島。東部之龜津，西部之度間均為要港。

8. 沖永良部島，與論島：位在德之島西部。前者亦稱伊蘭埠，東北部有和泊港，後者又名由之島，西南部有赤佐港。

（三）吐噶喇群島：亦稱寶七島，位在種子島之西南，皆係彈丸小島，不僅是七個，較重要的有：諏訪瀨島、中之島、日之島、臥蛇島、惡石島、小寶島、橫當島、平島、小臥蛇島等。

二、中部群島

指在琉球群島中部諸島嶼，在北緯二十六度至二十七度之

間，可分為三部：北部為伊平屋群島，西部為慶良間群島，中部為沖繩群島。

（一）伊平屋群島：包括伊平屋島、野甫島、具志川島、伊是名島、屋奈葉島等。其中以伊平島最重要，此島原名葉壁山，又稱惠平屋島，其西南為野甫島、具志川島，具志川島之南為伊是名島。伊是名島南面有屋奈葉島，更向東尚有無數小島。

（二）慶良間島包括座間味島、渡嘉敷島、阿嘉島、久米島、以渡嘉敷島，與久米島較為重要。

1. 卒間味島，舊名西馬齒山，位在渡嘉敷島之北。

2. 渡嘉敷島：原名計羅麻島，又稱東馬齒山，與背面之座間味島，遙遙相對。

3. 久米島：在慶良間島之西，又稱姑米山，島上最高山峰為大岳，高達三二六公尺，往昔由閩省通琉球之船隻，咸以此峰為航行標的。過此島再東行，即抵沖繩島主邑那霸。

那霸港

（三）沖繩群島：包括沖繩、慶伊瀨、久高、伊江、大東諸島，以沖繩島為最重要。

1. 沖繩島：即大琉球，分設國頭（山原）、中頭、島尻三郡。國頭郡居北部，名護為該群主要之城市，位在西面海岸之頸部，且為主要漁港，人口計一萬餘，國頭郡治即設於此。西北之運天港乃昔日要港。中頭郡在島之南部，是全琉球耕地最廣、人口最多之地域。島尻郡在島之西南端，人口僅次於中頭郡，郡治設在北部西海岸之那霸，此地為優良之商港，北達日本九州，南抵臺灣基隆，市上交通發達，有電車、汽車、火車可通至糸滿（島尻郡主要港口），名護、首里（在那霸東四公里，前琉球王京城）等地。

2. 大東島：位在沖繩島東面，與琉球島隔一海峽，稱琉球海溝，深達四千多公尺，是島又分南、北、中三部。

三、南部群島

包括宮古群島，八重山群島，與尖頭群島三部，總稱先島群島。

（一）宮古群島：舊稱南七島，包括宮古、來間、伊良部、池間、大神、多良間、水納等七島。

1. 宮古島：原名太平島，又名麻姑山，為七島中最大者，南北長二五公里，面積二百方公里。

2. 來間島：舊名姑李麻，在宮古島之西南。

3. 伊良部島：舊名伊良保，在宮古島之西北。

4. 池間伊：舊名伊奇麻，又稱伊喜間，在宮古島之西北。

5. 大神島：舊名為烏格彌，在池間島東南。

6. 多良間島：舊名達喇麻島，在宮古島西，面積十五方公

里。

　7. 水納島：舊名面那島，在多良間之北三哩海面。

　（二）八重山群島，大小島嶼凡十一，舊名西南九島，位在宮古島之西南，其主要島嶼為石垣及西之表兩島，尚有鳩間、小濱、喜彌真、黑島、新城、竹富、波照間、沖之神、與那國等九島。

　1. 石垣島：舊稱八重山，又稱北木山，面積二二六方公里，人口共兩萬。

　2. 西之表島：舊名姑爾山，又名八表島，面積二八七方公里。

　3. 尖頭諸嶼，位在八重山群島之北，其最西為釣魚島，最東為北小島、南小島。東北則有沖之北岩及沖之南岩，更東有黃尾嶼，及赤尾嶼，均為彈丸小島，不及細述。

肆　琉球群島之戰略價值

　琉球群島的總面積不過五千方公里，人口僅七十餘萬，彈丸島嶼星羅棋佈於海上，並無經濟價值，何以日人願意傾注全力來經營？何以美軍在奪得大琉球島後，日本才準備投降？且美日兩國，為攻守大琉球，不惜動員二十萬之兵力，激戰竟達八十三日之久，這一切，只有從戰略價值上求解釋。

　如果說朝鮮是日本北進之跳板，則琉球與臺灣便是它南侵之橋樑。翻開八十年來日本向外擴展之歷史，即知其稱雄東亞，自得琉球始，至失琉球終。

　一八七四年（清同治十三年），所謂西鄉「征台之役」，可說是日本以琉球為根據地，向外侵略之嚆矢。從那時起，日本即

把琉球建設為軍事據點，尤其是奄美群島之大島，更建築成為堅強之軍事要港。琉球群島自被日人掌握後，消極方面可以保護日本本土四島之安全，積極方面可以作為對外侵略的海空軍基地。但琉球一旦被別人佔領，卻又成為一把直指日本心臟之匕首，適一九四五年四月六日，美軍在琉球登陸時，《紐約時報》即已指出：

> 琉球被美軍佔領後，即可獲下述戰略價值：一、成為空襲日本之一艘不動航空母艦，蓋大琉球島可以容納數以百計之轟炸機，且距離九州極近，又可運用中級轟炸機及戰鬥機襲擊日本之工業區及軍事要地；二、作為美國海軍基地，艦隊可以直達日本、中國黃海及朝鮮；三、成為兩棲部隊進抵日本作戰之補給站，不論此等部隊是來自南太平洋，或中國海岸。

（載一九四五年四月八日《紐約時報》）

美國軍事評論家史溫則復指出：

> 沖繩島戰役之意義，非但是越島作戰之行動，實為奪取橫渡太平洋之橋頭陣地。

（美新聞處一九四五年五月二十五日舊金山電）

吾人細察嗣後軍事形勢，可知琉球島之戰，實為太平洋戰場上最後而又最慘烈之大決戰。日本當局亦知琉球戰役之重要性，《讀賣新聞》曾經論稱：「大琉球島一失守，則日本將無轉捩戰局之希望。」

又稱：「大琉球島為太平洋戰場之最重要據點，該島如失守，日本本土隨之危殆。」

於是日本除令飭琉球島司令中島中將及其五萬守備軍死守首

里、那霸一線外，復在海上以僅存之艦隊由六萬二千噸之大和號主力艦領導，編成特種混合艦隊，展開所謂「菊水作戰」。更在空中運用其「神風特攻隊」（俱自臺灣、九州起飛），以自殺戰術對付絕對優勢之美國艦隊。

這次戰役，異常慘烈，相持甚久，（自四月一日至六月六日），在神風自殺飛機「殺炸」下，美艦著實也損失奇重，美軍還損折了一位名將（第十軍軍長巴克納上將），但「菊水作戰」之結果卻使日本艦隊全軍覆沒；對於「神風自殺機」，美國不久也有了對付之術，到島上戰爭結束之日，日軍損失竟達十一萬五千人之眾，從這些事實，我們可以看出日本對琉球之重視，不惜孤注一擲。當美軍佔領琉球後，尚未再作日軍閥所謂「本土決戰」，日本已經屈膝投降了！

蔣總統在手著《中國之命運》，曾有最精闢之訓示：「以國防之需要而論，上述之完整山河系統，如有一個區域受異族的佔據，則全民族，全國家，即失其自衛上天然的屏障。河、淮、江、漢之間，無一處可以作鞏固的邊防，所以琉球、臺灣、澎湖、東北、內外蒙古、新疆、西藏、無一不是保衛民族生存的要塞。這些地方的割裂，即為中國國防的撤除。」

琉球群島在中國國防上之重要於此可見。

伍　琉球之產業經濟

一、農業

琉球耕作面積二十一萬六千餘町（每町合舊制營造尺九六八四九方尺），其中民有地十六萬八千七百餘町，官有地四萬二千六百餘町，餘山林六萬四千四百町，原野三萬八千餘町，

種雜地六千八百餘町外，可耕田及旱田僅有六萬五千餘町，約合總面積之三成強，農戶八萬六千六百四十戶，每戶平均分配 0.7 町，茲將主要農產品，分別略敘如次：

（一）番薯：琉球人民主食為番薯，隔今三百年前，琉球人野國總管由中國福建運入，擴種於全琉，日治時，全琉種作面積達三萬町，收量一億三千萬日斤，價格九百七十萬日元（民國三十年統計），佔琉球產物之首位，除供主食外，並製造澱粉及豬牛之飼料。

（二）甘蔗：係中世紀由中國輸入，於四百年前琉球尚清王之時，「冊封使」陳侃來琉時之《使錄》中，甘蔗有明文記載其中，蔗農戶數約四萬六千戶，佔全農戶之五成，價格約一千五百萬日元（民國三十年統計），但日治時代為「大日本製糖公司」之獨佔事業，而政府又施行高率之食糖消費稅，使甘蔗價格低落，極盡其榨取農民利益之能事。

（三）米：琉球地勢多山，缺乏水利，致無適宜稻作土地，耕地有二千五百町，產量八百日石耳。

（四）琉球藍：為琉球耕之染料，其他農產物，如纖維芭蕉，為琉球夏天衣服之原料。

（五）苧麻：琉球之特產，乃琉球「綾繡布」之原料，為琉人由中國輸入者，現全琉廣為種植。

（六）蠶絲：五百五十年前，琉球察度王時代由中國傳來，現為琉球農村最普遍之副業，飼養戶數七千三百戶，產量有十七萬日元。

（七）畜產：家畜頭數，戰前統計有牛三萬三千頭，豬十二萬五千頭，山羊十四萬頭。

二、林業

本群島因為散在渺茫之海洋，交通甚為不便，由外處輸入木材甚感不便，故向來從政者，均努力保護植林，現有林野面積達十二萬九千町。

三、工業

琉球主要工業為製糖，其次如釀酒、制帽、織布、漆器等，多為家庭小工業。

四、漁業

琉球四週環海，島民長於海洋事業，故漁業相當發達，漁戶有九千七百戶，一萬七千餘人，發動機船約二百隻，刳船三千隻，常營近海漁業。

五、礦業

有八重山西表之煤炭，拉砂島之燐鐵，硫磺島之琉磺，慶良間及羽地之銅礦，年產總估計約六十萬日元，但此業被日人獨佔經營，琉人只能出賣勞力耳。

六、商業

五百年前自屬中國以後，由於三十六姓人之領導航業，琉球與南洋、中國、日本各地海外貿易，盛極一時。德國李斯博士曾稱：

> 葡萄牙人未達麻六甲海峽以前，琉球人獨佔中國、日本、南洋間之貿易，那霸即為東亞貿易之一大市場。

由引可察其海外發展之狀態，但萬曆三十七年（西元一六〇九年，日本慶長十四年），日寇第一次侵琉以來，海外發展被阻

止，其利益亦被榨取，前途有望之商業，遂遭摧毀無遺。光緒五年（西元一八七九年），日本強佔琉球之後，壓迫榨取之手段，更變本加厲，如金融機關梗塞，琉球經濟乃陷於極困憊之狀態中，以後雖有經濟復興之輿論抬頭，但無何實際效力矣。

陸　琉球之民族運動

一、鄭迥抗日伸正氣，民族運動從此啟

現在琉球的國徽是一個黑圓圈，內有三個金色「，」形，它含有極深長的意義，陳蓄著一幕極其悽慘的故事。這是一個可歌可泣的史實，為了民族淪亡，為了正義不屈，在琉球抗戰史上留著光明燦爛的一頁：

萬曆間，有日本人孫七郎者（彬按：或作原田孫七郎），屢至琉球貿易，頗諳地理，因日本將軍豐臣秀吉著有威名，孫七郎乃緣秀吉近臣，說秀吉下書於琉球國王曰：

豐臣秀吉

我邦百有餘年，群國爭雄，予也誕降，以有可治天下之奇瑞，遠邦異域，款塞來享，今欲征大明，蓋非吾所為，天所授也。爾琉球宜候出師，期明春謁肥前轅門，惹懈怨期，必遣水軍殺島民。

琉王尚寧懼其威，因遣使往聘。

萬曆十九年，豐臣將伐朝鮮，又向琉球徵兵一萬五千，當時琉球國內太平，廢止武備已近百年，豈有如許軍隊供其犧牲，遂不允其請，日寇鄉試強要琉球供給七千人及十個月軍糧，亦遭琉

王尚寧拒絕。直至萬曆三十七年（日本慶長十四年），日寇薩摩島津氏經德川幕府許可，進兵琉球，以兵力三千，戰艦百餘艘，直攻大島，琉人極力抵抗，對日寇逐島戰爭，奈日寇用種子島輸入炮銃作戰，琉軍遂無法抵禦，日寇陷諸島，由沖繩西部運天港登陸，直逼首里、那霸，相持月餘，琉軍犧牲慘重，首里王城卒被攻破，尚甯王亦被虜往日本江戶，於拘禁二年後，強迫謝罪並簽訂屈辱條件，始釋返國。

　　這一段時間，敵人在琉球各縣大肆劫掠，姦淫燒殺，無所不為，脅迫琉球每年朝貢，又分割大島諸島，壟斷中琉貿易，禁止琉民與朝鮮及南洋諸島貿易，琉球國勢驟衰。

　　當時琉胞不堪壓迫，有「閩人三十六姓」子孫那霸久米村（彬按：久米村為閩人三十六姓聚居之地，亦名唐榮或唐營）出身名鄭迴者，原為三司官（琉官名「謝名親方」），率先舉起民族正義的

福建卅六姓後裔

旗，向敵反抗，終因力量不足被執，給敵押送敵境薩州。因拒絕連署降服條件，竟被敵寇判處釜煎極刑。

　　在處刑以前，琉王問之曰：

　　汝死後。誰複可掌貢典之事者？

　　鄭迴對曰：

> 王可勿憂，唐榮之中有一個異才之士，名為蔡堅（喜友名親
> 雲上念亭），用之足矣。

琉王嗣後拔擢蔡堅為總理司唐榮司，在職三十一年。

鄭迴在臨刑時，趁監刑吏二名不備，猛力將其拖入油釜，作為殉葬，琉球之國旗即紀念鄭烈士被處釜刑之慘狀。

此後，抗日先烈前仆後繼，至清光緒五年日寇強佔琉球，喚起琉球民族精神，當時全琉四十萬島民奮起團結，一致反抗暴日強佔！

二、乞兵請緩兩無果，毛允良組結盟黨

在琉球被滅前二年（清光緒三年）琉球使臣向德宏曾代表琉球全體同胞回中國乞師援助，久無結果，後竟客死天津，翌光緒四年，又派使臣二人請求清駐日公使，發動駐東京各國使節主持公道，勸告日本允許維持琉球現狀，亦無效果，因此全琉輿論沸騰，民族志士毛允良等遂組織「結盟黨」，以非常手段襲擊殺傷侵佔琉球之日寇，其不願降服日寇之志士，則密渡中國以期策劃琉球之復國工作，數年間達八百餘人，「福州琉球館」崇報祠內所立之靈牌，皆此等不得志而客死於中國之志士精魂也！

三、謝花升瘐死獄中，從此工作變地下

其後，琉球各地陸續發生反日革命運動，有謝花昇等為解放琉球，正在活動中，被捕瘐死獄中。此後日本政府統治琉球之政策，採取強硬彈壓，對民族運動不惜採用任何手段，甚至不許集會結社，遂使以後之琉球民族運動，漸次由表面變為地下化。

四、待遇差別與歧視，痛心疾首助美軍

琉球島民對日本政府之歧視與差別待遇，尤為痛心疾首，琉

球學生之反軍運動、反帝運動、社會科學研究會等事件，皆予日本帝國主義者以不斷打擊。及美軍登陸時，久被壓迫之積鬱憤恨遂一旦爆發，三千學生起而協助美軍攻擊日寇，迨日寇投降後，琉球全境復展開「驅逐日寇出境運動」。凡此等諸事蹟，皆表現琉球人民反抗日本政府暴政之舉舉大者，亦為琉球民族精神不滅之鐵證。

柒　琉球之現況

　　自慘烈之琉球惡戰結束後（民國三十四年春），整個琉球幾陷於無可挽救之厄運，綜計此次會戰，日軍死亡達十萬七千，美軍傷亡亦近六萬五千，琉球人死亡竟達三十萬。其戰禍之鉅，實為太平洋戰爭中所僅見，迨戰爭結束後，美軍軍政府（軍政府管理權之分配，乃海軍負責大琉球島及其附近各島，其南北兩端各島初由陸軍負責，旋歸海軍管轄，均於大琉球島軍政府之中，自一九四五年七月一日起，該地海軍均歸麥帥總部指揮）從琉球的農業、教育、漁業各界中遴選十五人組織「諮詢委員會」。民國三十五年四月，派任地方知事，即「民政長官」（按首任民政長官為琉球人志喜屋幸信），及從事組織農會、漁會等，以謀產業的復興，然而琉球一切設備幾已完全被毀，復興工作千頭萬緒，談何容易？

　　茲將琉球經濟、教育、交通、政治等現況概述如次：

一、經濟

　　戰爭結束後，琉球人民普遍陷於無衣、無食、無住屋的狀態中，僅賴美軍簡單的供應而度日，嗣後由於建造漁船，創設「貿易廳」，創辦「集團農場」，就業「美軍軍用公役」等，經濟始

漸趨安定。民國三十七年七月，由琉球政府發行琉幣，擬定琉球復原計劃，然由於美軍之空軍基地的擴張及軍用通路的增大，使狹小之琉球耕地，面積愈加縮小。

二、教育

現今公立初等教育機關計有一百餘校，中等教育機關十二所，實習教育機關二所，其他社會教育機關。由於戰後較嚴，在進入北部禁區邊界之公路上，有美國海陸軍憲兵和琉球民政府之警察聯合組成的檢查站，除琉人外，絕不准通行，琉球人與他國軍民之交換往來也在禁例。此間美軍所營之商店售貨員、裁縫匠與洗衣童災民極需收容，故較戰前銳增。教育內容以民主教育為中心，教材則幾全部取自美國。最近且已有大學之設矣。

三、交通

戰爭期間公路破壞甚鉅，經美軍協助，全島交通大致復原，路面全為現代設備，市容亦因之振刷一新。

四、政治

琉球全島劃分為十八市，各市有自治組織，由琉球民政府管轄之，其機構首長的公選民政長官，其下分設警察、內政兩部，行使全琉球行政大權，而美國軍政府則處於監督地位。

琉球本島（沖繩島）是一狹長七十多英里，寬平均二十英里的小島，最狹處恐不過三英里，現今美國人和中國人只在南部相當於全島三份之一地區內活動，北部仍是琉球人的世界。當戰火蔓延至該島北部時，日軍便投降停戰，是以該處之森林、村舍、寺宅、城堡以及飛泉急瀑等均得倖免於難。美軍佔領琉球島以後，對於完好如初的北部完全不加干涉，**日寇全部遣送回國後，**

琉球人自組之琉球民政府，遂於此成立。此琉球民政府現管轄整個北部和南部有琉球人住居地區之一切行政事務，並有佩帶手槍之警察在美軍之管制下而維持治安。

凡琉球人聚居區域，均為美軍政府劃定之禁區，縱使美軍也不許隨便往來。北部禁區內，整理宿舍之工人全係琉球小姐，修築馬路，建造房屋以至碼頭上清掃夫，和運輸小工由琉球男女擔任，彼等待遇微薄，工資或按日或按鐘點計算，一個月收入平均在日元二百元左右，此數目僅足維持一家最低水準之生活而已。

五、糧食

島上食糧大半由美軍政府管制，戰後食糧不足，已成為極嚴重之問題，美軍政府不得不力謀解決之道，現所有的食糧，均由美軍政府通過琉球民政府和村鎮保甲，用計口授糧辦法，配給到每一戶口，稍大村落便有出售配給食糧之商店，但分配之食糧只是荷蘭番薯、以及美軍用口糧之類，白米鮮肉等，則幾乎絕跡於琉球。

六、呼聲

現琉球區分為「北部琉球」（大島區）、「中部琉球」（沖繩區）、「南部琉球」（宮古之八重山島區），各區均設有民政府之代辦機關，琉球民政府乃統一的執行全琉球之行政。各區人民生活仍極困難異常，茲錄全島人民要求如下：「琉球現雖由美軍管制，但美軍僅著重於基地之加強，對於琉球人民之自由與幸福，尚未曾加以注意與改善。我們不怕吃苦，但願建設琉球人之琉球，我們唯一的口號就是要求真正的自由與解放。」

捌　結論

　　以上將琉球之歷史文化，地理形勢，民族運動及生活現狀等概述其要。看琉球之歷史，可知其與中國兩千年來之息息相關，血脈相流，看琉球之地理形勢，可知其在中國之國防上為一道在太平洋上不可或缺之堤防。中國自戰國以後，海洋發展即恒以琉球列島為目標（詳見梁嘉彬氏著〈古琉球確即瀛洲考釋〉）。

　　晉王嘉〈名山拾遺記〉謂：

　　歷蓬（日本）瀛（琉球）而超碧海（太平洋）。

　　尤可見中國人發現太平洋及東海、日本海各島之早，今琉球民族運動之指標，無非爭取琉球之自由解放，復歸中國。自世界大戰結束後，琉球雖掙脫日本之統治已有五年，但投入祖國懷抱，建立「中琉一體」之最終目標尚未達到，而無知者更常誤把「琉球人」看做「日本人」，加以與戰敗國俘虜同樣，甚至較劣的待遇，此則誠為吾輩同志所最引為憾者！際茲國際形勢動盪不寧，對日和約迄未簽訂，琉球歸屬問題久延不決，琉球人民誠覺坐臥不安，爰特代表七十萬同胞，縷陳如上，伏望祖國同胞懷念往昔之恩誼，檢討現今之情感，儘量採納遠情，督促政府從速籌畫收復琉球事宜，尊重琉球研究權威者之意風，則祖國幸甚！琉球幸甚！

三十八年三月著畢

琉球亡國史譚

自序

　　疆土的問題，貿然以一個人的情感來推論，用狹窄的眼光去武斷，我想，這總不大合理的。

　　假使我們以地理上的版圖作考據，歷史上的傳統作依歸，民族上的血統作立論，而站立客觀的位置去對一個國家的隸屬下斷論，似乎比較妥適些。

　　讓我們翻開地圖一看，就可以知道琉球、臺灣、澎湖群島、海南島、東沙群島及西沙群島，同為中國國防上衛星島嶼，而不能失卻任何一個。就歷史上去回溯，遠在英國立國之前，琉球與中國，息息相關，形成父子骨肉，這兩千餘年來密切的關係，絕不容任何人來否認與分離。

　　明萬曆三十七年日本第一次侵華政策實現，其侵奪亞洲的野心勃萌，琉球便先受其犯，迨清光緒五年，日本吞併琉球，改為沖繩縣，使毋入中國，並毋許受清政府冊封，而且置清政府之詰於不顧，琉球遂滅亡了。從此七十餘年間，琉胞日處水深火熱之中，過著奴隸不如的生活，文字被滅，姓名被改，人民被迫充炮灰，生靈無辜受塗炭。然琉胞民族正氣長存，革命精神愈堅，革命志士無時不與日寇作殊死鬥，殺身成仁，前仆後繼，以圖反抗強暴，復興民族，英烈史實，真可以驚天地而泣鬼神。惟以祖國海洋遙隔，呼籲無門，僅有翹首雲天，吞聲飲泣而已！

　　抗戰八年，迨日本無條件投降，全琉人民，不分男女老幼，無不慶倖今後可以撥雲霧而重見天日，重返祖國懷抱，呼吸自由

空氣，享受幸福生活。詎料戰後不久，國際環境又呈逆轉，琉球未來的歸屬問題，亦尚乏明顯合理的決定，而琉胞的殷望，幾一掃而盡空了！

　　作者是琉球那霸人，目擊身受著國家淪亡的慘禍，而最近對日和約的擬議中，似未能置琉球於盡合理的位置，作者緬懷祖國心切，不遺餘力，急起呼籲，寫就此書，權作三百年來日寇對琉胞蹂躪的報導，布諸國人，共同努力，免使琉球重淪日本版圖，早日促成中琉一體的實現。則此薄薄小冊，亦自有其意義了！

　　本書承蒙梁嘉彬先生的賜示，及張壽賢先生，吳成鵬先生多方協助，得以順利付梓，求教先進，並此誌謝！

一、琉球遭併經過

　　琉球自明萬曆三十七年（西元一六〇九年，琉球尚甯王二十三年，日本慶長十四年）被日本薩摩藩攻破以後，即淪為日本的榨取殖民地，呻吟於桎梏之下。直至清光緒五年（西元一八七九年，琉球尚泰王二十二年，日本明治十二年）琉球亡國之頃，仍然披上「王國之飾」，一面受著壓制侵略，一面還能繼續維持著三百年間的生存，這確是被壓迫民族史上的一大奇蹟，假如從這些過往的慘痛史實加以研究，琉球固然在外交上可說有所謂「事大主義」，但假如我們得悉光緒年間琉球屢次對日反抗的血淚史事，我們肯詳細追究中、琉二千年來的自然的倫理關係，我們便不會再有「琉球只是被事大主義所左右的孤島民族」的皮毛見解了！

　　在同治十年（西元一八七一年，琉球尚泰王二十四年，日本明治四年）之末突然發生琉球人民五十餘人被颱風漂至臺灣，為

土人殺害事件。這正給予日本奪取琉球的機會，也便埋伏了日後環繞琉球的日本狡猾外交的路線。日本「薩摩縣令」因此向日本中央政府請命出師討伐臺灣，強說琉球是日本的領土。同時，又由鹿兒島縣參事大山綱良出頭，用剛柔並濟的口吻，諷勸琉球王尚泰趕緊遣使赴日慶賀明治新政，慶賀使指定只有曾留學日本之親日份子可以充當，不歡迎有中國血統的人物。琉球王尚泰惟求免罪，便即派出正使伊江王子尚健（朝直），副使宜野灣親方朝保（向有恆）和贊議官、通譯等四人[1]，帶著一張詞句曖昧的表文前往日本東京，哪曉得日本的明治天皇用先發制人的手段，對這表文立刻下了左列一道「敕詔」：

同治帝

　　朕膺上天景命，克紹萬世一系之帝祚，奄有四海，君臨八荒。今琉球近在南服，氣類相同，文言無殊，世世為薩摩之附庸。而爾尚泰，能致勤誠，宜與顯爵，著升為琉球藩王，敘列華族。諮爾尚泰，其任藩王之重，立於眾庶之上，切體朕意，永輔皇室，欽哉！

　　　　　　　　　　　　　　　明治五年壬申九月十四日

1　琉球官制有階級制度，為尚真王三十三年（明正德四年，西元一五〇九年）所制定，其編制如下：一、王子（正一品）；二、按司（從一品）；三、三司官（正二品）；四、親方（從二品）；五、親雲上（自正三品至七品）；六、里之子（八品）；七、築登之（九品）。又琉胞有本國姓名，有中國姓名，稱為「唐名」，同一人時用本國姓名，時用中國姓名，讀琉球歷史時最宜注意，以免誤一人為二人。

這是日本對琉球的空前「盛意」（？），可見其外交先制手段的準備周到，這是趁機強調日本的主權。當時中國日本間正因臺灣土人殺害琉民，惹起外交糾紛，三年後，即同治十三年（西元一八七四年），便有日本的「臺灣討伐」事件。中國一面固然答應賠償琉球難民撫恤遺族費用，一面還力爭琉球為中國領土，應歸中國主權管轄，對日本抗議，曾駁覆如左：

> 藩民琉球人被害之事，業已聞之。惟未聞有殺害貴國人之事，琉球、臺灣二島俱為我國領土，在同領土內之土人相害，其裁判自屬我國權限，且我國亦有救恤琉球人之法，不容貴國特為置喙⋯⋯

自此以後，日本政府認為有急激處分琉球之必要，它看出中國內憂外患，有隙可乘。於是，它第二次對琉球施行懷柔政策，因為鑒於琉球前年遭難，特「下賜汽船一艘，以供海運」。這汽船名叫「大有丸」，重約五六百噸。

再過一年（光緒元年，西元一八七五年），日本政府便派「內務大丞」松田道之前往琉球，著手改革政治，主要使命即在使琉球從此斷絕對中國的關係和確立日本的主權。但琉球的實情並不如日本所想像的那般簡單麻木。

光緒元年一月，在松田道之來琉之先，日本政府催促琉球三司官等赴日，並嚴命「自今琉球應繼絕與清國交通」之時候，琉球三司官池城親方（毛有斐）為了要拒絕這項要求，已經專程前往日本東京再三哀求收回成命，但終於不能推翻日本的侵琉方針，琉球國王和人民當時已經異常驚動，當時琉王尚泰的近侍向廷翼（按即《琉球見聞錄》的著者喜舍場朝賢翁），直接和琉王共同憂慮國事，籌畫對日方策。尚泰王信奉鬼神，以為國事可靠神力匡輔，曾取出「王室系圖座」（職名，專司王室系譜保存之

官）所存的《舊記》數十卷，囑咐向廷翼謄寫一遍，此書是記載琉球國中神祠的由來事實，廷翼奉命常在別室謄寫之，王室左右無人，尚泰王黯默問道：「這不是好書嗎？」

廷翼答道：「是的。」

說完了，便隨即正其容貌，向著尚泰王恭謹地勸諫如左：

> 國家的興廢存亡，全看君臥協心，能勤政事，是不關鬼神之事的。

王謂願聞其說，向廷翼便引用周朝「虢國」因為崇信鬼神而亡國的故事詳為諷諫，尚泰王始終不聽。

唉，在國家存亡的時候，只有向廷翼足以支撐琉球最後門前的柱石罷！

光緒元年五月七日，日本太政官對琉球布告如左：

> 為保護藩內起見，特派第六軍營熊本鎮台分遣隊前來駐紮！此布。

在四天後（舊曆五月十一日），駛清的琉球貢船從福州歸來。接到同治皇帝駕崩的「白詔」，和光緒皇帝登極的「紅詔」，這時琉球志士群起彈劾「明治維新慶賀使」伊江王子和宜野灣親方等，此輩被迫辭職，由眾官投票推舉富川親方（毛鳳來）繼任三司官，琉球王手忙腳亂，一陣兒又籌備如何忙腳亂，一陣兒又籌備如何進貢天朝中國。

光緒帝

　　六月八日（日本明治八年七月十日）日本「內務大丞」松
田道之，「六等出仕」伊地知貞馨率同隨員五、六名搭乘「大有
丸」到達琉球，充份顯出「欽差大臣」的模樣，十二日（新曆七
月十四日）松田，伊地知兩人便傳達使命，親自往見在琉球首里
王府的琉王代理（王弟今歸仁王子）和攝政三司官、眾官、按
司、親方等於南殿，宣讀日本太政大臣三條實美的諮文和附添的
說明書，要旨如左（演出逼宮的慘劇）：

　　一、嗣後禁止向例隔年一貢的對清遣使，及慶賀清帝即位的
使節。

　　二、嗣後廢止藩王（琉王）纘統受清冊封的往例。

　　三、琉球藩內奉行明治年號及日本年中儀禮，禁止沿用清國
年號。

　　四、刑法定律遵照日本施行，廢止舊日通行法律，事先可遣
派專員二、三名赴京（東京）調查視察。

　　五、改革藩內政制，敕任琉球藩王為一等官，更訂官名，設
立敕、奏、判階級，廢止不問長幼之攝政官制度，一切制度不得
與維新以後諸藩制度有異，須知琉球王當藩臣僕之任，琉民事天
皇聯合會下為大君，天皇陛下因有琉民始置藩王，以統撫之者。

　　六、選派少壯者十名左右上京學習文明，研究時勢。

　　七、廢止「福州琉球館」，對清商業歸日本廈門領事管轄。

　　八、琉王上京謝恩，速自憤發，克盡藩王之禮，前次臺灣討
伐事件，日本朝廷費資巨萬、遣使交涉，興師問罪，始克保護琉
民，使彼邦（清國）亦認為義舉。

　　九、日本派遣鎮台分營駐屯琉球要地，琉球兵備為日本國防
之一部。

此種「皇民化方針」登時使得琉球上下空前震動，眾論紛紛，不知所措，數日後，終於決定一個絕對不能放棄的前提，一個最後不能退讓的條件，那便是：

「琉球絕對不能和中國斷絕關係。」

其要旨如左：

一、刑法定律調查視察之件，以對天朝（指清國）不發生障礙之條件下，可唯命是聽。

二、臺灣討伐謝恩之件，以琉王代理名義（御名代）之王子前往。

三、廢止隔年進貢天朝（指清國），或慶賀清帝即位使節及琉王纘統遣使求天朝冊封之件，務須盡心竭力加以拒絕……查進貢為我國（琉球）自古以來之重典，賴為國家之重，且自前明撫我甚為渥，每當國王纘統，不憚波濤險阻，遣欽差，賜王爵，隔年進貢則又賞賜綵幣物品不遑枚舉，逮及清朝，更為優厚其恩德義，昊天罔極，何可背負竟絕朝貢？況我琉球孤立遠洋中，國土偏少，微弱不克自保，自歸清國版圖，以其保護聲援，乃可無憂外患，自建為國，自古來風習之禮樂政刑、自由不羈之權利，上下雍睦，安居樂業，若離甫國則必失自由權利而召掣肘之累，國家豈可永保？父子之道既絕，累世之恩既忘，何以為人？何以為國？此層最須據理力爭，斟酌輕重，善為應付。

其後由富川親方，池城親方、浦添親方、伊江王子署名通知日方松田道之，以琉球王疾病為辭，請以今歸仁王子為入京謝恩使節。並派定學習視察人員名單。六月二十七日（新曆七月二十九日）松田要求駐兵用地一萬八千六百七十餘坪，大體已得三司官允諾。

　　松田又和三司官反覆辯論，要求琉球應允各件，謂琉球當然為日本版圖，其歷史的事實不容疑義，五百年間中國的隸屬不過由於日本武家乏政，兵馬騷擾，不遑綏撫邊陲所致，兩屬態度已非世界大勢所許。又琉球土地為日本薩摩大隅之地脈，與日本領土相連。人種為大和民族中之薩摩人種，琉球人之骨骼、言語、風俗、習慣皆可證為日本人種。並謂琉球中興國王（舜天王）為日本人皇之後等等。琉球三司官對此論據皆加反駁，謂地理方面未必僅與日本相連，從海底亦與中國相接。人種則亞細亞人種皆同。言語、風俗等之所以與日本稍有相似者，僅因與日本有交通關係。琉球自古為獨立國，惟對中國則有父子之道，君臣之義，非與其他友邦關係可比，不可有失信義等等。到處強調中琉一體，不甘讓步。松田等留琉數月，終不得要領，到了八月，松田限令三司官在五日正午以前確實答覆，眾官正是疑懼，忽然在是日午後一時左右，看到入港汽船帶來的《郵便報知新聞》，內有：

> 北京總理衙門已命福州督撫急遣軍艦來琉球，據外報推測，多半是因為催促琉球納貢。

　　眾人便高興萬分，從此對松田態度轉硬，最後決定拒絕廢止進貢中國，用琉王尚泰名義，正式通知日本「太政大臣」三條實美，松田憤恨返國，事詳喜舍場朝賢的《琉球見聞錄》，這裡不多說。

　　國王尚泰憂慮國事，胸痛否塞，飯食不能下嚥者百餘日，最後一著棋便是遣使密航中國求救。

　　光緒二年（西元一八七六年，日本明治九年）十月，幸地親方（向德宏），伊計親雲上（蔡大業），名城里之子親雲上（林世功）等偽稱渡「伊平屋島」祈禱，遂自琉球本部港開航放洋，

直達福州，前四月（六月），日本又派內務省書記官木梨精一郎等來琉，琉官富川親方，與那原親方也奉王命前往日本請願，其請願文中有「琉球臣屬中國已五百年，歷受中國眷顧，其恩久可喻天地，若琉球絕於中國，則國將不國，人亦非人」之語，日本政府不為置理。琉球遣送留學日本學生數名，自恐事為清廷所知，亦不敢在東京進入各學校，但在琉球藩邸延師自習。

琉球密使向德宏等在福州投遞密書的情形，在「閩浙總督」何璟和「福建巡撫」丁日昌的連署奏摺裡說明甚詳。該奏摺曾提及：

> 琉球世列外藩，歲修職貢，恭順為諸藩之最。茲以日人之阻，方物誤期，琉王憂慮，計無所出，……其恭順於我朝已五百餘年，何忍一旦棄之化外？且其陳情殊表忠誠之意，若拒之過甚，轉令泰西諸國議我為無力庇護屬邦，伏求天恩，與日本出使大臣何如璋等早為交涉。

並且詳細進言援救琉球方略，頗表激昂憤慨態度，主張最後對日可不辭一戰。如此時不惜一戰，制止日本侵略，則台琉地位，早可改觀矣。

光緒三年（日本明治十年，琉王尚泰三十年）丁丑正月，日本舊陸軍大將西鄉隆盛起事於薩摩，率兵三萬取道肥後，熊本鎮台阻之，日本國中大騷擾，三月，清駐日公使何如璋、張斯桂抵東京，是為中日交換駐使之始。八月，西鄉隆盛敗亡。九月，何如璋等奉命交涉琉案，向日本外務卿寺島提出抗議。何、張抗議措詞依仁據義，先說中琉五百年來關係，再說琉球和、法、荷諸國

西鄉隆盛

訂約皆尊宮國制度，全國上下，誠服中國，琉球為中國屬國，已為各國所公認，最後說到各國相親，以禮義為重，中日兩國締約未久，如何輕易違反條約及〈萬國公約〉，凌虐弱小，但日本便由內務卿大久保直接出頭，覆書強蠻辯論，用黑龍會式的非理論證法來掩蓋一切，說到琉球便是南島，說到琉球如何服屬日本，說到琉球舜天王、尚泰王都是日本源為朝之後，又是天尊（天孫氏）的遠裔，說到日本如何盡力保護，更說到中國只有保護的空名，抗議是無理取鬧。……何公使只好向本國極力進言援救琉球，俾免日本自行處分。

由於琉球密使的哀訴，閩浙總督等之後援，何公使的意見深深喚起中國的注意，當時中國督辦新疆軍務的左宗棠總督，在新疆節節勝利，他憤恨日本強暴，甚至提出寧可讓俄，不可讓日的意見。直隸總督李鴻章等在天津屢次接見琉球使臣，因此，琉球人心大為振奮。

光緒四年，富川三司官，與那原三司官等在東京，暗裡向駐紮在東京的英、荷、美各國公使請求代為調解，英、荷兩國都拒不接受，只有美國公使允向本國請示，但其後不見何種動靜。

當時琉球民氣激昂，默察中日兩國勢力懸殊，中國自同治維新（西元一八六二年）以來，已大加振作，購艦練兵，修械設廠，屬行新政，日本自明治維新後（西元一八六八年）以後，不過十年，中間又經西南戰役，元氣大虧，海軍實力更遠不及中國，只要中國肯派一條兵艦來到琉球，日本便可知難而退。因此在這幾年裡，琉球有志之士，幾乎每天登山向西禱祝瞭望，每見遠遠地有些船影，便燃燒著希望，熱淚臨風，灑為碧血。及聽到中國駐日公使何如璋已向日提出嚴重抗議，更覺有恃無恐。直到琉王尚泰被押送東京，離開本國的當兒，還有多少人轉悲為喜，

認為事情愈鬧大了，中國必定愈早出兵呢！

　　光緒五年（西元一八七九年，日本明治十二年）元月，日本政府決定強硬到底，仍然由太政大臣三條實美指派松田道之再度來琉，他這次已經得到琉球不服從日本政府命令的經驗，從最初便採取只許琉球回答「可」、「否」，不許再理論「是」、「非」的強硬方針。

　　琉球是依賴中國政府會援助到底的，而且認為中國最少限度也要自己顧全體面，遲早總會有救兵派來，又看見松田道之毫無任何武力，因此毅然決然，由琉球王尚泰署名，用有禮貌而堅決的口吻，表示其他條件都不爭執，只有「中琉宗屬關係」是無論如何不能斷絕的，甚至還要準備遣派慶賀使到中國。

　　松田道之聽到，怒氣衝天，只說：

　　「好吧！等候著日後的處分！」便倉卒返還日本。

　　前一年，日本內務卿大久保利通被刺，這時繼任內務卿的是伊藤博文。松田回國多方活動，日本政府決議「廢琉球藩，改置沖繩縣」，便由伊藤博文起草文案，以松田道之為琉球處分官，帶同隨行官吏五十餘名，警官百餘名，陸軍步兵四百餘名，從日本鹿兒島出發，第三次來琉。滿載這批人馬的那條汽船「新瀉丸」，是三月二十五日到達那霸港的。這是純然武力的侵略，琉球久廢武備，無法抵抗，於是萬曆三十七年（西元一六〇九年，日本慶長十四年）琉王尚寧被日本武力壓服，遭生擒俘虜的故事又復重演。

伊藤博文

在松田道之抵琉的後二日（二十七日），便前赴琉球國都首里，將「廢藩置縣」的命令交給藩王代理今歸仁王子等人，同時宣佈琉王即肌離琉前往東京，這些命令都是「明治十二年三月十一日」擬好的！一時封存文書，警衛城門，檢查出入，把尚泰王從私邸勒遷到嫡子尚典邸第。

琉民對這海盜式的彈壓，只有各自抵抗，為了發揚民族正氣，死在毒刃底下的民族志士不知多少！

離島宮古島上發生的「Sunsii 慘案」，北部琉球大島的「犬田布騷動」都是好例，又直至如今，表現悲壯的抗日精神的有名的宮古島平良西里發生的「南名小事件」了，也是其中之一例。

當時在南名小海濱被斬首的志士，在臨刑時悲壯的喊聲如左：

> 我的頭無論你們怎樣斬，也絕不會落在你們的面前；你們且看清了琉球人的血魂！

這種至死不屈的壯烈精神，至今還流盪在宮古島民中間，宮古島民的對祖國（中國）請求援救的血書，至今也還在「琉球博物館」裡保存著！

琉球王尚泰終於在同年（光緒五年、日本明治十二年）被俘強押東京，在位三十二年，時年三十七歲。

日本派來「知事」勸導琉球各官照常服務，各官均稱病不出：「知事」又派人到各村宣導，各村也不予合作。典衣賣產，維持數年。龜山里之子（中名蔡大鼎）自費密渡福州，謁琉球密使幸地親方（向德宏），告以日兵脅尚泰王北去事，其後返國，遂為日方所害。

此後數年，日方大捕各地反日志士，處以酷刑，強施威壓，

每當夜深人靜，時聞慘號之聲，曾幾何時，安南、朝鮮，又復遭同一命運！

那時，中國是曉得琉球的情形的，原無拱手沉默之理，只因李鴻章之姑息，想用外國調解，彼持政中樞，自命穩重，便改變了琉球的命運！

琉球密使向德宏自閩奔天津，入北京，作秦庭之哭，清廷時正防俄防法，意無以應。向德宏隨員林世功，曾為中國國子監生，屢經琉王拔擢為世子講官，至是遂在北京絕食，上書總理衙門哀求援兵，清廷不理。

格蘭特與李鴻章

光緒六年十一月，林世功遂自刎殉國，清廷憫其孤忠，贈白銀二百兩以補葬殮之費。直到現在，這琉球志士的白骨，還埋在北平呢！

同年，恰好美國前大總統格蘭特遊歷遠東，在中國受到恭親王和李鴻章的請托，允許從中調集琉案，後來行抵日本，便根據中國的意見試行調解。

日本伊藤內務卿、西鄉參議等在他的面前說了一大堆琉球如何應該歸屬日本的道理，格蘭特最後勸告日本如左：

依據貴國的解辨，琉球隸屬日本也不錯的，但琉球同時也不

能不說是清國的屬邦。因此，據我個人的意見，亞細亞雖然土地很廣，但獨立國家只有貴國和清國，假如兩國一旦相爭失和，當非亞細亞之福。何不在琉球諸島當中，劃開一條線，把鄰近臺灣的各島劃給清國，而解決糾紛呢？

日本政府對於這個提議、是很快接受的，他們的答覆如左：

對於閣下的忠告實在非常感謝，但琉球原為我有者，假如因為要講和而宣佈割讓，是做不到的；但倘若為了保全清國面子，清國有此要求，我方當不予拒絕。

當時日本政府實在很怕闖出大禍，光緒七年（日明治十三年）五月、井上外務卿對吉田駐美大使發出訓令，告知日本願意接受「宮古、八重山兩群島劃歸清國」的建議。

從日本明治十三年八月八日到十月二十一日，中日雙方由總理衙門和日本駐華公使屍戶璣進行交涉，最後簽訂所謂〈琉球條約〉，規定沖繩島以北歸日本管治，宮古、八重山二群島歸清國管轄，劃明兩國境界，各許自治，永不相涉，並以三個月為期，約定在光緒八年（日本明治十四年）一月在北京互換批准。在當時清朝的本意，原想把尚氏一族安置在先島兩群島，保其宗社，續行封貢。這時左宗棠進兵新疆，因「伊犁事件」對俄衝突，有人甚至主張「聯日拒俄」，這也是當時對日肯於讓步的原因。

但是，這事忽然又遭著幽居在東京列敘華族的傀儡琉王的否認，由琉球王族主宰宮古、八重山，重新建立一獨立國的主張也被反對。這自然不用說，是被日本侵略者所嗾琉王出面反對的，琉王尚泰的真意很易瞭解。當時清朝政府的國策又前後不定，張之洞最初奏請琉球問題即時解決，俾得聯日孤俄。

後來陳寶琛主張對日作戰，張之洞也便改變宗旨，主張拖延

琉球問題，不予解決。李鴻章奏言：

> 日本兵糧共缺，債務纍纍，黨人爭權，自顧不遑，畏俄如
> 虎，性亦貪狡，我雖以甘言厚賂與彼相結，一旦中俄戰起，
> 彼仍必背盟趨利。

左宗棠奏請急務充實對日戰備，於是朝廷決議不批准〈琉球條約〉，俾在新疆問題完全解決後反戈東指，對日作戰，豈料一波未平，一波又起，不到幾年，又因越南問題對法國作戰呢！

琉球為了復國所流的先烈之血，從無間斷，前仆後繼，光緒六年十一月自刎殉國的林世功的革命精神，至今還啾啾然使得鬼哭，他的絕命詩有云：

> 古來忠孝幾人全，憂國思家已五年，一死猶期存社稷，高堂
> 專賴弟兄賢。

這種偉大精神，永留紀念，來往在我們同志的胸中，喚醒著琉球復興的雄魂！

清朝外交的失敗，琉王尚泰的失態，我們固然不無遺憾，但我們已經不能僅僅馳思往昔，時間和空間都已經安排好，現階段的琉球的總體，正在躍進的前奏之中，不顧國家名譽的侵略，予避實擊虛的榨取，今後在亞洲絕對不會適用的！

琉球亡國時，琉人對祖國的熱誠真摯的哀訴，假如有人以為它只是弱小民族的一副可憐相，毋庸憫惜，不予援手，那是太不知道中、琉兩千年來的血脈交流，太不瞭解中、琉歷代父子的關係！琉球觀中國，有如宗邦，什麼「先佔」什麼「屬國」，那些歐西的法理觀念不能介在中、琉關係之間。這是有更深刻的、更本質的關係的存在。

在蔣中正先生的《中國之命運》裡面，也曾明確地宣示：

> 以國防的需要而論，上述的完整山河系統，如有一個區域受異族的佔據，則全民族，全國家，即失其自衛上天然的屏障。河、淮、江、漢之間，無一處可以作鞏固的邊防，所以琉球、臺灣、澎湖、東北、內外蒙古、新疆、西藏、無一處不是保衛民族生存的要塞。這些地方的割裂，即為中國國防的撤除。

書裡明言「琉球」是完整山河系統的一要素，使得我們感激的，是其民族生存的發展及其完成的特質，是從偉大的同胞愛作出發點的一事而已。

四百年來，琉胞呼籲不已的是些什麼？

幾多的琉胞流著血來要爭取的又是些什麼？

我們只有不屈不撓的前進，只有努力的奮鬥而已！

二、二次大戰後的局勢

據最近的東京消息：日首相吉田領導下的自由党，關於將在對日和約中提出的「講和七原則」，聞已大致成立美日間非正式之諒解。惟日本對於琉球託管的美國提案，現正展開積極的外交活動，企圖修改原案，保留其本國對於琉球、小笠原告各島主權之要求。此等活動，顯然破壞〈聯合國憲章〉，違反〈開羅會議宣言〉及〈波茨坦會議宣言〉，而妨礙琉球之自治獨立。

依法理言：唯中國始有要求收回琉球主權之權利，日本主權原應受限制於其本國四大島之間者。最近報載：杜勒斯特使對日方所提琉球歸日之無理要求，已依據〈波茨坦會議宣言〉，斷然拒絕之。此蓋明顯表示決心維持其已施行之基本政策，全無考慮

變更之餘地。在將來講和條約內，原不許有破壞各宣言精神之條款，日本如欲破壞之，究非主持正義之美國之所願者，更非各對日作戰國家之所能忍受。

我們可以說：日本縱使再度軍國主義化起來，仍然可以一舉而加以擊潰。以同樣的觀察來說：琉球倘永遠地置在中、美的勢力範圍下，日本從國權擴張的立場看起來，當然覺得不能滿意。本來，日本一再主張收回琉球，本年二月曾嗾使留日的「琉奸」，擬具對日有利之領土條款，二月十二日又曾遣派文部政務次官等日、琉人數名，代表參加琉球大學之揭幕典禮，這是日本對琉球的空前盛意？其對韓國，又預作一伏線，曾有再調查「對馬」島嶼地文之舉。

此等積極意圖果何在乎？其以外交制先，對於日本周圍諸島之未來命運預作未雨綢繆之計乎？或野心不死，其對領土問題較亞洲防共更為重視乎？無庸諱言，這實在是投機取巧，愚人太甚的政策。不消說，琉球原來就既非委任統治地域，也絕不是自願永遠地在託管制度下的，聯合國對此應該有正確的認識。

琉球在自然的道理來看，當然應該是一塊重返中國的領土，所以〈聯合國憲章〉第十二章第七十七條的「託管制度」，對琉球是絕對不能適用。如因戰略需要，要租與美國作軍事基地，則應由中、美兩國另行洽商，惟必須承認中國在琉球的宗主權，俟遠東侵略暴力消滅後，再歸還中國，如上項各國未能妥善解決時，聯合國應發動對琉球其趨向自治獨立之逐漸發展之義務為神聖之信託，一俟確定時間後，應為准許琉球復國，但絕不得准許日本對琉球涉足。

今天不幸國際公理不彰，國際上的法律秩序也不能維持，遂致毗連琉球的中國沿岸一帶戰禍蔓延，蘇俄勢力的擴展也威脅著

整個太平洋的安全。我相信：美國倘能夠確保援助台、琉一線，不但是內外夾攻中救出美洲大陸之道，抑且琉球和中國的民主自由人民聯合起來，也可以獲得良好的效果。

琉球人在過去的「琉球作戰」當中，曾協助美軍進攻，發揚了民族正氣而無遺，這一個事實也是美政府所最熟知的，當然這種民族意識的昂揚和不惜任何犧牲的原動力，實在也是意欲擺脫過去的奴隸桎梏的那種強烈之民族意識使然。

美國在琉球作戰，曾犧牲了六萬以上的戰士，並消耗龐大的軍火，才獲得了光榮的勝利和民族的榮譽，然而這種勝利和榮譽，無端橫遭遠東情勢的狂瀾摧毀，而輕輕地斷送了琉球，那麼，自由人民將來所受的痛苦當非韓國的戰事所能比喻。

小國的命運通常是悲慘的；尤其是被大國操縱的苦痛，更不是一般所能想像的。琉球的過去當以做中國的一個屬國，處於海洋的一隅時代，算是比較的寧靜和平。但自被相距一衣帶水的日本侵略以來，琉球就經常做了戰場，不斷地遭受無理的蹂躪。

萬曆三十七年的「侵琉戰爭」時，據說琉球三山毫無人煙，慘禍之烈不可言喻。這也正像第二次大戰時，琉球的「史布安斯的斷髮」一樣，損害極大。

那麼，琉球在過去雖然遭受了這樣的慘禍，而還不能衝破這個鐵壁的理由是在哪裡呢？這雖然部份是在琉球的社會經濟內在的宿命的缺陷，但大部份理由則由於地理上的隔絕，沒有容納外部條件的機會，而且支配者又採取強制的同化主義，剝奪了這貧瘠海島民族的元氣，終使不敢挺身出來清算這民族的積帳。

然而，話雖然這樣說，但過去琉球的民族運動是有著光輝的歷史的。它受過韓國的「三一萬歲事件」（一九一九年）的影

響，到了第二次大戰結束後，各地的民族獨立運動的變化又異常劇烈，琉球的民族意識也自復古中開始前進。

琉球獨立鬥爭如火如荼

親華派的日人宮崎龍介現在還留在日本，援助琉人湧上聲人一派的「琉球獨立運動」。在世界史的現階段，倘沒有民族的自決和獨立，國際上的民主聯合是絕難實現成立的。

孫中山先生曾一面主張民族主義，一面提倡世界主義；意思就是說，為了聯合世界民族，應該各自提倡民族主義，然後推擴到大聯合。

這實在是一種高超的卓見。

琉球人呼籲的「國族復興」，是自然而興起的。而要完成中、琉一體的神聖目標，也是自動的自主運動。

我們極希望這一運動的發達和成功，而願它進而為亞洲和平提供更進一步的貢獻。

向清廷請願之琉球密使列表

序號	時間	請願者姓名	請願書呈送單位
2	1878 年 10 月 11 日	琉球法司信毛鳳來	清國駐日公使
3	1879 午 7 月 3 日	琉球紫巾官向德宏	李鴻章
4	1879 年 7 月 23 日	琉球案巾官向德宏	李鴻章
5	1879 年 10 月 23 日	毛精長、蔡大鼎、林世功	恭親王奕訢
6	1879 年 10 月 24 日	毛精長、蔡大鼎、林世功	禮部
7	1879 年 10 月 29 日	毛精長、蔡大鼎、林世功	恭親王奕訢
8	1879 年 11 月 10 日	毛精長、蔡大鼎、林世功	恭親王奕訢
9	1880 年 1 月 2 日	毛精長、蔡大鼎、林世功	恭親王奕訢
10	1880 年 8 月 13 日	毛精長、蔡大鼎、林世功	恭親王奕訢
11	1880 年 9 月 8 日	毛精長、蔡大鼎、林世功	恭親王奕訢
12	1880 年 9 月 28 日	毛精長、蔡大鼎、林世功	恭親王奕訢
13	1880 年 11 月 18 日	毛精長、蔡大鼎、林世功	恭親王奕訢
14	1880 年 11 月 20 日	林世功	恭親王奕訢
15	1880 年 11 月 20 日	蔡大鼎	恭親王奕訢
16	1881 年 2 月 22 日	毛精長、蔡大鼎	清國駐日公使
17	1881 年 3 月 15 日	毛精長、蔡大鼎	禮部
18	1881 年 4 月 16 日	毛精長、蔡大鼎	禮部
19	1881 年 11 月 17 日	毛精長、蔡大鼎	恭親王奕訢
20	1882 午 5 月 1 日	毛精長、蔡大鼎	恭親王奕訢
21	1883 年 7 月 30 日	琉球紫巾官向德宏等	福建布政司
22	1883 年 12 月 3 日	向文光、魏元才	禮部
23	1884 年 12 月	琉球紫巾官向德宏等	左宗棠
24	1885 年 3 月	琉球紫巾官向德宏等	閩浙總督楊昌浚
25	1885 年 4 月 9 日	琉球紫巾官向德宏等	左宗棠
26	1885 年 4 月 9 日	琉球紫巾官向德宏等	左宗棠
27	1885 年 4 月	琉球紫巾官向德宏等	左宗棠
28	1885 年 5 月 6 日	琉球紫巾官向德宏等	李鴻章
29	1885 年 6 月	毛鳳來、蔡大鼎	總理衙門
30	1885 年 7 月 10 日	向德宏、魏元才	李鴻章
31	1885 年 7 月 10 日	向德宏	李鴻章

琉球人民切盼回歸祖國

琉球同胞向　蔣總統呈交請願書
呼籲收回琉球

1948 年 7 月 25 日，琉球同胞喜友名嗣正、慶田嵩熏、久貝清德、我那霸生康、島袋松助等 17 人以「琉球人民代表」身份聯名向新當選的中國行憲政府總統　蔣介石送交請願書，呼籲政府收回琉球，全文如下：

竊考琉球原屬中國藩籬，從北緯 30 度以南至與那國島，乃琉球之領域，自聯合國勝利以後，在美軍單獨託管之下，雖已逐步走上復興之道，但並非琉胞永久之願望。查中國與琉球往來，遠在千百年前，不論政治、經濟、文化、思想、風俗，無一不來自中國，即以血統而論，大部份係由福建遷入，僅有一部份由朝鮮及南洋遷來者，所謂三十六姓子孫延至今實佔人口大半，且琉球曾受中國冊封，其關係之密切，猶如父子。明萬曆三十七年，日寇首圖侵略琉球，及至申戌之役，遂被日寇全部侵佔，從此父子關係始告斷絕，琉球雖陷於水深火熱之中，然革命精神，民族正氣，無時或忘，無數次之反抗鬥爭，無數次之志士喪身，於敵寇魔掌之下，殺身成仁，可歌可泣，史蹟不勝枚舉。鑒於上述，琉球將來應該重入中國懷抱，絕無疑義，況自萬曆之役以來，琉胞含垢受辱已四百餘載，琉胞數度呈奉血書要求收還琉球，迄未能如願以償，此實為歷史上未決懸案，現在亟宜解決之時。即以中琉地理關係言之，若祖國一旦丟失琉球，沿海省勢遭威脅，於東亞和平萬難確保。琉胞有鑒於斯，故數度呼請政府堅持正義，收復琉球。我七十萬琉胞為發揚民族正氣，回歸祖國，願作政府後

盾。至於日本妄想再度奴役琉球，則誓死反對。若於友邦美國利害關係，祈請鈞座賢明措置，以外交折衝作合理之解決，則琉球幸甚！祖國幸甚！

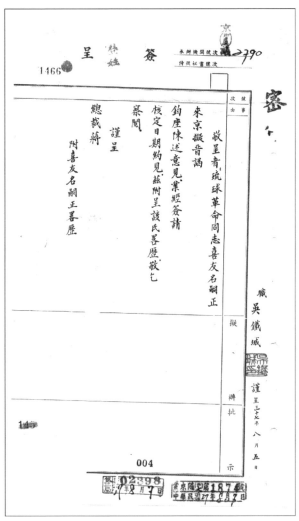

1948 年吳鐵城引蔡見　蔣總裁函

琉球群島人民反日反美高漲
有意回歸中華大家庭

2010 年 11 月 11 日，出了一個沖繩縣（琉球群島）知事選舉告示，其告示要求美軍儘早遷離琉球群島的普天間基地，被全球媒體所關注。民主黨執政前後以「美軍遷出琉球群島為最低限度」的競選口號讓大多數選民支持了民主黨，使民主黨順利上臺執政。鳩山政府也努力去做，卻因琉球群島不是日本領土，放棄美軍在琉球群島的駐軍等於放棄美日同盟，鳩山不得不退卻了，琉球群島人民的感情被愚弄了，琉球群島人民憤怒了。今年 5 月份，日本民主黨政府使用百變金剛手法，和美國政府就美軍基地問題簽訂了「搬遷到琉球群島的名護市邊野古去」的協議，遭到當地老百姓的強烈反對，這樣的食言逐步變為反日反美的選舉浪潮。日本政府對此很緊張，如何打壓琉球群島人民的反日反美情緒，提出減少「美軍基地對琉球群島人民所造成的過重負擔」的美麗言詞想減緩琉球群島人民反日反美的聲音。可是，今年的參加琉球群島知事（縣令或縣長）競選者和以往的競選人不同，全都以「擺脫基地陰影，振興琉球經濟，減輕人民負擔」為口號，讓日本政府很是傷腦筋。

自民黨沖繩縣聯合會和公明地方所推薦的現職仲井真弘多（71 歲，無所屬，估計是中國人的後裔）在公約（地名），已經制訂出把「美軍基地從普天間遷出後，逐步整理和減少美軍基地範圍，努力促使發展經濟」規劃，展示了把美軍基地收回後再利用的具體措施。競選人仲井真弘多很有號召力，參加初次演說的

出陣式就有 1200 人的支持者，喊出「我們需要趕走所有的美軍基地，把基地的遺跡打造振興琉球經濟的一部份」。

由共產黨、社民黨、地區政黨琉球社會大眾所推薦的競選人伊波洋一（58 歲，無所屬，估計中國人的後裔）在公約（地名）提出，「為了解除噪音污染，美軍嘉手納基地須撤走所有戰鬥機和直升機，要求琉球群島地位重新修訂」的口號。伊波洋一在競選演說指出，「琉球群島人民表達出反對美日兩個政府把美軍基地在縣內遷移的企圖，一定要收回普天間機場，把琉球群島變成熱愛和平的模範地區，堅決守護琉球群島人民的命，讓縣政和縣民意見保持一致」，參加競選會大約有 500 人的支持隊伍，這些支持者以拍手和歡歌的形式助陣。

筆者提醒中央注意：

1. 琉球群島還有一種傾向值得中國政府重視，由於邊野古老百姓和所有的琉球群島人一樣都堅決反對把美軍基地在縣內遷來遷去，民主黨的沖繩縣分部以老百姓自主投票的形式決定選舉候補人讓現執政黨的民主黨中央很緊張，這種逐步脫離日本政府控制的做法在琉球群島人民中逐步深入人心，琉球群島的地位將變得更加撲朔迷離。

2. 琉球群島原住民大多是福建（當時的臺灣歸福建管轄，也是福建人）、浙江、江蘇人的後裔，1945 年琉球群島原住民曾遭受日軍屠殺接近三十萬人（琉球史記），島內老百姓恨死小日本「欲統治其政，須先滅其史」的罪惡。當日本海上保安廳的艦艇衝撞並扣押福建籍漁船後，琉球群島人民的心反而有加速與日本政府決裂的傾向（日本政府肯定會加強對琉球群島人民這種離心離德的傾向做出鎮壓），所以該是中國政府提出琉球群島回歸的問題了。

3. 堅決不允許再出現這種行為：今年 4 月前，中央高層曾和日本政府就東海分界線進行談判，差點落入日本想坐實琉球群島控制權的陰謀（說輕點，中共高層沒學過歷史。說重點，中共高層差點出賣了民族利益）。

（本文原載 2011 年 11 月 11 日中華網）

不滿小泉政策　與那國島欲獨立加入臺灣

中評社香港 1 月 8 日電／據臺灣媒體報導，位於日本西南方的與那國島居民，因不滿小泉政府的稅制改革計劃，日前提出脫離日本中央，加入臺灣的構想。

琉球人民要求獨立

綜合臺灣媒發自東京的報導指出，位處日本列島最西端的與那國島，由於和東京有兩千公里之遙，但和花蓮只有 110 公里的距離，因此居民心向臺灣，希望和臺灣有更多的交流。上個月十七日，島上居民召開一個「建設自己町村」的村民大會，提出許多要和大海對岸的花蓮交流的建議，琳瑯滿目，引起日本中央政府的震驚。他們不但提出「讓與那國島發行自己使用的護照」，還提出「發行和花蓮可以通用的貨幣」、「讓與那國島和

花蓮能自由往來」等等，與那國町町長外間守吉還在上個月 26 日
走訪花蓮市，希望能和花蓮加強交流。

　　據悉，與那國島這種近似獨立的構想，其來有自。在二次大
戰前，與那國島和臺灣有密切的貿易往來，臺灣豐富的資源，讓
這個海上孤島得以生存。但戰後日本政府畫定無形的國境線，使
得從與那國島到臺灣有如近在眼前、遠在天邊，島上的經濟狀況
也逐年惡化，人口由 1 萬多人大幅下降到 1 千 7 百多人。如今小
泉政府的稅制改革計畫，又要取消補助地方的經費，使當地經濟
更加差。

　　報導指出，去年 6 月，與那國島為了脫離困境，向中央政府
申請設立「交流特區」，並提出由島上一家海運公司，開闢與那
國島到花蓮的海上直航航線，以便利雙方往來。但這個提案卻遭
日本中央推翻。日本政府說，這是基於「國際航線安全考慮」，
不能讓與那國島私下設置和臺灣的海上航線。其實，到與那國
島，必須從石垣島搭船，路程遠比與那國到花蓮還遠，日本政府
以「安全問題」不批准，讓島民相當憤慨。

　　從那時起，外間守吉町長就想到「獨立運動」計畫，當然這
不是要脫離日本政府的主權管轄外，而是要以「獨立」作為與那
國島再興的籌碼，讓日本政府也開始注意這個問題。

　　　　　　　　　　　　（原載中國評論新聞網 2006 年 1 月 8 日）

琉球群島警察跟日本軍隊開戰要求獨立！

近日在日本某論壇瀏覽時看到有日本人反應琉球群島警察跟日軍隊「開戰」，要求獨立。當時嚇了一跳，不知道是真是假，下面看看沖繩人的看法。

雖然是 2010 年 9 月份的，但回復也有今年，甚至是昨天的。總之是與之前的相呼應了。近日在日本某論壇瀏覽時看到有日本人反應琉球群島警察跟日軍隊「開戰」，要求獨立。當時嚇了一跳，不知道是真是假，下面看看沖繩人的看法。雖然是 2010 年 9 月份的，但回復也有今年，甚至是昨天的。總之是與之前的相呼應了。

新沖繩獨立論

按照發帖的內容來看，該樓主是個沖繩人，雖然不能代表整個沖繩，但至少是能夠反應一部分沖繩人的思想觀念。從回復帖子的情況來看，可以印證在上次帖子中說過的，有部份日本人瞧不起沖繩人；而有部分沖繩人希望從日本獨立出來；又有一部份沖繩人嚮往中國。

（參見本書第 394 – 第 396 頁）

「琉球群島獨立」新運動及其獨立領袖

琉球美軍基地

琉球獨立運動又稱沖繩獨立運動，指的是沖繩及其附屬島嶼（琉球群島）脫離日本的獨立運動。在 1945 年太平洋戰爭結束後，該議題重新提出，部份琉球人認為，琉球理應永續以獨立國家存在而非在美軍佔領後歸還日本；而大多數期望盡早結束美軍佔領。

支持沖繩獨立運動的組織中，最著名的是琉球獨立黨（又名嘉利吉俱樂部），由野底武彥建立，現在的黨魁是屋良朝助。

1879 年，琉球遭日本吞併成立沖繩縣後，在薩摩藩、日本和中國等地有支持者要求琉球獨立的呼聲。琉球獨立運動最初起宣導者之一的永丘智太郎，習慣於「日琉同祖論」，並逐漸承認琉球民族是日本民族的旁支。但即使這樣，他仍舊主張從歷史角度，琉球應該以獨立的民族而發展。雖然明治時代以後，日本政府推行了同化政策，但二戰投降之後，「非日本人」思想復燃，希望依託美國重新建立獨立國家。

2005 年，琉球大學副教授林泉忠（Lim John Chuan-tiong）對 18 歲以上琉球人進行了電話調查，他收集了 1029 份有效回答，其中 40.6% 的人認為自己是琉球種族，而不是日本種族。24.9% 的人表示支持琉球獨立運動。（**本文原載於中華網 2009 年 5 月 5 日**）

琉球——摸索中的復國者

　　熟悉中國古代歷史的朋友們應該對琉球古國都有瞭解：西元 12 世紀琉球群島出現封建性質國家，1372 年琉球地區政府向明朝廷納貢，正式建立藩屬關係。1609–1654 年日本日本鹿兒島的薩摩藩侵佔琉球，中斷了 45 年的中琉朝貢體制恢復，琉球政府向清朝稱臣。1853 年美艦闖進琉球群島，當時地方政府採用中國紀年咸豐年號。1879 年日本吞併琉球進行所謂「廢藩置縣」殖民統治，並將琉球群島一分為二，歸鹿兒島縣和沖繩縣管轄，至此琉球國號在國際社會消聲匿跡。

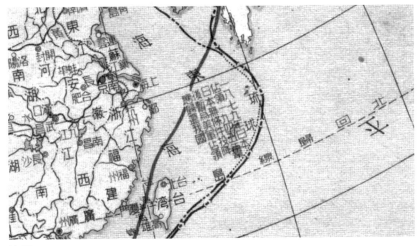

地圖

　　但中琉兩國人民將這一地區仍習慣性的稱謂琉球。1879–1945 年日本殖民當局對琉球進行了慘絕人寰的殖民化統治，強行同化。其間殘害琉球王室、滅亡琉球文化、屠殺琉球人民，尤以二

戰後期「沖繩海戰」最為慘烈。日軍燒毀琉球王宮，解散王宮衛隊，強迫琉球人跳崖自殺，或乾脆打死琉球人來應對琉球食物的缺乏。日本的大屠殺使琉球人口減少四份之一。對日開戰後美國羅斯福總統曾兩次提出琉球戰後回歸中國管轄，但出於種種原因，中國歷屆政府未能接管琉球。1945 年至 1972 年美國佔領琉球。隨著冷戰開始美日同盟關係加強，1970 年美日簽定《美日舊金山和約》，把琉球施政權交給日本，至今琉球群島仍是美軍在東亞乃至世界最大的軍事基地之一。

　　琉球在日佔及美日共管時期，曾經出現過形形色色的獨立及復國運動。1941 年 5 月，琉球青年同志會先後在琉球和臺灣兩地成立，其宗旨是：「鼓吹革命，解放琉球，歸屬中國，並啟發琉球之民族思想，擊破日本之侵略政策」。日本投降後，在琉球迅速出現驅逐日寇出境運動。琉球青年同志會領導人赤嶺親助被釋放出獄後，與喜友名嗣正等共同領導琉球獨立復國運動。同時，在琉球還出現了琉球人柴田米三等領導的「琉球民主黨」、牧志崇得等組織的「共和會」、大城安養等組織的「成人會」等，其宗旨均在啟蒙琉球人的民主自立精神。1947 年初，琉球青年同志會更名為「琉球革命同志會」，並向總統　蔣公送交請願書，呼籲政府收回琉球。但出於當時國際政治形勢，中國政府對於琉球問題一直若即若離，態度不夠明朗，直到七十年代，受國民黨公開支持的蔡璋「琉球復國運動」還有不少活動。

　　琉球問題困擾了幾代中琉人民，包括日本進步政黨也認同琉球是獨立國家或是中國領土。琉球歸屬問題是制約當代中國發展的一個潛在因素，釣魚島問題、東海劃界問題歸根結底都是琉球問題從中作梗。目前琉球本土民族意識復興，主張脫離美日管轄的政黨傾向於琉球復國並獨立建國，以沖繩海槽油氣田資源立

國並作為永久中立國。主要以琉球獨立黨為代表，詳見該黨黨章及相關網站。臺灣地方政府一直在琉球設立「中琉文經協會駐琉球辦事處」，但自民進黨執政開始為諂媚日本支持台獨，已改名「臺北駐日經濟文化代表處駐琉球辦事處」，間接承認了琉球歸屬於日本領土。中華人民共和國在離間美日同盟關係時曾發表評論員文章，要求美國歸還日本沖繩地區，釀成了歷史性的大錯。

　　中國網友極其關注琉球問題，主要觀點有：琉球地位未定論、琉球復國論、琉球獨立論、琉球回歸論。其中本人較贊同琉球地位未定論。琉球地區雖經日本強烈要求美軍撤至關島基地，但至今仍有大量的軍力存在。琉球獨立運動尚處文鬥階段，國際社會缺乏其活躍的政治土壤，沒有武力支援極易胎死腹中，且美日共管之下也很難通過公投來實現民族獨立。**琉球問題目前僅是中國制約日本在釣魚島問題、東海劃界問題上強硬態度的籌碼，政府尚不具備出面支持的國際政治空間。琉球地位未定論進可以支持琉球獨立、肢解日本，退可以掌控東海事態，運籌帷幄。**

　　中國民間對於琉球問題的關注達到前所未有的空前高峰，極大的填補了教科書上琉球問題一片空白的缺憾。支持琉球復國獨立是中國民族主義復興的必然結果，謀求最大的民族生存空間，為和平發展創造積極的國際環境。琉球處於美日共管之下，是對中國發展的極大制約，牽制中國發展潛力。且琉球獨立運動一旦星星之火引起燎原之勢，中國及琉球成犄角之勢，可以互為援手。最有爭議的觀點當屬琉球回歸論，縱觀當今世界，曾經的中國藩屬均已獨立，在國際社會上是平等的政治體。琉球回歸論的前提是琉球的事實獨立，然後根據中琉關係的發展，通過雙方高層討論來確定琉球歸屬。中琉一衣帶水歷史民俗相近，且有閩人三十六姓後裔血濃於水，琉球的歸屬應該是樂觀的。

　　但目前提出琉球回歸論，則是操之過急，很容易被日本人利用，作為宣傳「中國威脅論」的極好教材在琉球地區普及宣揚。琉球地區民族意識高漲，正在爭取民族獨立解放，豈容剛出狼窩，又入虎穴，必將引發琉球人極大的反感，對華產生不信任情緒及仇華情緒。這樣一來日本坐山觀虎鬥，兩敗俱傷正中了倭寇的詭計。06年底日本索要琉球珍寶事件藉所謂「日本沖繩」民眾託付即將就任的日本駐中國大使宮本雄二向北京故宮交涉，希望故宮院藏的「琉球珍寶榮歸故里」。

　　本人認為這是日本有預謀的製造琉球人反華情緒，當然已被我國擺平且在琉球地區沒有引起太大風波。日本狼子野心，路人皆知，我們應該更理智的看待琉球問題，而不能憑書生意氣，太阿倒持，授人以柄。

（本文原於中國戰略論壇 2011 年 4 月 25 日）

論戰後琉球獨立運動及琉球歸屬問題

琉球的戰略地位十分重要

　　琉球群島位於太平洋上、東海之中，面積約有 1291 平方公里，包括 470 多個島嶼，散佈在北緯 24 度至 31 度、東經 124 度至 131 度之間，自東北向西南蜿蜒橫列在日本九州鹿兒島與臺灣之間。按其位置的不同，琉球可分為北部群島、中部群島、南部群島。其最南端為與那國島，與中國臺灣省僅一水之隔，與中國福建省也是遙相呼應。遠在冰河時代，琉球和臺灣與中國大陸接壤，是亞洲大陸的邊沿，後因地殼變遷，陸地沉降，形成今日之東海，琉球遂成為孤懸太平洋的群島。第二次世界大戰期間，琉球群島雖然只有 70 萬人口，彈丸島嶼，星羅棋佈，但戰略地位卻十分重要。對於中國而言，它是一道保衛中國大陸的天然堤防。對於日本而言，它是保障日本安全的屏障，更是近代日本對外擴張的重要通道。如果說朝鮮是日本北進亞洲大陸的跳板，那麼，琉球和臺灣就是日本南侵東南亞的橋樑。琉球戰略位置的重要，可從戰爭後期美日爭奪琉球之激戰中得到驗證。日美琉球之戰，雙方出動兵力 20 萬，激戰 83 天，日軍以僅存的大和主力艦領導，編成特種混和艦隊，配以「神風特攻隊」，以自殺戰術對付佔絕對優勢的美國艦隊，戰鬥異常激烈，日軍損失 11 萬 5 千人，美軍亦陣亡 3 萬 5 千多人。當時，美國《紐約時報》指出：「琉球被美軍佔領之後，即可以獲得下述戰略價值：1. 成為空襲日本之一艘不動航空母艦，蓋大琉球島可以容納數以百計之轟炸機，且距離九州極近，又可運用中級轟炸機及戰鬥機襲擊日本工

業區及軍事要地；2.作為美國海軍基地，艦隊可以直達日本、中國黃海及朝鮮；3.成為兩棲部隊進抵日本作戰之補給站，不論這些部隊是來自西太平洋或假道中國海岸。」日本《讀賣新聞》也論稱：「大琉球島一失守，則日本將無扭轉戰局之希望。」事實上，琉球被美軍攻佔後，就成為一支直指日本心臟的匕首。琉球之戰結束後，日本未及進行所謂的「本土決戰」，就被迫投降了。琉球重要的戰略地位使其成為近代中日交涉的重要地區之一。

滿清政府「以夷制夷」導致琉球亡國

自古以來，琉球與中國一直保持著密切的關係，不但政治、經濟、文化、思想、宗教、風俗習慣等均源於中國，而且在血統上也與中國血肉相連。琉球人的祖先大部分來自中國福建，只有一部份來自朝鮮或南洋。琉球有中國血統36姓，綿延千年，實佔其人口之大半。自琉球與明朝結成朝貢關係至1580年（明朝萬曆三十七年）日本進攻琉球期間，琉球與中國關係最為密切。中國的政治、經濟、文化、宗教等對琉球產生了全面的影響。琉球察度王以來，政治上一切制度都仿照中國，包括階級官制、刑法、葬制、祭祀制度等；中國

琉球國服，全似漢服。

的孔孟之道深入琉球人心；中國佛教傳入琉球，與當地宗教交相融合；琉球的音樂、文藝、舞蹈、拳術等也深受中國影響。琉球的對外聯繫與貿易在此時也盛極一時。自 1432 年（明宣德七年）至 1570 年（明隆慶四年）的 138 年間，琉球先後派遣使者至安南、暹羅、太泥、蘇門答臘、巡達、爪哇等地達 60 次以上。德人李斯博士指出：「葡萄牙人未達麻六甲海峽以前，琉球人獨佔中國、日本、南洋間之貿易，那霸即為東亞貿易之一大市場。」

1580 年，日本豐臣秀吉為了準備侵略中國，遣使前往琉球，向琉球國強迫借兵七千及十個月的軍糧，並強迫琉球迅速朝拜日本。琉球王以琉球地小人稀，民生弊疲，難以供給兵糧為由，拒絕借日兵糧，也不願朝拜日本德川將軍。日本德川幕府遂命令日酋島津率兵三千，戰船百艘，直攻琉球諸島。琉球並無守備，日軍輕易登陸，直逼王城首里，琉球人奮起抵抗。

日軍圍城一月有餘，終於破城而入，擄琉球王而去，幽禁在日本江戶三年，逼迫立誓臣服，並歲輸八千石糧食以當納款。在琉球人抗擊日本侵略的過程中，華裔琉球人起了重要的作用。最為著名的是閩人卅六姓子孫鄭氏，率先舉旗進行反抗，終因力不敵眾而被捕。日軍對他施以殘酷的油釜極刑。英勇不屈的鄭氏奮力將兩個日本監刑吏一併拖入油釜，同歸於盡。此事在琉球廣為流傳，琉球的國徽是一個紅圓圈，內有三個黑色的 C，表示三人煎死後的情形，記錄的就是這極其淒慘的故事和可歌可泣的史實。

自此日本政治勢力侵入琉球，但中國與琉球的朝貢關係依然存在。同年，琉球尚甯王向明朝皇帝送呈「為急報倭亂敵緩貢情事」，說明琉球遭遇日本侵略及與日本交涉經過，請求「緩貢」。其後，琉球與中國仍然保持傳統朝貢關係，並稱「即以所逼誓文法章而言，亦無不准立國阻貢天朝之事。」1644 年，北京為農民起

義軍李自成攻破，明清改朝換代。琉球王一度視南明政權為明朝正統政權。1653 年（順治十年），琉球正式朝貢清朝，「順治十一年，冊封尚質為中山王。康熙二十一年，世子尚貞，請襲，遣官冊封，並御書中山世土四字賜之。雍正二年，賜以輯瑞球陽額，屢遣陪臣子弟官生入監讀書，令貢道由福建」，直至清中期，琉球雖然處在日本的壓迫之下，但始終承認中國為其宗主國。

進入近代，琉球又面臨歐美列強入侵的危機。據日本學者西里喜行統計，自 1843 年至 1859 年，共有英、美、法、俄等國的艦船 73 艘駛入琉球港口，不斷要求琉球無償提供糧食等必需品補給，並提出「和好、貿易、布教」等要求，顯現歐美列強欲將琉球作為其殖民地或「保護國」的野心。琉球當局開始曾將列強船隻航海而來看作一次性的寄港靠岸而加以接待，後發現他們「無故入境，初欲結好、貿易，次求格外保護，後要傳天主教。所稱言詞，反復無常，不可測度。不知至日後，若大總兵到國，將如何騷擾？」琉球國王反復密奏清朝，提出求援要求。然而，清政府在琉球問題上對列強交涉軟弱無力，歐美列強轉而直接與琉球交涉。1854 年 7 月 11 日，美國與琉球簽署《修好條約》。1855 年 10 月 15 日，法國以武力強迫琉球簽署《法琉修好條約》。琉球的歸屬問題除中日之爭外，又增添了新的因素。

1868 年日本明治維新以後，走上了資本主義發展道路，並向周邊拓展領土，琉球成為其實行擴張政策的首選之地。日本對於琉球的吞併，採取了蠶食的政策。1872 年，日本改琉球國為「琉球藩」，其統轄權由薩摩藩轉歸日本政府，為了穩定琉球人心，曾允諾「國體政體永不改變」。1874 年，日本藉口琉球漂流民事件侵犯臺灣，逼迫滿清政府簽訂《北京專條》，由於該條約載有將日軍侵台稱為「保民義舉」的字樣，日本據此認為清政府已承

認琉球是日本的屬國。1875 年 7 月，日本頒佈「達書令」，禁止琉球向清朝朝貢和在皇帝即位時派遣慶賀使，禁止琉球接受中國的冊封，廢除作為朝貢貿易據點的福州琉球館，對琉球的統轄權也進而由外務省交給內務省。

日本之舉使琉球君臣大為震驚。1876 年，琉球國王秘密派遣幸地親方（尚德宏）、蔡大鼎、林世功等渡海至中國，到福州後會同琉球進貢使節毛精長，向清朝總理衙門提出請願書，抗議日本對琉球的吞併，要求清朝採取有效措施，保存琉球國體，恢復舊制。1877 年冬，清政府駐日公使何如璋抵達日本神戶，琉球國大臣馬兼半夜來到使臣船上，伏地痛哭，拿出琉球國王密函，內稱：日本阻止琉球向中國朝貢，且要廢藩，終必亡國，向中國使臣求救。琉球問題遂成為中日兩國的重大交涉事件。

面對危局，滿清政府駐日公使署力主對日採取強硬政策。公使署黃遵憲撰寫《論琉事書》指出：

> 今日本國勢未定，兵力未強，與日爭衡，猶可克也，隱忍容之，養虎坐大，勢將不可複製。況琉球迫近臺灣，若專為日本屬，改郡縣，練民兵，資以船炮，擾我邊陲，台澎之間，將求一夕之安而不可得。即為臺灣計，今日爭之，其患猶紆；今日棄之，其患更亟也。

駐日公使署提出處理琉球問題的上中下三策：上策，一面與日本交涉，一面派兵船到琉球壓其朝貢，向日本暗示中國不會退讓；中策，如果對日交涉無效，即與琉球約定，以琉球向中國求援之勢相抗，日本如果進攻琉球，中國即出偏師與琉球內外夾攻，逼日議和；下策，邀請各國使臣進行批評和斡旋，使日理屈後退，琉球倖存。並建議政府採用上、中策。然而，當時清政府正陷於中俄伊犁交涉，並企圖實施「聯日制俄」的外交策略，沒

有採納駐日公使署的主張，決定「不宜遽思動武」，「以據理詰問為正辦」，坐失遏制日本擴展勢力的有利時機。

　　1879 年 3 月，日本出動軍隊強制推行「藩王上京」。4 月，更是斷然實施「廢藩置縣」，廢除琉球藩，設置沖繩縣，將其納入日本政府中央集權體制之中。中日間為此展開一系列交涉。5 月 10 日，清政府總理事務衙門向日本駐華公使遞交抗議書，內稱：琉球一國，世受中國冊封，奉中國正朔，朝貢中國於今已數百年，天下之國所共知也。中國除受其職貢外，其國之政教禁令，悉聽自為，中國蓋認其自為一國也。即與中國並貴國換約之各國，亦有與琉球換約者，各國亦認其自為一國也。琉球既服中國，而又服於貴國，中國知之而未嘗罪之，此其中國認其自為一國之明證也。琉球既為中國並各國認其自為一國，其入貢中國一層，於中國無足輕重也。今琉球有何得罪於貴國，而一旦廢為郡縣，固與修好條規第一款所云：兩國所屬邦土，以禮相待語不符，且琉球既為中國並各國認其自為一國，乃貴國無端滅人之國，絕人之祀，是貴國蔑視中國並各國也。日本政府的答覆是：琉球廢藩置縣，是日本國內政問題，與中國無關。對於日本的「內政說」，中國駐日公使何如璋提出強烈批評並駁斥說：「貴國之列在版圖者，自稱內政可也。琉球孤懸海中，從古至今自為一國，即封貢於我，為我藩屬，其國中之政教禁令，亦聽其自治。論其名義，則於我為服屬之國，論其政事，則琉球實自為一國。」中日雙方各執其辭，爭執不已。

　　其時，恰逢美國前總統格蘭特訪問中國、日本。主持清政府外交的李鴻章邀請格蘭特出面調解琉球問題。他對格蘭特說：「琉球向來受封中國，今日本無故廢滅，違背公法，實為各國所無之事。」格蘭特表示願意在中日間「秉公持議」。格蘭特提出

了「琉球三分說」，即琉球本分三部，「將中部歸琉球，立君復國，中日兩國各設領事保護之；其南部近臺灣，為中國要地，割隸中國；北部近薩摩，為日本要地，割隸日本。」日本政府並不贊成格蘭特的「琉球三分說」，復利用這一對其有利的方案，將其改編為「二分論」，即日本願意把琉球群島最南端的宮古列島及八重山劃歸中國，中國應承認琉球其餘領土歸屬日本；清政府應同意修改 1871 年《中日條約和通商章程》，取消禁止日商深入中國內地的限制，給予日本「利益均沾」特權等。日本利用中國深陷中俄新疆伊犁爭執、無暇東顧的有利時機和在事實上佔領琉球群島的有利態勢，實行強硬外交，逼迫中國讓步。

　　1880 年 8 月和 10 月，清政府總理衙門與日本駐華公使進行了 8 次談判，歷時 3 個月，基本採用日本的「琉球二分論」，草簽了《琉球專條》，約定條約簽訂 3 個月內由雙方政府批准生效。

　　清政府總理衙門的妥協外交，引起朝廷內部的反對聲浪。對清政府外交決策有著重要影響力的南、北洋大臣對此結果均持反對態度。此時，中俄伊犁交涉初步達成協議，日俄聯合對華局面一時難以形成。北洋大臣李鴻章突然提出「聯俄制日」的外交主張，改而反對在琉球問題上妥協。李鴻章奏稱：「與其多讓與日，而日不能助我以拒俄，則我既失之於日，又將失之於俄，

李鴻章

何如稍讓於俄，而我因得以懾日。」李鴻章認為：「中國以存琉球宗社為重，本非利其土地，今得南島以封琉，而琉人不願，勢在必行不能不派員管理」，如此中國必須派兵守宮古、八重山兩南島，將加重中國兵餉負擔，而且難以應付太平洋國際形勢，如果日本「能竟釋琉球國王，畀以中南兩島，復為一國，其利害尚足相抵，或可勉強允許。不然，彼享其利，我受其害，且並失我內地之利，竊所不取也。」主張「日本議結琉球之案，暫宜緩允。」此議使清政府對琉球案的決定發生動搖，最後決定拒絕批准總理衙門與日本方面議定的《琉球專條》。1881 年 1 月 20 日，日本公使憤然歸國，並威脅說：「中國自棄前議，今後琉球一案，理當永遠無復異議。」中日交涉破裂。

琉球革命同志會上書國府籲請早日收回琉球

日本吞併琉球的舉措遭到了琉球朝野的強烈抗議。琉球國王派遣的秘密使臣加緊了在中國的請願活動。據日本學者赤嶺守教授統計，自 1879 年至 1885 年，琉球使臣分別向清朝總理衙門、禮部以及李鴻章、左宗棠、許景澄、錫珍等清朝高官遞呈請願書 28 份，這些請願書均以琉球國王名義，闡述「復國」、「復君」之大義，強調除宗主國直接介入外，別無救國良策。1880 年 11 月 20 日，琉球使臣林世功決意以死請求清朝挽救琉球，其請願文如下：

左宗棠

> 稟為以一死，泣請天恩，迅賜救主存國，以全臣節事。竊功因主辱國亡，已於客九月，隨同前進貢正使

耳目官毛精長等，改裝入都，迭次匍叩憲轅，號乞賜救，各在案。惟是作何辦法，尚未蒙諭示。昕夕焦灼，寢饋俱廢，泣念功奉主命，抵閩告急（已歷）三年，不圖敝國慘遭難，日人益鴟張。一則宗社成墟；二則國主世子見執東行；繼則百姓受其毒虐，皆由功不能痛哭救所，已屬死有餘罪，顧國主未返，世子拘留，猶期雪恥以圖存，未敢捐軀以塞責。今晉京守候，又逾一載，仍復未克濟事，何以為臣計？惟有以死泣請王爺暨大人俯准，據情具題，傳召駐京倭使，論之以大義，威之以聲靈，妥為籌辦，還我君主，復我國都，人全臣節，則功雖死無憾矣。

　　但因清政府在琉球問題上舉棋不定，這些請願活動均無效果。日本為穩固對琉球的控制，殘酷鎮壓反日鬥爭，禁止琉球人集會結社，迫使琉球的民族獨立運動漸

前往中國求援的琉球復國運動菁英

次轉為地下。琉球民族志士毛允良等組織「結盟黨」，以非常手段襲擊殺傷侵佔琉球的日本人。八百多不甘屈服的琉球志士復秘密渡海至中國，從事琉球獨立復國運動。中國福州琉球館的崇報祠內設立有不少此等志士的牌位。

　　日本併吞琉球之後，琉球人民爭取獨立復國的鬥爭始終沒有

停止。第二次世界大戰期間，隨著戰爭局勢的推進，琉球獨立運動有所發展。1941 年 5 月，琉球青年同志會先後在琉球和臺灣兩地成立，初有成員三十人，其宗旨是：「鼓吹革命，解放琉球，歸屬中國，並啟發琉球之民族思想，擊破日本之侵略政策」。後該會成員刺探日本軍情，事機不密，其領導人赤嶺親助等二人被捕，日寇以「外患預備罪」判徒刑五年，並以武力解散該會。

　　戰爭結束前後，美、日軍隊在琉球進行激戰之時，數十年來被日本政府歧視和施以差別待遇的琉球人的憤怒像火山一樣爆發出來。三千琉球學生奮起協助美軍攻擊日本軍隊。日本投降後，在琉球迅速出現驅逐日寇出境運動。琉球青年同志會領導人赤嶺親助被釋放出獄後，與喜友名嗣正（蔡璋）等共同領導琉球獨立復國運動。琉球青年同志會迅速恢復活動，很快發展壯大為六百餘人。同時，在琉球還出現了琉球人柴田米三等領導的「琉球民主黨」、牧志崇得等組織的「共和會」、大城安養等組織的「成人會」等，其宗旨均在啟蒙琉球人的民主自立精神。

　　在這些黨派中，最為活躍的是琉球青年同志會。1947 年初，該會更名為「琉球革命同志會」，成員發展至 6800 餘人，在琉球和臺灣兩地積極開展琉球獨立運動。1947 年 5 月，該會呈文國民政府，籲請中央政府在討論對日和約時將琉球問題列入議題。8 月，又籲請美國總統特使魏德邁將軍合理解決琉球問題，並由中國外交部轉交建議書 1 份。同月，琉球與那國島石原等 13 人到臺灣報告，表示琉球同胞一致要求歸屬中國，要求迅速將此強烈願望轉報中央政府。在此期間，該會為了幫助國民政府全面瞭解琉球情況，推動政府迅速制定琉球政策，還擬具了《琉球與中國之關係》的長篇文件。內容分列前言、琉球之歷史、琉球之文化、琉球之地志、琉球群島之戰備價值、琉球之產業經濟、琉球之民

族運動、琉球之現狀、結言等部分，內又分列小目，詳盡介紹了琉球的概況，並附相關文獻。該文在結言中，沉痛指出：「看琉球歷史，可知他與中國一千年來息息相關，琉球之地理形勢，於中國國防上是一道太平洋上不可或缺的堤防，琉球民族運動之目標，在爭取琉球歸還祖國。今天琉球雖已掙脫日本之統治，但投入祖國懷抱，建立中琉一體之最終目的尚未達到，誠不吾輩同志最引為憾者。」「際茲國際形勢蕩動不停，對日和約也未簽訂，琉球歸屬問題尚未解決，琉球人民無不坐臥不安，轉代表 70 萬同胞謹呈如上，伏望祖國政府懷緬往昔，檢討現在，儘量採摘，從速收復琉球，則祖國幸甚！琉球幸甚！」

1948 年 7 月 25 日，琉球同胞喜友名嗣正、慶田嵩熏、久貝清德、我那霸生康、島袋松助等 17 人以「琉球人民代表」身份聯名向新當選的中國行憲政府總統　蔣介石送交請願書，呼籲政府收回琉球。（見本書第 198–199 頁）

該請願書情真意切，表達了琉球民眾回歸中國的緊迫心情。

當時，由於琉球歸屬問題未定，中國國民黨當局對在臺灣的琉球同胞的請願並無明確政策。1945 年 11 月，臺灣省政府一度決定將在台琉球同胞遣送回琉球，使琉球僑民遭受了重大打擊。後又對留用琉球同胞的行動、居住及工作機會等施以嚴格的管理，「因之彼等生活上及精神上均感到無限痛苦，而致常發生被留用琉籍技術人員逃亡及一般琉人走私等弊端。」1948 年 7 月 27 日，琉球革命同志會會長喜友名嗣正（蔡璋）等拜會中國國民黨中央秘書處，就在臺灣的琉球同胞待遇問題口頭提出五點要求。8 月 9 日，喜友名嗣正上書中國國民黨中央黨部、總統府、內政部、外交部，呈請早日收回琉球，使琉人得與內地人民立於同等地位，並正式提出六項要求：

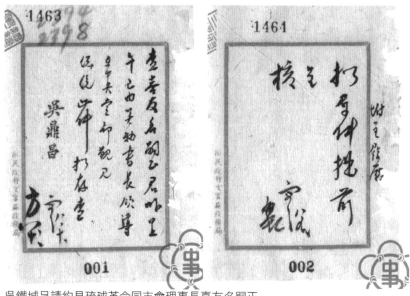

吳鐵城呈請約見琉球革命同志會理事長喜友名嗣正

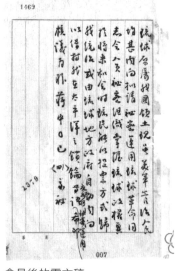

會見後的電文稿

1. 請修正臺灣省僱用琉籍技術人員規定規則，船隻僱用琉籍技術人員最多不超過三份之二，並准僱用人員在被僱用市、鎮內居住；

2. 請准許被留用之琉籍技術人員攜眷在各僱用轄區內居住（但可規定來台後不得任意返琉）；

3. 請臺灣省政府與琉球民政府交涉，准許中國政府留用之琉籍技術人員送回用品交其留居琉球之家中應用；

4. 請准許琉人自願加入中國國

籍；

　　5. 請指定機關與琉球回歸祖國運動之團體聯絡，並指導其組訓工作；

　　6. 請政府設法便利前項回歸祖國運動團體之同志來往於琉球臺灣間，以利工作。

　　並指出「倘蒙賜准辦理，即足以普遍爭取琉人內向情緒，使回歸祖國統一國運動順利擴展，故不僅解除琉人痛苦與消弭弊端而已。」

　　中國國民黨中央秘書處會同有關機關商議後，對此案擬定辦法如下：關於如何運用琉僑革命團體，規定先由臺灣省黨部擬具草案，然後召集各有關機關商討決定之；關於琉籍技術留用人員的作用及居住問題，規定琉籍船員不予比例限制，但在 20 噸以上之船隻，華籍船員不得少過 5 名，20 噸以下之船隻華籍船員不得少過 3 名，由各地漁會及僱主商討指定其居住地區，並應在各當地最高行政機關登記；關於接濟在琉眷屬日用品問題，規定每月由僱用人員自行設法安排船隻，運送接濟品一次，但事先應報經本部核准，然後會同海關及憲警查驗放行；同時還對選派小學教師赴琉施教、處理不法琉人、優待無職業琉人等作出了規定。這些規定對於穩定在台琉球同胞人心起了積極的作用。

　　然而，中國官方對於如何運用琉球獨立運動，收回琉球問題卻反應遲緩。直至 1948 年 6 月 17 日，中國國民黨最高領導人蔣介石始致電國民黨中央秘書處吳鐵城，內稱：「據密報稱，琉球原屬我國領土，現雖美軍管治，人民均甚內向，擬請秘密運用琉球革命同志會人員秘密掌握琉球政權，冀於將來和會時，琉民能以投票方式歸我統治，或由琉球地方政府自動內向，以保持我在太平洋之鎖鑰等語，應如何秘密運用，希即核議為盼。」蔣介石

並沒有表示明確的導向性意見。8 月 5 日，吳鐵城將此電秘密轉送行政院長翁文灝、外交部長王世杰，「希惠示值卓見，以便會商研究為幸」，也沒有提出具體的主導性意見。在相關檔案中未能找到此後處理此案的下文，或許還有待於我們進一步挖掘相關的檔案，也或許是由於當時國共內戰已入生死決戰階段，國民政府已經無力兼顧琉球問題。以後的歷史事實證明，琉球獨立運動並沒有得到進一步的發展，中國國民黨最高層關於運用琉球革命同志會人員秘密掌握琉球政權的構想沒有成為現實。

國府高層缺乏海洋意識和海權思想

太平洋戰爭爆發後，國民政府高度重視對美外交，幾乎傾以全力，外交部長宋子文常駐美國，集中處理對美事務，這應該有其合理性。但顯然，在這重要的歷史階段，國民政府對於中國周邊外交的重視程度不夠，缺乏總體的戰略考慮、設計和運籌，尤其是對琉球問題缺乏明確而堅定的政策。1942 年 1 月 29 日，中國國民政府在《外交部修正擬定解決中日問題之基本原則》的文件中明確表示：琉球劃歸日本，但須受兩項限制：1. 不得設防，並由軍縮委員會議設置分會加以監督；2. 對於琉球人民不得有差別待遇，一切應遵照少數民族問題原則處理。反映了當時政府層面還沒有將收復琉球列為中國抗戰的戰略目標之一。同年 6 月，美國駐華使館三等秘書謝偉思在給大使館所寫的備忘錄中也提到，中國外交部亞東司司長楊雲竹曾在會談中表示：「琉球居民不是中國人」，琉球「已經同中國完全分開有 80 多年了，事實上已經是日本的一部份，並在地理上與之緊密地聯繫在一起」，這顯然也絕非他個人的意見。

但同時中國國內出現了要求收復琉球的強烈呼聲。美國駐華大使高斯向國務卿報告，中國《大公報》刊載文章，要求中國

在戰後和約中將琉球從日本脫離出來，並向外交部亞東司呼籲要求收回琉球群島。這對政府的外交決策產生了重要的影響。1942年11月3日，國民政府外交部長宋子文從美國回國，在新聞發佈會上對中外記者表示：在戰爭結束後，中國將收回東北和臺灣及琉球群島，朝鮮也將獲得獨立。1943年，蔣介石發表《中國之命運》一書，提及琉球問題，稱：「以國際之需要而論上述完整山河系統，如有一個區域受異族之佔據，則全民族、全國家即失去天然之屏障，河、淮、江、漢之間，無一處可以作鞏固之邊防，所以琉球、臺灣澎湖、東北、內外蒙古、新疆、西藏，無一處不是保衛民族生存之要塞，這些地方之割裂，即為中國國防之撤除。」這是中國國民黨最高領導人在戰時的公開文件中首次比較明確地提出琉球事關中國國防，表達了中國要求收復琉球的意向。這些動態顯然對美國政府和羅斯福總統產生了一定的影響。然而，就現有史料觀察，中國官方本身卻尚未形成收復琉球的明確的外交對策。1943年11月23日，蔣介石與羅斯福在開羅會議期間舉行秘密會談，在討論中國收復失地問題時曾涉及琉球歸屬問題。關於琉球群島，蔣介石顯然準備不足，而是含糊答稱：中國願將琉球先由中美佔領，再按國際託管辦法，交由中美共同管理。中美雙方沒有達成具有國際法意義的法律文件，《開羅宣言》沒有涉及琉球歸屬問題。隨後的《波茨坦宣言》和《雅爾達協定》也都沒有涉及琉球問題。這意味著中國失去了在戰時有利條件下爭取收回琉球的最好時機。

　　戰後，由於美蘇冷戰逐步升級，對日和約問題遲遲不能提出討論，琉球問題也就遲遲不能提上議事日程。1947年7月16日，美國政府突然致函遠東委員會各國：建議8月19日在美國舉行對日和會，由遠東委員會11國參加。由於美、蘇圍繞著和約起草程

式的爭執以及表決制的分歧，該會議未能如期舉行。但此事還是推動了中國國民政府關於對日和約的準備工作。其時，面對美國獨佔琉球和對日和約即將開議的局面，中國國內再次出現要求收回琉球的運動。國民政府監察委員于樹德、王宣等提出《對日和約意見》，強調中國政府應該主張「琉球與我國有一千多年的歷史關係，仍應歸屬中國。」9 月 23 日，中國國民參政會通過《對日和約建議案》，也明確建議「開羅會議規定日本領土以外之各島應適用託管制，琉球應託中國管理。」

　　在這樣的背景下，9 月 14 日、19 日、30 日，中國國民政府外交部主持舉行了 3 次對日和約審議委員會談話會，邀集軍政要員、社會名流、學界重鎮磋商政府的對日方針，在談到日本領土問題時，著重討論了琉球問題。根據《開羅宣言》和《波茨坦公告》，中國東北、臺灣及澎湖歸還中國，朝鮮獨立，千島群島劃歸蘇聯已成定論，有爭議者主要是琉球、小笠原群島、伊豆七島、濟州島、對馬島以及千島群島南部諸小島的歸屬問題。關於琉球，外交部提出 3 個方案以供討論：1. 是否一部或全部要求收回？2. 是否共管？3. 是否託管？會上出現意見分歧。一種意見強烈主張收回，認為琉球與中國關係密切，歸還中國是上策，由中國託管是中策，由中國託管、以沖繩作美國基地是下策。「中國若不收回琉球，就不能成為太平洋國家。琉球若給日本拿去，臺灣就危險了。」主張中國可支持美國對於小笠原群島、伊豆七島的要求和蘇聯對於千島群島南部諸小島的要求，換取他們對於中國收回琉球的要求。另一種意見主張對琉球實行託管，具體辦法有兩種：一種意見認為「應該由中國託管，將來再使她如巴基斯坦一樣獲得獨立，若成為自治領更好」；一種意見則主張「琉球可交聯合國託管，但中國要保有一份權利，力爭收歸我有，則可

不必，因為就實力言，我們沒有海軍，把它拿過來也無大用」。

10 月 18 日，國民政府行政院長張群在國民參政會上報告：「琉球群島與我國關係最切」，「琉球群島的前途的解決，不外乎中國收回，或中美共管，或聯合國託管三種方式，政府對這個問題政權密切注意，無論如何必反對該群島歸給日本。」然而，國民政府最終是否形成結論性意見以及是怎樣的結論，就目前我們所見的史料看，還不得而知。1949 年底，國民政府退守臺灣，更加無力和無意去考慮琉球問題了。

由於歷史原因，中國並未參加 1951 年 9 月 52 國在美國舊金山舉行的對日和會，而是由當時臺灣當局與日本政府單獨談判締結「和平條約」，由於在對日談判中處於不利的地位，中華民國政府實際上並沒有提出琉球歸屬問題，同時也沒有與美國交涉琉球的歸屬問題。《舊金山對日和約》的有關規定沒有公開提出琉球等託管地的主權問題，只是確保美國在琉球的各項具體權利，達到了美國在琉球行使主權性質管理的戰略目標，同時也為日後日本重佔琉球奠定了基礎。戰後，琉球長期在美國佔領之下。七十年代初，琉球由美國交給日本政府接收，現為日本沖繩縣。

綜觀國民政府在戰時及戰後處理琉球問題的歷史過程，可以斷論政府高層缺乏海洋意識和海權思想，對於收復琉球的戰略意義沒有充分認識，在重視對美外交的同時，沒有對周邊外交給予足夠的重視，缺乏周全的戰略設計和堅定的外交政策，在外交決策上存在重大失誤，失去了中國收回琉球群島的大好時機。戰後，由中國收回琉球群島，合法、合理、合情，如果當時能夠解決該問題，那麼，釣魚島就成為中國內海之中一小島，也就沒有今天的中日爭端了。

（本文作者為復旦大學國際問題研究院教授石源華）

國民政府力爭琉球
主權立場之起伏

一九四七至四八年國府收回琉球之姿態

1947 年 7 月 1 日

臺灣省參議會電告福建省參議會，誓死反對日本企圖共管琉球、移民臺灣。省參議會電覆贊同。

1947 年 9 月 23 日

國民參政會通過建議，要求在對日和約中規定琉球應交我國託管。

1947 年 10 月 8 日

行政院長張群在出席參政會駐委會的外交報告中，特別提出琉球問題，認為琉球與我國關係特殊，應歸還我國。

1947 年 10 月 18 日

行政院院長張群於出席國民參政會駐會委員會第七次會議，在報告行政院工作情況時，曾經說到琉球群島與我國關係特殊，應歸還我國。

10 月 26 日

琉球革命同志會在臺北向行政院長張群遞文，盼收回琉球。

12 月 1 日

臺灣參議會請求收回琉球。

1948 年 4 月

中華民國政府通過了要求將琉球返還中國的決議案。

琉球革命同志會斥日本狼子野心

　　現在日本因兩年來聯合國的寬大管理，遂致公然主張共管琉球及獲得臺灣移民特權。可見帝國主義的侵略野心未泯，其無恥媚態的傳統行已經充份顯露。日本政府於再行侵略的計畫下，從日本與琉球文化、歷史、民族上的密切關係泣訴，並建議適用「大西洋憲章」中的「凡與人民自由意識不合者領土不能變更」一章，自行露出帝制陰謀的馬腳。其覬覦臺灣、琉球的政策令人可以窺見其稱霸亞洲的野心復萌。凡愛好和平的吾人同志，應該為世界和平計，作正義和公道的主張，協力打碎這個荒謬絕倫的無恥企圖。

　　日本政府所主張的琉球與日本的歷史，文化及民族上的密切關係，究竟是些什麼呢？關於此三點我們在這裡加以簡要的說明，以資嚴正駁斥日本的無恥企圖。先就歷史關係言，琉球自天孫子時代起至琉球王察度王代為止，是一完全獨立的王國，其間和日本雖有貿易，對外關係始終是對等的。洪武五年（一三七二）明太祖與琉球王察度訂服屬之誼，以後五百多年，琉球與中國結成父子的關係，曾舉中琉一體之成果。當時琉球的三王，即山南、中山、山北三王，均向中國進貢，派學生到中國留學，學習文物（秦瀛案：當為文化），又請明帝把閩人三十六姓賜給琉球，獎勵航海，養成通譯，制定禮樂，國俗大改，文教甚盛。明成祖曾遣行人時中奉詔到琉球，賜以布帛，使祭先王察度，封武寧王為琉球中山王。琉球的正史《球陽》，《琉球歷代寶案》及韓國的《李朝世宗實錄》載有中琉一體史實。

萬曆三十七年（一六零九）日本作為侵略中國之前提，遂攻侵琉球。其史實見於《兩朝平壤錄》，《明政統宗》，《陽秋》，《大三川志附錄》，《島津貴久記》，《舊章雜年記》等書。茲將萬曆年間以來至清光緒五年日本對琉政策列舉于左：

琉球國王城遺址

一、逮捕琉球王尚寧，送往日本江戶，幽囚兩年，琉球的烈士鄭迴等處極刑。（為琉球國徽三巴之由來）實行丈量琉球諸島地畝，強迫琉球每年對於日本作大量的進貢，分割奄美大島五島為直轄殖民地。直到清朝光緒年間，大島因日本實行苛刻的糖業政策而變成完全的奴隸。（大島島志）

二、焚毀迄萬曆三十七年為止的中琉關係的貴重史實文獻。實施地租、人頭稅、物產稅、船稅等苛刻稅制。這種虐政使琉球發生墮胎的風俗，人頭稅的苛刻，可由現在遺留在琉球諸島的「人量田」，「琉球婦女文身之動機」，悲慘的哀曲「琉球民謠」及光緒十九年琉球關於改正稅制致日本的請願書等文獻而窺見。（琉球古文書）

三、順治七年（一六五零年）脅迫琉球宰相，使依照歪曲了的史實而編纂《正史中山世鑒》。日本在韓國也做過捏造史實的事情。這是日本帝國主義的常用手段。

四、監視琉球的國際貿易，壟斷琉球的貿易利潤。禁止派赴中國的留學生，禁止使用三十六姓。改正國學。限制對外貿易。

改變風俗。

　　以上所述，可見日本對於琉球所實行的是「不使見」，「不使聞」，「不使言」的三大愚民政策。同治十年（一八七一年）琉球宮古島的帆船在臺灣海面遇難，船上的人被未開化的高山族殺害，當時日本藉口保護琉球，曾對中國提出抗議，一方面為討好於琉球，贈以六百噸的輪船一艘，其用意當然為琉球人所瞭解，不過是欲以懷柔政策，而實現其侵略。同治十三年侵攻臺灣後，其狐狸尾巴就露出來了。

　　其攻臺灣，實乃奪取琉球的伏線。後來日本就急速進行其攻佔琉球的步驟，促使琉球三司官等赴日，嚴厲命令「以後琉球須與中國斷絕交通。」當時琉球，有四十萬人極力反對歸屬日本，就中先烈謝花昇，三司官毛允良等有志之士曾血書向清朝及歐美各國陳情，反對隸屬日本。中國政府鑒於琉胞的忠忱，曾懇來華遊歷的美國總統格蘭特將軍從事調停，經過幾許周折，終未挫其野心。茲將日本在琉球淪陷中對琉所施各項政策如左：

　　一、逮捕親華派，反對此舉之琉胞六百人均到中國福建，自動歸化。（福州琉球館志）

　　二、禁止與漢民族類似的風俗習慣。實行所謂「皇民化運動」。

　　三、甲午之役，琉胞因不忘中國鴻恩，曾將秘密募得的軍資供給中國，為日本政府所知而受嚴懲。

　　四、稅制苛刻，不實施國家建設。軍隊中及行政上的差別待遇，琉球人中無一人做事務官。琉球的行政，經商都由日人獨佔，遂發生所謂「琉球蘇鐵地獄」的悲劇。

　　五、工銀制度上所見對於琉球人的蔑視。琉球人在日本的社

會地位，事實上在臺胞及韓人以下，有志的琉胞皆赴海外發展，喊叫著「我們的故鄉是五大洲」，將苦悶寄託于波濤。

　　從歷史上看到的日本與琉球的密切關係，實是「榨取者」和「被榨取者」的關係，這是一到琉球就會感覺到的。疲敝困憊的琉球民生與暴虐的遺跡，不是已說明了嗎？其次說說琉球與日本在文化上有怎樣的關係。如果看見琉球的文獻，如《御諸雙紙》，《中山世鑒》是用日文編纂，便以為日本文化在琉球已根深蒂固，這是不明白琉球事情的。對文化不能作這樣淺薄的觀察。文化和政治經濟是不可分的。琉球文獻史籍大部分是萬曆三十七年以後的東西，因而曾受當時政治的影響極大。如說琉球有日本文化的一面，這當然是萬曆以後的產物，因此而律一切，是極大的誤謬。今試從文化方面研究一下琉球的「文化面」。

　　一、言語，受了兩屬時代的影響，混雜著中國語和日本語。與此兩屬圈距離較遠的琉球先島諸島，則保有琉球獨特的言語。這是看其音韻轉訛的過程而可充份理解的。

　　二、《球陽》所載各種風俗事項大抵歪曲事實，《世法錄》，《聘使略》等書關於風俗的記載最好。察度王代，尚泰王代，尚真王代的箭鏃，全是中國式。階級制度是尚真王三十三年所制定。王子（正一品），按司（從一品），三司官（正二品），親方（從二品），親雲上（由三品至七品），里之子（八品），築登之（九品）。龍頭金簪制，正中結髮的風習，帕的制度，冠服樣式，文藝（國學一切中文、中音，不剃髮的制度），（向、翁、毛、馬四姓氏）刑法、葬制、飲食、祭禮、舞踴、唐手（拳法）、爬龍船（年中行事）等，都表示中琉一體的事實。

　　三、宗教在古琉球，經過自然教，精靈崇拜祖靈崇拜等的信仰歷程，而受國家的統一，曾為女君、祝女、大阿母、諸洛克莫

依等女權所支配。也有石敢當、石獅子、柴插等咒物崇拜。琉球
察度王二十三年，派官生到國子監學習，得到閩人三十六姓之歸
化，大行改革文物制度，儒教道德薰染全琉民心，對於教育大有
影響。又在各地修建聖廟，後代雖有人傳播日本神教及基督教，
然而孔孟之道薰染人心既久，他教不能遽然得勢。

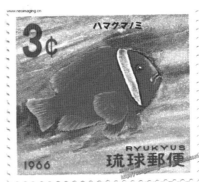

琉球群島獨立發行的郵票

　　四、歌謠隨著五百年前由中國傳來的三弦的普及而勃興，採
用樂譜「工工四」的琉球音曲，很能表現民族精神。然而三百年
日本的壓迫榨取政策，也反映在這些歌謠上面，成為慘不忍聞的
哀曲，證明當時日本對琉政策的苛刻。

　　要之，如果檢討琉球的文化面，充滿著可以看出日本虐政的
事實。琉球和日本的文化關係，盡是日本文化的跋扈跳樑，決不
是琉球民族文化的興隆，也不是其成果。日本政府倘若關於琉球
與日本在文化上的密切關係，用「歷史證明與證件」支持其立場
時，則卻成為適足證明侵略琉球的反證。

　　再就民族關係試行檢討，我們看看現在琉球人的骨骼、身
體、血液、沒有一樣和日本人相同的。現在琉球人六十萬裡頭，

有中國三十六姓系統六份之三，北方系六份之一，南方系六份之一，雜系六份之一。光緒三十年在琉球荻堂發現了土器、石斧、牙的裝飾的遺物，經考古學的研究成果，證明琉球曾有埃奴人居住過。埃奴族為優秀的南島人所同化，殆已失掉其遺跡了。僅能在琉球人身體上看到一點。看琉球人的家譜，大概都是三十六姓系統（福建）。現在琉球人還祭祀孔子，說明什麼？琉球人是厭惡日本人，崇敬中國人，是什麼意思呢？這是中國民族性偉大的證據。

琉球學館

　　日本企圖使琉球再歸日本，不過要以上述條件而遂其野心，是不可能的。其企圖，乃無視民族生存的不法行為，為吾等同志所不能承認。凡生於亞東的人，想起以往日本帝制派蠶食東亞的歷史及其與東亞之血逆行的野蠻行為，則思過半矣。

認真主張民主民權的日本兄弟們，也當然能正視此事實。我們琉胞在過去四百年裡，曾呻吟於筆墨口舌所不能盡述的民族艱苦之下，對這嚴峻的事實不能閉自不看。日本要是知恥，就不會有上述的企圖和主張。聯合國的寬大的處置，並不是為了教日本的言行可以放肆。日本倘若利用目下微妙的國際情勢，在各方面實行其傳統的媚態外交和秘密工作，則將來日本所受慘禍，必較現在加倍，是可以預料的。我們想，日本置喙琉球的歸屬問題以前，先忠實遵守波茨坦宣言，由日本人民之手而建設和平民主的新日本，總是最緊要的課題呢。如有醉心黷武，迷信帝國主義者，吾等同志必斷然予以擊碎。

北緯三十度以南至與那國島，是琉球古代領土，又是中國的一環，防衛大陸的前哨。如果不顧過去四百年日本的壓迫政策，使吐噶喇群島、奄美島、沖繩群島、先島群島，總面積八百方里的琉球大地，再供所謂天孫氏軍閥的犧牲，是吾等同志所絕對不能承認的。

今日際此琉球民族解放的大好機會，不圖又見日本極端份子有覬覦琉球的企圖，茲特嚴厲予以駁斥，並關於琉球隸屬的合理解決，亟盼中央政府正視吾等同志的呼籲。

（原載中華民國三十六年九月十五日《大公報》）

琉球革命同志會蔡璋批駁耶魯教授
「琉球應歸還日本」之讕言

〔中央社臺北七日電〕素來主張琉球應歸還中國之此間琉球革命同志會長喜友名（蔡璋），頃就最近有關琉球之問題，必表談話如下：「琉球問題，已帶有國際政治性質，其合理解決之先決條件，必須先謀美蘇對立之和平解決，然後聯合各國，合作團結，始能見效。據合眾社費城二日電訊，耶魯大學拉脫萊特教授，主張琉球群島，除沖繩島外，可以歸還日本，因為日本之行政良好，日人與島民且有密切關係云云。

拉氏對琉球歸屬問題，竟有如此偏見之論旨，吾人認為無需加以反駁。拉氏究何所根據而作此結論，實令人難解，且使吾人不知保留沖繩島之意思何在。日本之行政良好，日人與島民且有密切關係等

姓名　喜友名嗣正（中國名蔡璋）
年齡　三十六歲
籍貫　琉球那壩，祖籍福建第一世祖蔡堅
住址　台灣台北市龍口街一段五號
學歷　琉球水產學校製造科畢業
經歷　二十年琉球水產學校試驗場技士
三十二年台灣總督府琉球疏散居民輔導員
三十四年美國夏威夷「實業之夏威夷」新聞社編輯
三十五年五月在琉球組織琉球青年同志會從事軍民談判疏放運動
三十六年八月在台灣成立琉球兩地治勤改姐琉球青年同志會為平同志會勘琉球革命同志會
三十七年七月琉球人民協會理事長
現在通訊處　中山北路華僑接待所二三五號

005　－02398

蔡璋檔案

語，乃為日本政府曾揚言者，今拉氏竟與日政府同一論調，實與波茨坦宣言及開羅宣言之原則與遠東委員會對日基本政策完全背道而馳至為明顯矣。拉氏之論旨，完全忽視琉球之現況、歷史、民族、地理、政治及經濟諸因素，而將使琉球永遠陷於殖民地之悲境，吾人一致堅決反對此種謬論。

（原載 1948 年 6 月 8 日中央日報第三版）

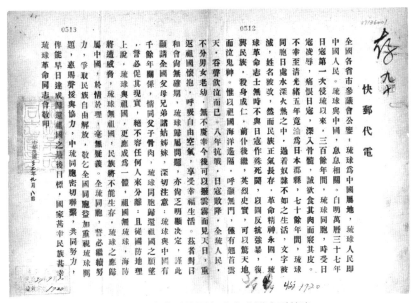

1948 年 9 月 8 日琉球革命同志會致全國各省市參議會呼籲書

當年　總統希望中美共管琉球

〔中央社訊〕本月一日在臺北出版之《中國一週》第一〇一期，載有張其昀[1]著〈收復失地之開羅宣言〉，全文長達萬五千言，於開羅會議之經過情形，敘述綦詳，其中多載未經發表之史料，至可珍貴，特摘錄其要點如下：

> 蔣總統夫婦偕隨員於三十二年十一月十八日由重慶出發，二十一日飛抵開羅，二十三日與羅斯福總統、邱吉爾首相舉行會議，二十六日會議結束，成立三國公報，二十七日蔣總統由開羅起飛回國，十二月一日抵重慶。三日正式發表開羅宣言。中美英三國領袖同意要制裁並自處罰日本的侵略行為。日本應當把從中國奪去的東北和台灣歸還中國。三國並同意於相當時期內，予朝鮮以獨立的地位。開羅宣言之保證收復失地，實為我國外交史上空前的成功。

十一月二十三日，蔣總統與羅斯福總統論及日本未來之國體問題，首先羅斯福總統提及日本天皇制度的問題，徵求蔣總統的意見，蔣總統說：「這次日本戰爭的禍首，實在是幾個軍閥，我們先要把他們軍閥打倒再說。至於日本國體問題，我以為應該等到戰後讓日本人民自己去解決，我們在此次大戰之中，總不要造

1　張其昀（1909.9.29–1985.8.26），字曉峰，浙江寧波鄞縣人，南京高等師範學校畢業，著名史學家、地學家及教育家。曾任中華民國教育部長、中國國民黨中央改造委員會秘書長（1950.8–1951.11）、中央黨部秘書長（1952.10–1954.8）、總統府資政等要職，係中國文化大學創辦人。著有《中國地理學研究》、《中國區域志》、《中華民國史綱》、《中華五千年史》等。張其昀係蔣介石「有言必納」的智囊，一九四九年國軍兵敗如山倒時，政府捨棄西南遷往臺灣的計畫便是由他首先提議。

成民族間永久的錯誤。」羅斯福總統說：「你對日本情形是最有研究的，那對這個問題，明日會議應否提出討論？」蔣總統說：「最好不作正式的討論。」二十四日，霍浦金秘書攜羅羅斯福總統所擬此次會議聲明書草案交蔣夫人，徵求蔣總統意見，因其間仍有改善日本國體、廢除天皇制度等語，蔣總統認為昨日會議時既未正式討論，則宣言亦可不必重提。

關於領土問題，開羅宣言原文節錄如下：

> 我三大盟國，此次進行戰爭之目的，在於制止及懲罰日本之侵略。三國決不為自己圖利，亦無展拓領土之意思。三國之宗旨，在剝奪日本自從一九一四年第一次世界大戰開始後在太平洋上所奪得或佔領之一切島嶼。在使日本所竊取於中國之領土，例如東北四省、台灣、澎湖群島等歸還中華民國。其他日本以武力或貪慾所攫取之土地，亦務將日本驅逐出境。我三大同盟國稔知朝鮮人民所受之奴隸待遇，決定在相當時期使朝鮮自由與獨立。

臺灣原為中國之一行省，光緒廿一年四月十七日馬關條約，割讓於日本。在日據時期五十年間，臺灣同胞光榮悲著的抗日運動，前仆後繼，威武不屈。所以臺灣史家連橫（字雅堂）曾說：「臺灣所失者土地，而長存者精神。」

革命目標之一　光復臺灣故土

國民革命運動是以光復臺灣為其主要目標之一。蓋臺灣在地勢上是中國安危存亡所關的生命線，臺灣人民在血統上是最純潔的中華民族，臺灣失地一天沒有收復，革命大業就一天沒有成功。民國二十六年神聖的對日抗戰發生，二十七年中國國民黨臨

時全國代表大會重申收復臺灣的意願。在開羅會議中，蔣總統親自與英美領袖共同簽字發佈宣言，公認臺灣及澎湖零島在戰後應歸還中國。三十四年八月十五日，日本宣告無條件投降，於是淪陷五十年之久的臺灣重新歸於祖國的懷抱。

蔣總統曾說：「臺灣是我們抗戰勝利後應該從日本手裡收回的，是光復故土，而不是佔領敵國的佔領地可比。尤其是我們政府向日本宣戰的時候，曾經發表宣言，**聲明過去同日本所訂的一切條約，自宣戰日起一概無效。**當然過去割讓臺灣的馬關條約，從那時宣戰之日起，就已失去效用，臺灣就是我們的領土，這是國際間的常例，亦是國際法的通解。臺灣是我們中國的領土，歸我們政府所統治，這是決沒有問題，決無變更的可能的」

總統特別注重　贊助韓國獨立

朝鮮獨立問題，蔣總統特別注重，引起羅斯福總統之重視，要求其贊助我方之主張。當開羅三國公報成立以前，三國代表提出討論時，以英國賈德幹刁難最多，尤以對朝鮮獨立問題堅主不提；後經我代表王寵惠力爭，美國代表亦竭力贊助，乃將原案全部文字通過。

琉球與臺灣在我國歷史上地位不同。以琉球為一王國，其地位與朝鮮相等，故在開羅會議時，我國對琉球問題決定不提。蔣總統對此事經過，曾有說明，略謂：「當時羅斯福總統問我：『在臺灣的東方還有一個什麼群島，你的意思如何？』我就答道：『你所說這個群島是不是指琉球而言呢？』他說：『就是琉球。』我說：『這個群島從前是屬於中國的小王國，可是在甲午年以前，早已被日本佔領了。所以琉球是與臺灣的性質不盡相

1946 年 4 月 19 日英外次答下院議員詢問：琉球未來地位問題應由對日和會決定。

同，我們此時對於琉球不想要求單獨的歸還中國，我只希望由中美兩國共管。好在此事並不急要，留待將來再說罷。」所以開羅會議宣言，也沒有提及琉球問題。」

按琉球群島是我國東海的屬藩，軍事價值勝於經濟價值，論其形勢，實關係於遠東大局。蔣總統曾謂：「琉球由國際共管，比我國專有為妥。」我們對此戰略地區，可同意美國經由聯合國的程式，供國際軍隊的使用，藉為保障遠東和平之中流砥柱。

確保外交勝利　必須國民努力

三十二年十月二十八日，蔣總統曾謂：「此次在開羅逗留共為七日，其間以政治之收穫為第一，軍事次之，經濟又次之，然皆獲得相當成就。本月大部精力皆用於會議之準備與提案之計畫，慎重斟酌，不敢掉以輕心。故會議時各種交涉之進行，其結果乃能出於預期之上，此乃一生革命專業重要之一也。余妻為余任傳譯與佈置，協助之功甚大。」

又謂：「東北四省與臺灣澎湖群島為已經失去五十年或十二年以上這領土，而獲得美英共同聲明歸還我國，而且承認朝鮮於戰後獨立自由，此皆為國民革命之主要目標與期望，而今竟能發表於開羅宣言之中，將來和平會議時，關於我國最艱難之問題，最主要之目的，皆於開羅會議之數日中，一舉而解決矣。」

十二月四日，蔣總統曾說：「昨日發表開羅會議公報以後，中外輿情莫不稱頌為中國外交史上空前之勝利，寸衷惟有憂懼而已。」又說：「今後我國若不能奮發自強，則一紙空文仍不足為憑，故必須國人共同努力奮勉，方能確保外交勝利之成果。」

（原載台北中央日報 1952 年 4 月 3 日）

國府照會美方反對奄美島交付日本

一、中國政府雖非一九五一年九月八日在舊金山所簽訂之對日和約之締約國，然對該條約第三條之規定，在原則上會表同意，依照該條約規定，美國政府將向聯合國建議將琉球群島置於其託管制度之下，而以美國為其唯一之管理當局，並在作此建議之前，美國有權對此等島嶼之領土及居民，行使一切及任何行政、立法及管轄之權利，但在該約中並無任何規定足以解釋為授權美國得在該約第三條明文規定辦法以外，另行擬訂關於琉球群島之處置辦法，因此，中國政府對於美國政府所作舊金山和約並未使琉球群島脫離日本主權之解釋，不能同意，蓋此種解釋，將予日本以要求歸還此等島嶼之一項根據，此與一九四五年七月二十六日之波茨坦宣言之文字及精神相悖，亦決非金山和約之本旨。

二、更應注意者，奄美群島直至其為日本武力侵併以前，向為琉球群島完整之一部，近據報告，美國政府業已承諾將奄美群島歸還日本，美國政府此項行動，業已引起中國人民之深切關懷與焦慮，彼等尤恐美國政府在日本壓力之下，殆將作更進一層之讓步，在此種情形之外，中國政府認為重申其對於琉球群島之基本立場，實有必要。

三、自西元一三七二年至一八七九年之五百餘年之期間，中國在琉球群島有宗主權，此種宗主關係，僅因日本將其侵併，始告中斷，中國政府對於琉球群島並無領土要求，亦無重建其宗主權之任何意圖，惟願見琉球居民之真實願望，完全受到尊重彼等

必須獲得選擇其自身前途之機會，在依舊金山和約第三條所規定之將琉球群島置於託管制度之下之建議，尚未提出以前，此等島嶼之現狀，包括其領土之完整在內，應予維持。

　　四、鑒於中國與琉球群島之歷史關係，及地理上之接近，中國政府對於此等島嶼之最後處置，有發表其意見之權利與責任，關於此項問題之任何解決，如未經與中國政府事前磋商，將視為不能接受，爰請美國政府就上述各項意見，對此事重加考慮。

（原載一九五三年十一月二十四日中央日報）

國民黨喉舌堅決反對琉球移交日本

中國與琉球關係深切　反對奄美島交給日本

由於日本之處心積慮想取得琉球，由於美國之無意久佔，也由於我國過去對琉球歸屬問題保持緘默，美國已準備把琉球群島中的奄美群島作為禮物送給日本。我外交部長葉公超茲已正式發出聲明，表示不能同意。我們願對琉球群島的歸屬問題作以下說明。

琉球群島介乎日本和臺灣之間，從西北向東南延伸約六百五十哩，最北的島嶼距日本九州約八十哩，最南的島嶼離臺灣才七十五哩。整個群島包括大小島嶼五十五個，面積共一千三百平方哩。群島又可分為三組：北面是吐剌噶群島，中部是奄美群島與沖繩群島，南面為先島群島。這三群島中最北面的吐喇葛群島，在對日和約中已劃歸日本。因對日和約規定以北緯廿九度為界，以南島嶼由美國託管，以北仍為日本所有。這一群島包括北緯三十度到廿九度間的日之島、中之島、惡石島、臥蛇島、諏訪瀨島、平島、小寶島等七個島嶼。

美擬交日之奄美島　為群島中第二大島

中部諸島又分兩組，一為奄美群島，一為沖繩群島。奄美群島包括下列諸島：以奄美大島、德之島、沖永良部島、喜界島、枝手久島、加計留麻島、與路島、請島、輿論島等，就中以奄美大島為最重要，該島面積二七八方哩（七百二十方公里），現有人口二十二萬，為整個琉球群島中僅次於沖繩之第二大島，附近

為重要之漁區。沖繩群島包括鳥島、伊平屋島、栗國島、久米島、伊江島、慶良間列島、沖繩島、渡名喜島、渡嘉敷島。就中以沖繩為最大，面積五百平方哩，人口四十六萬，面積人口幾占整個群島之一半，為整個群島之中心。沖繩島海岸線曲折，島上有海拔五百公尺以上之山嶺，也有斷層低地，地形複雜，便於防守，因而戰略價值甚大。南部之先島諸島分佈較為散漫，又可分作三組：東面的一群是宮古列島，以宮古島、伊良部島、多良間島為主。中間是八重山列島，以石垣島、西表島為主，最西的是與那國島，距臺灣只有七十五哩。

日本處心積慮　企圖取得琉球
早策動重歸日本運動向美國多方使用手段

　　琉球群島在第二次大戰中為美軍攻佔，戰後由美國駐軍佔領。美國佔領琉球的政策原在促使琉球人自治。一九五○年九月，琉球舉行選舉，選出廿一個議員，成立議會，第二年四月，在那霸成立臨時政府，但到十月又取消了這個政府而另成立三個自治政府。美軍之佔領琉球是著眼於其戰略價值，在政治上沒有定見，而日本則處心積慮，要想使琉球歸還。就我們所知日本至少使出了兩項手段：第一，促使琉球旅居夏威夷群島的人民遷回琉球，並展開「重歸日本」運動，琉球議會會長比嘉秀平就是旅夏威夷的琉球人，而議員中也有大半屬於親日的社會大眾黨，他們就藉議會展開「重歸日本」運動，第二，日本利用琉球左翼份子，故意攻擊美國佔領琉球，說美國將使琉球淪為殖民地，以煽動琉球人，使琉球人以為自治獨立無望，轉而支持「重歸日本」運動。

杜勒斯送禮　奄美群島擬先交日

杜勒斯

在日本人如此策動下，美國乃不願捲入政治漩渦，而一再強調美國對琉球無領土野心和殖民觀念，並暗示以後可歸還日本，這使重歸運動者更加強了活動的信心。而日本政府也公開出而策動，企圖收回琉球。近兩年來，美國事實上已作著將琉球群島歸還日本的準備，在日本要求下，琉球的教育文化已由日本文部省派員指導，至於貿易更以日本為主。接近日本的奄美群島則早於去年四月已由日本在首邑名瀨設置「南方事務所」，負責洽辦復歸事宜。沖繩島因戰略地位重要，美國已化了大筆款項闢建為遠東最主要的空軍基地，因而還不願在此遠東多事之秋歸還日本，但奄美群島卻已先作了美國送日本的禮物。今年八月八晶杜勒斯國務卿於訪日本時，已公開宣佈美國給日本政府的一封覺書，聲明將奄美群島先交還日本。杜勒斯還曾欣然表示，這是美國給日本今年聖誕的禮物，因為實際的交還手續將在今年聖誕節前完成。杜勒斯並曾附帶表示，為了軍事上的理由，沖繩島尚須美國管理下去，這也就暗示將來也有歸還日本的時候，看了上述經過我們可知日本之爭取琉球處心積慮已久，美國之決定歸還奄美給日本，可能只是整個歸還的第一步。我們過去對琉球歸屬問題一直保持緘默，現在聲明不同意在時機上雖嫌過遲，而態度也不夠堅強，但我們的公開表示意見，對此後其他諸島的歸屬總會有其影響力。

基於四項原因　反對琉球交日

　　我們之過問琉球歸屬問題，有多方面的理由。我們在下面分別敘述。

　　第一、中國與琉球有深切的歷史淵源，琉球之與中國發生關係早在隋代，隋煬帝大業三年（西元 607 年）令羽騎尉朱寬和海師何蠻往琉球。據琉球人所著《中山世鑑》，朱寬見琉球形似虯龍臥水中，因名流虯。明洪武五年（1372 年）改為琉球。該

《浮生六記》卷五冊封琉球國記略

年琉球正式受中國冊封。此後兩百餘年琉球世為中國臣藩，朝貢最為勤謹。明萬曆三十七年，日本薩摩藩出兵侵入琉球，虜尚賢王，迫琉球朝貢日本。日本難以武力脅迫琉球，但琉球對中國朝貢未絕。嚮往殊深，這種關係一直維持到清代光緒初年。

琉球是我失土　日本無權「收回」

《冊封琉球國記略〈海國記〉》

　　自朱寬入琉球至清末，中琉往還已一千二百餘年，自琉球正式受冊封到清末達五百年，這百年間，琉球始終以中國為宗主國。琉球之與中國斷絕

《冊封琉球國記略》首頁

宗主關係乃日本以武力奸詐造成的侵略事實，這一事實迄未得中國明文承認。日本於同治十三年（一八七四）藉口台灣生番殺害琉球水手事件兵台灣後五年，日本正式侵併琉球，改為沖繩縣，但中國政府則堅決反對。其時適值美國格蘭脫總統（時已卸任）遊歷遠東，訪問中日，日本曾要求調停，他建議中日兩國平分琉球，南部先島群島歸中國，而以北歸日本，日本對此表示同意，但清廷則不予同意。因琉球群島之中心在沖繩島，先島群鳥只不過一些零星小島而已，如此分割極不利於我。此事以後中日間曾不斷有交涉，直到甲午戰後，臺灣割日，才不了了之。但在法理上，我始終未承認日本侵併琉球之事實。日本人以琉球為「失土」而要求收回，但就歷史淵源來看，琉球實為中國之失地，而日本只是以武力作過不合法的佔領而已。據此，我們當然有權過問琉球歸屬問題，有權阻止美國將琉球「交還給日本」。

琉球歸日本違背對日和約

　　第二、依據戰時戰後宣言條約，我有權阻止將琉球之任何一部交與日本。日本領土之處置依據開羅宣言、波茨坦宣言與舊金

山對日和約，三者均規定日本不能取得琉球。

　　開羅宣言中規定：「日本自一九一四年第一次世界大戰開始後在太平洋上所奪得佔領之一切島嶼，日本竊取於中國之領土，例如東北四省、臺灣、澎湖群島等歸還中華民國，朝鮮在相當期內自由獨立。」此雖未明白指出琉球，但在以後之波茨坦宣言中已有指明。

　　波茨坦宣言指明：「日本之主權必將限於本州、四國、九州、北海道及吾人所決定的其他小島內。」據此日本當然無權再佔琉球。舊金山和約則更明確規定琉球應由聯合國交由美國託管。

　　舊金山對日和約第三條稱：「日本和對於美國向聯合國所作任何將北緯二十九度以南之琉球群島、多婦島以南之南方諸島（包括小笠原群島、西之島、硫磺島等）及沖之島與南島島置於託管之下，而以美國為其唯一管理當局之建議，將予同意。在提出此項建議並就此項建議採取確定性之行動以前，美國有權對此等島嶼之領土暨其居民，包括此等島嶼之領水，行使一切行政立法及管轄權力。

　　中國為開羅宣言、波茨坦宣言簽署者，舊金山和約雖未直接參加，但中日和約完全遵照舊金山和約，我們為維持此等宣言條約之文字與精神，均不能同意美國違背舊金山和約，而片面以琉球島中主要之一部份奄美群島當作禮物送交日本。

歷史教訓不能忘　日本佔據琉球為其南侵厲階

　　第三、琉球群島為日本南侵之厲階，日本向外侵略對北面以侵韓國為開端，對南面則以侵琉球為禍端，其結果直接受禍最大

最深者均為中國。日本於一八七九年正式侵併琉球，開啟其侵略野心，十餘年後（一八九五）即進一步侵佔臺灣，又四十年乃全面侵略中國，再隔不數年即掀起太平洋戰爭，展開對太平洋及東南亞之全面侵略，因而琉球之侵佔實為日本進一步侵略之厲階，特別是其向南方的侵略。我們並非忽視現實而牢記歷史恩怨，但我們從日本之處心積慮使琉球重歸，不能不有所警惕，琉球群島，地瘠民貧，只有戰略上的價值，並無經濟上的厚利，就實際而論，日本取得琉球不僅不能減輕日本糧食不足、人口過剩的壓力，反而足以增加日本的負擔。但日本卻處心積慮要取得琉球群島，是日本的企圖可想而知。日本之取有琉球勢將激發其領土欲望，為此，我們不能不反對日本取得琉球之任何一部。

戰略地位重要　須防 X　匪滲透（略）

（原載 1953 年 11 月 27 日台北中央日報地圖周刊專版）

論奄美大島交與日本問題

廖維藩 [1]

舊金山和約規定日本主權僅限於其本土

　　本年八月八日美國國務卿杜勒斯在東京和日本首相吉田茂晤談後，發表聲明略稱：美國將盡速放寬和約第三條所規定其對於奄美大島群島的權利，俾便日本恢復對該島嶼的統治權。預期中的奄美大島群島和日本的復合，是把它的居民重新併入他們的祖國，這就是美國政府欣然樂意的一種原因。以後由東京琉球香港傳來的消息，一方面是美日外交人員正在談判奄美大島群島交與日本問題，並定於十二月二十日左右交割，一方面是美國軍政要員以琉球為軍事上重要基地，反對將這群島交與日本的政策。同時（十一月二十七日）我國立法院以此事違反波茨坦宣言及舊金山對日和約的規定，堅決反對，並函行政院採取有效措施，務使琉球群島包括奄美大島群島在內，仍照舊金山和約規定辦理。我外交部以同一理由，致送美國政府備忘錄一件，聲明我政府不同意此事。茲就條約、法律、歷史、文化各方面和琉球民族自決問題，分別論列於次：

1　廖維藩（1898–1968），字華蓀，湖南衡山縣人，五四運動的重要參與人。湖南高等師範附中畢業後，入國立北京大學，獲法學士學位，歷任湖南三湘學校校長、國民黨湖南省黨部執行委員、江蘇省黨部常務委員、中央政治委員會內政專門委員、湖南省黨部書記長、代理主委、湖南省政府委員、立法院立法委員等要職。國學造詣廣博，尤精易理工科。著有《中國政治思想史》、《中國財政史》、《自然哲學與社會哲學》等書。

從條約法律方面看：一九四五年七月二十六日，中美英在波茨坦發出促使日本投降的公告，其第八款說：「開羅宣言之條件必須實施，而日本之主權必須限於本州、北海道、九州、四國及吾人所決定其可以領有之小島在內。」舊金山對日和平條約第一章第一條（乙）項也規定：「各盟國承認日本人民對於日本及其領海有完全之主權。」是戰後的日本，其領土主權僅限於日本本土，至為明顯，而美國政府在與我國政府洽商以前，實無權逕從琉球群島分割奄美大島群島交與日本，以增加其領土。又該和約第二章第三條規定：「日本對於美國向聯合國所作任何將北緯二十九度以南之南西群島（包括琉球群島及大東群島）、孀婦岩以南之南方諸島（包括小笠原群島，西之島及琉璜列島）及沖之鳥島與南鳥島，置於託管制度之下，而以美國為其唯一管理當局之建議，將予同意。在提出此項建議並就此項建議採取確定性之行動以前，美國有權對此等島嶼之領土暨其居民，包括此等島嶼之領水，行使一切行政，立法及管轄之權力。」據此可知，日本對於已同意託管的屬於琉球群島的奄美大島群島，既沒有保留交還的權利，美國因和約是和各盟國所共同簽署和批准的，也無權私相授受，將該群島交與日本。且舊金山和約是第二次世界大戰後所建立的國際新秩序之一，而且是由美國倡導建立的，對於這一新秩序，美國理應多方維護，使其在國際間發生維持國際和平的作用，決沒有自己先行破壞其一部份使其成為廢紙的理由。

琉球群島原為我國藩屬之地，光緒五年（西曆一八七九年）被日本武力侵佔，自當時清廷提出嚴重抗議以來，迄未得到我國的承認，依國際法規，只可認為佔領，不得認為我國主權的移置。一九〇七年海牙陸戰規例第四十三條規定：

「佔領者宜盡力用一切方法，以維持及回復公共秩序與治

安,且除萬不得已時,應尊重該佔領地之現行法律。」既須尊重\佔領地的法律,當無主權之可言。一九二八年美國國際法協會討論的草案中,第二條說:「領土被事實佔領後,原有合法政府之權限,陷於敵國之手。」又第五條說:「佔領者於佔領地內並無主權,不過因軍事需要,而在維持佔領地秩序及其行政之範圍內,享有合法之權力而已。」一九三二年美國和中南美各國對巴拉圭和玻利維亞兩國政府發出宣言說:「美洲各國進一步宣告,他們將不承認不以和平手段或正當要求,而以武力佔領或征服所取得之任何領土。」這些都是國際法和國際間的行動,對於武力佔領地,不承認其法律上的地位。而國際法規者,尤有嚴正的指摘,Hacksworth 氏認為佔領不包括由一國對他國之主權的移轉。Butamante 氏認為佔領行為與搶劫竊盜等行為相同,故並不能因佔領而取得其地的所有權,若未經兩當事國的同意,即不生顛覆主權的效力,並謂征服手段為國際法所不許,蓋此純為強取行為,並非合法正當取得主權的原因。Fauchille 氏認為佔領係屬臨時性質,其土地主權並不移轉變更,至是否割讓或移轉,須依據兩國媾和條約決定之。由此可知日本過去佔領琉球群島,原是一種非法行為,在法律上從未發生轉讓領土權的效力。今該群島自第二次大戰結束後,依照舊金山和約第三條的規定,已由美國託管治理,我們既未要求歸還我國,日本有何理由反欲索回該群島所屬的奄美大島群島?美國更有何理由劃割該大島奉送日本?

從歷史文化和琉球民族自決方面看:考琉球為古瀛洲之地,史記稱來方丈瀛洲為海上三神山,諸仙人及不死藥在焉,相傳秦始皇派徐福率童男女各三千人入海求不死之藥,即止於三神山未返,至今琉球南波頭間島仍祭祀徐福,可為明證。且在戰國秦漢時代,燕齊吳越人民也已到達琉球,日人橋本增吉所著《關於沖

繩縣那霸市外城岳貝塚出土燕國明刀》，可資佐證。自隋煬帝大業三年（西曆六○七年）令羽騎尉朱寬往琉球以後，中琉關係，更趨密切。明太祖洪武五年（西曆一三七二年）遣行人楊載奉詔至琉，琉球王察度遣弟泰期奉貢方物，自是正式受中國冊封，為中國臣藩，奉中國正朔，行中國官制，用中國所頒王印，派遣學生入中國國子監求學，修建聖廟，舉辦考試，一切典章文物，都已中國化了。中國並在琉球設有天使館，琉球所有重大內政外交，無不遵從天使館的命令辦理。至清光緒五年（西曆一八七九年），五百餘年間，代代受封，朝貢未嘗或缺，其間雖於明萬曆三十七年（西曆一六○九年）慘遭日本薩摩（鹿兒島）藩王島津氏的攻陷侵略，而修貢仍如故。其人民自我國戰國秦漢以後，即已具有中國民族的血統，明洪武以後，琉球更請求明帝賜予閩人三十六姓，這就是請求移民，據琉球國志所載，中國人隨天使到琉球的，每次都在千人以上，這三十六姓人民繁衍的結果，迄今已佔琉球人口半數以上。

　所有文化宗教風俗習慣，大都承襲中國而來的，除上述典章文物外，舉凡建築、飲食、服飾、葬制、墳墓、祭禮、舞蹈、音樂、拳術等都是中國化的。而儒家孔孟思想的深入人心，尤具深厚之影響。如果照杜勒斯所說，欲把奄美大島的居民從新併入他們的祖國，那末，他們的祖國應該是我們中華民國，並不是日本。奄美大島自我國南宋時（西曆一二六六年）起，即已隸屬琉球版圖，明洪武五年以後，一併成為我國藩屬之地，萬曆年間曾被日本侵陷，至清光緒五年日本以武力奪取琉球群島，俘虜琉球王尚泰，奄美大島群島自然一併淪亡，詎日本就從那時起，侵害整個琉球群島，改琉球為沖繩縣，並將奄美大島群島正式割歸它本國所屬的鹿兒島，也就是歸併它從前侵琉島津藩的屬地，七十

餘年以來，遂造成世界地理上的錯誤觀念，以為奄美大島群島原來是屬於日本的，致使外人如杜卿者對於當地人民的來源和他們的祖國，都弄不清楚了。且琉球群島的地位，是在北緯廿四度至卅一度，東經一百廿四度至一百卅一度的中間，舊金山和約第三條所規定的託管區域，係在北緯廿九度以南，北緯廿九度以北至卅一度兩度寬的地區，已在無形中送給日本，早就違背了開羅宣言和波茨坦宣言關於戰後日本領土主權限制的規定。今該群島既因日本侵略戰爭的失敗，依照和約規定，業由美國託管治理，以歷史和地理的因素言，美國尤沒有再行劃割奄美群島交與日本的道理。

記得在某一場合，有人說：「僅僅由明清兩代冊封琉球王，只具有宗主權，不能認定琉球群島就是中國的領土。」這種不明歷史和法理的說法，而竟出於我國人士之口，真是駭人聽聞。我國上古封建時代，原有五服九服制度，所謂「服」者是服事天子的意思，也就是所建諸侯之國，即是王土，即是領土，也即是「普天下之下，莫非王土。率士之濱，莫非王臣。」禹貢有云「五百里甸服，百里賦納總，二百里納銍，三百里納秸服，四百里粟。五百里米。五百里侯服；一百里采，二百里男邦，三百里諸侯。五百里綏服，三百里揆文教，二百里奮武術。五百里要服：三百里夷，二百里蔡。五百里荒服：三百里蠻，二百里流。東漸於海，西被於流沙；朔南暨聲教訖於四海。禹錫玄圭，告厥成功。」這是大禹平水土後的五服制度，領土和聲教業已訖於四海了。周禮職方氏說：「乃辨九服之邦國，方千里曰王畿。其外五百里侯服，又其外方百萬里為甸服，又其外方五百里曰男服，又其外方五百里曰采服，又其外方五百里曰衛服，又其外五百里曰蠻服，又其外方五百里曰夷服，又其外方五百里曰鎮服，又其

外方五百里曰藩服。」這是周代的九服制度，其領土較夏禹時為尤廣大。**無論五服九服，都包括有蠻夷之國，這是中國柔遠人的諸侯的王道傳統所得的成果，斷非世界史中滅人國亡人種的大帝國之所以作為可與此儗。諸侯之國與王室的關係，在組織方面很像近世聯邦政府和各邦的關係，但各國的各種制度，則為王室所規定。**在財政經濟方面，尤有詳盡的規劃，禹質各州厥土、厥田、厥賦、厥貢、厥篚的劃分，周禮大宰職「以九貢致邦國之用，一曰祀貢，二曰嬪貢，三曰器貢，四曰幣貢，五曰材貢，六曰貨貢，七曰服貢，八曰斿貢，九曰物貢。」就是這種具體的規定。賈公彥周禮疏說：「諸侯國內得民稅，大國貢半，次國三之一，小國四之一，所貢者市取當國所出美物，則禹貢所云厥篚厥貢之類是也。」在政治關係方面，則為朝聘巡守，王制說：「諸侯之於天子也，比年一小聘，三年一大聘，五年一朝。天子五年一巡守，歲二月東巡守至於岱宗，柴而望祀山川，覲諸侯，問百年者就見之。命大師陳詩，以觀民風。命市納質，以觀民之所好惡，志淫好辟。

　　命典禮考時月定之，同律禮樂制度衣服正之。山川神祇有不舉者為不敬，不敬者君削以地。宗廟有不順者為不孝，不孝者君絀以爵。變禮易樂者為不從，不從者君流。革制度衣服者為畔，畔者君討。有功德於民者加地進律。五月南巡守至於南嶽，如東巡守之禮。八月西巡守至於西嶽，如南巡守之禮。十有一月，北巡守至於北嶽，如西巡守之禮，歸假於祖禰，用特。」**可知中國古代封建制度，實為一種條理嚴密的聯邦國家制度，與歐洲領主剝削農奴的封建制度，迥然不同。領土之廣大，聲教之遠播，尤為世所罕見。秦漢廢封建為郡縣，是由聯邦國家改為單一國家，由地方分權制度變為中央集體制度，但於邊遠四裔之地，仍兼採**

封建制度，故秦漢以後，代有冊封，歲有常貢，亦所以貫徹柔遠人懷諸侯的傳統政策，歷代所謂藩屬藩國者，蓋即周制藩服的遺意。琉球群島藩屬於中國五百餘年，敢說不是中國的領土？今竟有人謂不能確認為領土，實誤於近世歷史觀念，而對於自己竟至一無所知，數典忘祖，誠堪浩嘆！

　　我們要知道，當辛亥革命推翻滿清政府時，外蒙古曾宣佈獨立。民國元年十一月三日外蒙古和帝俄在庫倫會議並簽訂議定書，俄國正式支持外蒙的行動。隨後於民國二年十一月五日中俄發表宣言並交換備忘錄，中國承認外蒙自治，俄國承認外蒙古在中國宗主權之下為中國領土之一部份。民國四年六月七日中俄和外蒙古正式簽訂恰克圖條約，中俄承認外蒙古自治，並構成中國領土之一部，外蒙古承認中國的宗主權，並同意不參加關於政治領土的外國會議，俄國則得到治外法權。民國十三年五月三十一日我國又簽訂中蘇協約，其第五條規定：「蘇維埃社會主義共和國聯邦政府承認外蒙古為中華民國完整的一部，並尊重中國在外蒙古的主權。」由此可知宗主權就含有領土主權的意義，已為國際所承認。國際法學有 Hackworth 所著國際法彙編 Digest of International law 亦詳述此事（見第一集七四——七六頁）。何得謂中國過去對於琉球群島的宗主權不得謂為領土主權？我們今日從不要求歸還我國，但依民族自決的道理，仍應由美國繼續託管，經由自治訓練，讓琉球民族自主自立，決不可交與日本，而使其再過奴隸生活。琉球人民自明萬曆年間被日本侵略，以至清光緒五年被日本武力完全征服以後，備嘗壓迫和亡國痛苦，而三百餘年間，琉球民族革命運動，迄未停止。宮古島的 Sunsii 慘案，德之島的「犬田布騷動」流血案，就是很明顯的史實。鄭迥，毛允良、謝花昇等先烈，都是為琉球民族的獨立，赴湯蹈火

而慘烈犧牲的領袖。光緒六年十一月為恢復琉球而自刎殉國的林世功之革命精神，尤令人敬佩，他的絕命詩云：古來忠孝幾人全，憂國思家已五年，一死猶期存社稷，高堂專賴弟兄賢。上次大戰美軍進攻琉球時，更有三千學生起而協助美軍，攻擊日軍。今日果由日本索還奄美大島群島，以至將來索還整個琉球群島，不將使琉球人民復國的希望，為之完全摧毀嗎？

　　總之，杜勒斯國務卿欲盡速將奄美大島群島交與日本，實為不智不合法之舉，希望懸崖勒馬，停止交割，以免鑄成太平洋歷史上不可原恕的大錯。

斥「蔣介石拒絕接收琉球」謠諑

繆人鳳

一、問題的緣起

最近釣魚島風波又起，於是又有人根據所謂的「蔣介石兩次拒絕接收琉球」等文章，以為琉球是蔣介石想接收就能接收的，而只要接收了琉球，那麼當然無今日之釣魚島問題，所以蔣是罪人。但這些人就不能開動腦筋想一想，這些沒有作者、沒有史料來源的文章靠得住嗎？就算羅斯福曾提出過將琉球交給中國，這就是他的真實想法嗎，抑或只是一種試探？蔣介石能想當然地接收嗎？依據何在？實力何在？

對這個問題，我們還是根據史料來探討一下。

決定二戰後琉球地位安排的最重要會議莫過於 1943 年 11 月 22 日至 26 日召開的開羅會議，查此會議前後中美關於琉球問題的會議記錄和當事人的日記可大致瞭解事情的來龍去脈。1943 年 11 月 15 日（星期一），蔣介石日記云：「琉球與臺灣在我國歷史地位不同，以琉球為一王國，其地位與朝鮮相等，故此次提案對於琉球問題決定不提，而暹羅獨立問題乃應由我提出也。注意一，對邱吉爾談話除與中美英有共同關係之問題外，皆以不談為宜。如美國從中談及港九問題、西藏問題，與南洋華僑待遇問題等，則照既定原則應之，但不與之爭執」。

為什麼蔣既認知琉球地位與朝鮮等，卻以「不談為宜」？顯然是在顧忌美國態度。

《蔣介石日記》1943 年 11 月 23 日有如下記載：

　　七時半應羅總統之宴，直談到深夜十一時後告辭，尚未談完，相約明日續談，而今晚所談之要旨，一、日本未來之國體問題；二、共產主義與帝國主義問題為重心，余甚贊羅對俄國共產主義之政策，亦能運用成功以解放世界被壓迫之人類，方能報酬於美國此次對世界戰爭之貢獻也；三、談領土問題、東北四省與臺灣、澎湖群島應皆歸還中國。惟琉球可由國際機構委託中美共管。………十、日本投降後，對其三島聯軍監視問題。余首言此應由美國主持，如需要中國派兵協助亦可，但他堅主由中國為主體，此其有深意存也。餘亦未明白表示可否也。今晚所談者盡此而已。所謂的「此間有深意存也」，其實質是蔣認為美國的「堅主由中國為主體」不過是試探中國方面對琉球的真實態度。

　　關於 11 月 23 日羅斯福與蔣介石的會談，美國外交檔案中也有記載，但這份記載是從中文記錄翻譯為英文的。

　　從摘要記錄稿的英譯看，羅斯福並未提及要將琉球交給中國，英文原文 "The president then referred to the question of Ryukyu islands and enquired more than once whether China want the Ryukyu" 表達的是一種探尋（enquired more than once whether......），而且不止一次之多。

　　從上述史料看，美國確實探尋過中國對琉球的態度，中國的態度則是「可由國際機構委託中美共管」，對於美國的「堅主由中國為主體」，蔣則認為美國不過是在試探。這裡的問題是美方的資料是從中文翻譯過去的，當時蔣、羅談話的情況只有一方說法，無法對證。那麼，美國是的確準備將琉球交給中國呢，還是只是一種試探？我認為，從美國東亞戰略演進來看，試探的可能性很大，史料並無問題。

二、美國的真意

　　從歷史上看，美國的東亞戰略在原則上其實和對其它地區並無不同，而且是一以貫之的，就是：在關鍵地方最好直控，難以控制的地方則採取均衡策略，儘量不讓一個政權獨大，通過搞抑弱扶強的遊戲保證美國的影響力。

　　美國強勢介入東亞的過程基本是先支持日本衝擊東亞大陸的中、俄、英、法、德勢力，等這些勢力精疲力竭之時，再反過來支持這些勢力反衝擊日本，最終實現了對日本的直接掌控和東亞沿海島鏈的重大影響，但蔣介石及後來毛澤東的有效抵制，不但使東亞大陸碎片化沒有完成，反而在一定程度上充當了中國重新崛起之清道夫的角色。

　　我們可以看看以下的歷史事實：

　　1872 年 10 月 15 日，日本以設琉球藩的方式開始吞併琉球。美國在日本承諾保證美國在琉球的利益的條件下，對日本的行為「未提出異議」[1]。

　　1874 年 2 月 6 日，日本政府決定侵略臺灣，4 月 4 日出兵。5 月 8 日，美軍艦「蒙那肯」號的聲援。

　　1878 年的一項條約中，美國允許東京享有很大程度的關稅自主權，這引起了歐洲人的不滿。「……華盛頓的態度表明，美國在亞洲看好的是日本的未來，而不是中國或朝鮮的前途。」（美國外交史學者孔華潤先生主編《劍橋美國對外係史》）

　　1894 年 6 月，日本藉口朝鮮內亂出兵朝鮮。同月初，美國將停在長崎的軍艦「巴爾的摩」號派往朝鮮。7 月 23 日，即在中日

1　劉世龍著：《美日關係 1791–2001）》，世界知識出版社 2003 年版，第 140 頁。

甲午戰爭爆發前兩天，近 50 名美國海軍陸戰隊員在日本軍人的帶領下開赴漢城。[2]

1894 年 7 月 8 日和 10 月 6 日，英國兩次要求美國與歐洲列強聯合干涉中日戰爭時，美國予以拒絕。可見從日本崛起到甲午戰爭，美國一直是日本的支持力量，但這並不代表兩國沒有矛盾。中國的衰敗當然是日本最希望的，但美國並不希望中國太衰落，因為玩均勢策略需要牽制力量。

1900 年西奧多‧羅斯福總統給德國駐美大使施特恩貝格的信中說：「我願意看到日本佔有朝鮮。它將對牽制俄國起作用，而俄國由於它的作為應該接受這種報應。但是我真誠地希望不要分割中國。這樣做將對任何人都不好。」[3]

1904 年 2 月 8 日，日本海軍襲擊俄國駐中國旅順的艦隊，日俄戰爭拉開序幕。9 月 5 日，日俄兩國簽訂《樸茨茅斯和約》，俄承認朝鮮為日本的勢力範圍；將在中國遼東半島（包括旅順口和大連）的租借權轉讓與日本，割讓庫頁島南部給日本。

對於日本的勝利，1904 年 2 月 10 日即在開戰的第二天，羅斯福在的日記中寫道「對日本人的勝利，我高興透了。因為日本在做有利於我們的事。」[4]

1915 年 3 月 13 日，美國國務卿布賴恩對日本向中國提出 21 條發表聲明稱：「合眾國有理由反對日本關於山東、南滿和蒙古

2　劉世龍著：《美日關係 1791–2001）》，世界知識出版社 2003 年版，第 150 頁。

3　參見閻廣耀、方生選譯：《美國對華政策檔選編》，人民出版社 1990 年版，第 425 頁。

4　日本外務省：《日本外交文書》第 33 卷，轉自劉世龍著：《美日關係 1791–2001）》，世界知識出版社 2003 年版，第 168、169 頁。

東部的『要求』；儘管如此，合眾國坦率地承認，版圖的接近造成日本和這些地區之間的特殊關係。」[1]

在日本打敗俄國後幾年，時任駐俄公使柔克義意識到美國不要過於忽視俄國在太平洋的積極作用。1911 年 1 月 21 日，他寫信給國務卿諾克斯認為：「俄國在遠東的友好與合作似乎非常重要，其價值將隨著日本的擴張而不斷增加。」[2]

以上事例說明美國也在日俄之間玩均衡。

對於日本的全面侵華戰爭，美國的手法更值得玩味。可以說，中國全面抗戰開始後，前期的主要支持力量不是美國，反而是蘇聯和德國。在此期間，中國從德國和俄國取得了大量軍火，沒有這些軍火，中國的前期抗日就很難支撐。但美國雖然在口頭上反對日本侵略，實際上卻將大量戰略物資賣給日本。

1937 年美國輸往日本的鋼鐵、飛機及其零件、車床、石油、汽油、銅、鉛，分別 1936 年增加 15.3 倍、1.5 倍、2.5 倍、0.5 倍、0.5 倍、1.4 倍和 1/10；1938 年日本進口的戰略原料中，美國所佔份額，石油及石油製品、機器、廢鐵、銅、飛機、鐵合金、鉛、汽車分別佔 65.6%、67.1%、90.4%、90.9%、76.9%、82.7%、45.5%、64.7%。從 1937 年至 1939 年，美國對日本輸出總額每年保持 2 億多美元，其中軍需物資所佔份額，1937 年 58%，1938 年為 66%，1939 年竟達 81%。[3]

從這些資料可以看出，如果美國一早就對日本進行石油、橡

1　參見閻廣耀、方生選譯：《美國對華政策檔選編》，人民出版社 1990 年版，第 500 頁。

2　閻廣耀、方生選譯：《美國對華政策檔選編》，人民出版社 1990 年版，第 498 頁。

3　劉緒貽李存訓著：《美國通史》第 5 卷，人民出版社 2002 年版，第 299–300 頁。

膠、鋼鐵等禁運，日本的戰力可能連前四年都堅持不下去。

　　珍珠港事變後美國加入對日作戰，主要原因是日本已經把東亞大陸的舊勢力衝擊得差不多了，美國當然不指望一個由日本主導的大東亞在日後與之競爭。在同樣的思路之下，美國也不希望戰後東亞大陸出現一個大中國的主導力量，他最希望的還是碎片化格局。

　　1942 年 8 月 3 日，小羅斯福行政助理居里曾對蔣介石說：「華盛頓部份人之印象已不將中國東北認係中國的一部份，應作為戰後日俄兩國間之緩衝國。」[4] 12 月 2 日，羅斯福總統的政治顧問兼蔣介石政府的政治顧問拉鐵摩爾（Owen Lattimore，1900–1989）對蘇聯大使披露美國的戰略意圖，說：「華盛頓和倫敦在考慮，或把東北留給日本，或把東北變成緩衝地帶，以便（在任何情況下）保障遠東的均勢」[5]。1943 年 11 月，魏德邁還建議「在歐洲，盟國應推遲在西部開闢反對希特勒德國的第二戰場，直到德國人同俄國人在東部打得更加兩敗俱傷。在亞洲，他敦促不要完全摧毀日本的力量而應該保留一部分，以對付蘇聯的擴張」。[6]

　　可見，美國一直就有分割中國保持東亞大陸均勢的設想，即

4　轉引自黃仁宇著：《從大歷史的角度讀蔣介石日記》，中國社會科學出版社 1998 年版，第 321 頁。

5　參見俄羅斯聯邦對外政策檔案館：全宗：0100，目錄：29，案卷：11：「蘇聯大使潘友新 1941 年 12 月 2 日與拉鐵摩爾談話記錄」。轉引自 [俄] A.M. 列多夫斯基著，陳春華、劉存寬等譯：《史達林與中國》，新華出版社 2001 年版，第 280、369 頁。

6　引用赫爾利 1943 年 11 月 20 日致羅斯福的報告，載《美國對外關係—— 1943 年，中國》（英文），第 143–146 頁。轉引自 I.Epstein: Woman in World History: Life and Times of Soong Ching Ling (Mme. Sun Yatsen), published by Foreign Languages Press, Beijing, China, 1993, P.420.

使的開羅會議後依然如此。即使到了 1945 年 11 月 20 日，駐華美軍司令魏德邁向美國政府提出關於中國問題的報告，還提議由國民黨政府集中力量控制華北，而**把中國東北交由國際託管**[1]。**此建議其實對國民黨很有利，可以說，共軍如不取得東北，內戰根本不可能翻盤，但當時蔣介石出於請神容易送神難的考慮，鑒於民族大義，拒絕了此一建議。因為一旦成為國際共管區，則將來就有住民投票獨立之可能。**

美國對臺灣的態度也是十分詭異。很多人以為是國民黨大陸失敗後退據臺灣才出現所謂「臺灣地位未定論」，其實不然，**美國早有掌控或至少在軍事上管制臺灣的設想和努力，只是由於蔣介石的巧妙抵制才使其夢想落空。**

美國是清末以來最早侵略臺灣的國家，雖然當時由於國力原因和列強牽制而沒有成功，當並不表示他就對此全然忘懷。

對於盟軍佔領臺灣後如何處置，美軍有三種意見：「臺灣可獨立和自治；歸還中國；設立一臨時聯軍託管制，在託管期間，臺灣人民可準備舉行公民投票，決定他們的最後政治命運」。[2]

美軍擬取得中國同意，「美國單獨軍政管理臺灣，一直到日本投降和戰後總解決為止。頂多我們只可答允象徵性的中國參予。」[3]

美國學界也曾有設想將戰後臺灣納入聯合國共管之中，以此來維護美國在太平洋的軍事地位。美國著名的《幸福》、《生

1　衛林等編：《第二次世界大戰後國際關係大事記》，中國社會科學出版社 1991 年版，第 2 頁。

2　〔美〕柯喬治著：《被出賣的臺灣》，陳榮成譯，臺北，1980 年代後期，第 20 頁。

3　《被出賣的臺灣》，第 32 頁。

活》、《時代》三大雜誌的編輯人，共同組織一個關於戰後和平方案問題研究的委員會，於 1942 年 8 月刊發《太平洋的關係》。11 月 4 至 6 日，重慶《中央日報》連續譯載該文。其中有「為了尊重中國的優越利益，臺灣應該劃在中國關稅和金融系統之中，但是因為聯合國需要以它為一大根據地，所以把它劃為中國領土的一部，似乎不妥……」這樣的文字。[4]

美高層擬向蔣介石提出，「總統特別感興趣於你的清楚觀點，在遼東半島和臺灣的軍事基地十分重要，具有同等的價值，其海空軍力量應長期避免重新武裝。」[5]羅斯福認為該要求太露，從草稿中刪去。

美方在籌畫開羅會議時，羅斯福總統提出「中國要臺灣和澎湖列島」。霍普金斯認為，「臺灣將是一個重要的軍事基地，蔣介石會樂於將基地使用權給予美國」。羅斯福指出，「蔣介石不同意給予任何永久使用權，因此，美國不可能長期擁有臺灣的軍事基地使用權。」[6]

開羅會議結束後，羅斯福、邱吉爾飛赴德黑蘭會晤斯大林。就戰後太平洋地區的安全，美方代表霍普金斯提出，「美國在太平洋建立軍事基地並不困難，即使在這些國家獨立後，美國仍考慮建立海空軍基地。菲律賓的基地不是由聯合國來控制，而是由美國控制。臺灣將歸還中國，但美國打算獲得那裡的海空軍基地

4　重慶《中央日報》1942 年 11 月 5 日第三版。

5　United States, Dept of State. The Foreign Relation of the United States: 1942 (China). Washington Government Printing Office, 1960, p.186.

6　United States, Dept of State. The Foreign Relation of the United States: 1943 (Conferences at Cairo and Tehran). Washington Government Printing Office, 1961, p.258–259.

使用權。」[1]

　　但由於蔣介石政府巧妙而艱苦的外交努力，終於在開羅會議上取得了「蔣介石與羅斯福一致同意，戰後東北四省、臺灣和澎湖列島必須歸還中國；遼東半島及其兩個港口旅順和大連也必須包括在內」的重大成果。這一成果最重要的是在法理上保證了中國對東北及臺灣的完全主權，避免了被國際化的後果。這在自身軍事實力不足的情況下已經非常了不起了。事實上，即使有了《開羅宣言》，也不能完全保證中國的領土主權完整，以後的《雅爾達協定》中，中國在完全不知的情況下喪失了外蒙及東北的不少主權，在臺灣後來發生《二・二八事件》、《孫立人兵變案》中都有美國的影子在裡面。

　　再回來說琉球問題。

　　中國對琉球的主權要求本身在法理上就不足，琉球本來只是中國的一個朝貢國，蔣介石認為其地位「與朝鮮等」，但實際其地位比朝鮮還疏遠，在朝鮮中國尚有派出機構，在琉球有什麼？琉球也還是日本的朝貢國呢！朝貢關係不等於主權關係，這是國際上的普遍認知，所以光憑法理中國是無法主張對琉球主權的。但如果當時有實力，能出兵先佔據這些地方的話，那以後歸屬中國也不是不可能，然而當時中國連解決本土侵略軍（日寇）的能力都沒有，尚有何實力去佔琉球？的確羅斯福在開羅會議上曾幾次探詢過蔣對琉球的要求，但從美國在東亞大陸一貫採取均勢戰略來看，他是完全不可能同意中國佔據琉球的，一個連臺灣主權

1　United States, Dept of State. The Foreign Relation of the United States: 1943 (Conferences at Cairo and Tehran). Washington Government Printing Office, 1961, p.570. [11]United States, Dept of State. The Foreign Relation of the United States: 1945 (Europe). Washington Government Printing Office, 1963, p.882.

都有所圖謀的國家怎麼可能將另外的戰略要地拱手與你呢？所以，開羅會議上羅對蔣關於琉球談話更多的是一種試探，蔣介石只取當取是明智的策略，一旦露出擴張的態度將帶來的恐怕不是利益而是更多的反制。事實上，即使是這樣，正如上面述及，美國對臺灣還依然有所圖謀。至於後來的釣魚島問題也是美國均勢策略的運用，他需要中日間打入矛盾的楔子，以便在必要時從中取利。

三、國際關係上不能指望救世主

國際關係是典型的勢利之交，不能指望那個國家會充當救世主，無論那個國家打的旗號是什麼，其背後則是赤裸裸的利害算計。蔣介石在 1924 年 3 月訪蘇回來後給廖仲愷的信中就明白指出「俄黨對中國之唯一方針，乃在造成中國共產黨為其正統，決不信吾黨可與之始終合作，以互策成功者也。至其對中國之政策，在滿、蒙、回、藏諸部，皆為其蘇維埃之一，而對中國本部，未始無染指之意。凡事不能自立，而專求於人，而能有成者，決無此理！彼之所謂國際主義與世界革命者，皆不外凱撒之帝國主義，不過改易名稱，使人迷惑於其間而已。**所謂俄與英、法、美、日者，其利於本國與損害他國之心，則五十步與百步之分耳。**」

在當時狂熱的意識形態狂潮之中，蔣能不受其影響，一眼看穿國與國之間本質，可謂卓識！但這當然與蔣所堅守的民族主義立場有關。

中國歷史上的戰國時期，楚對晉重耳政權有再生之恩，重耳所答應的報答也不過是「退避三舍」，而當兩軍交戰真的來臨之

時，重耳所實行的「退避三舍」更多的反而成了一種驕敵之計，在因此擊敗楚軍後促成了晉的霸業。同樣，秦晉之好傳之千古，秦對晉襄公之父晉文公也有生死肉骨之恩，但這同樣並不妨礙晉襄公在秦侵犯其國家重大利益的時候斷然出手，在淆山一舉殲滅秦軍精銳，並因此而長期阻礙秦軍東進之路。

二戰以後，雖然美英為盟國，但完全不妨礙美國利用時機給英國的全球利益以重大打擊：用《布雷頓森林協定》一舉結束英鎊的金融霸主地位，鼓勵各殖民地獨立以弱化之，結果使英國不得不成為美國在國際上的跟班。美國對日本也一樣，即使在二戰後日本已經淪為美國之殖民地，但一旦感覺日本有凌駕之勢，一個「廣場協定」即令日本大喪元氣。

二戰末期，美國對中國的主權也曾有過圖謀，「史迪威事件」就是最好的例子，如果其得逞，那麼中國的軍權皆在其掌握之下，分化中國易如反掌，幸為蔣介石所挫敗，但蔣也由此失卻美國之援助，為他後來在大陸的失敗埋下了致命的種子。在國共內戰的關鍵時刻，美國居然不顧冷戰的戰略需要，對蘇聯大力武裝中共政權視而不見，對中華民國政府實行近二年的武器禁運，這是國共勢力消長的一個重大關鍵，我想美國也未必見得希望蔣政權就此消滅，只不過還想玩均勢戰略，讓中國自動分成若干塊，但不料玩得過火，反而促成中共席捲中國大陸。

毛澤東對中國領土主權完整也是有重大貢獻的。內戰如果不是他勝利而是蔣勝利，那麼，中國想要順利收回東北、新疆的主權十分困難。對蔣政權來說，蘇聯是最重大「惡鄰」，而對毛來說，由於意識形態和當時冷戰局面，蘇聯反成了最大的外援。毛對中國領土主權的最重大貢獻在於「夯實」上，而不是在法理上，是毛澤東將中央政府的權威落實到中國的邊疆的每一個角

落，這是中國歷朝歷代所未曾有過的。毛時代的中國，可說是真正統一的中國（不考慮臺灣），而內部的統一對參與世界性的博弈遊戲是十分重要的，這在很大程度上決定了你的角色是「棋子」還是「玩家」。國際關係基本是一種利用實力和技巧進行博弈的關係，不明白此中訣竅，苛責前賢是不公平的。

本文的資料轉引自：

1.《汪暉：琉球與區域秩序的兩次巨變》

2.《褚靜濤：美國與二二八事件》

3.《張文木：美國東亞地緣戰略：底線和極限》

有關琉球主權的
中共官方立場之演進

毛澤東支持沖繩「歸還」日本

　　一九六四年一月廿七日，毛澤東接見日本亞非團結委員會常務理事、日中協會副會長、日中貿易促進會理事長鈴木一雄，日本亞非團結委員會常務理事、亞非及太平洋區域和平聯絡委員會副秘書長西園寺公一和日本共產黨機關報《赤旗報》駐京記者高野好久。毛澤東就最近日本人民反對美國侵略的愛國正義鬥爭發表談話，**指出：最近，日本掀起了大規模群眾運動，反對美國 F-105D 型核飛機和核潛艇進駐日本，要求撤除一切美國軍事基地和撤走美國武裝部隊，要求歸還日本領土沖繩，要求廢除《日美安全條約》等等**，所有這些都反映了日本全體人民的意志和願望。「日本人民在一月廿六日舉行的反美大示威，是一次偉大的愛國運動」；「日本民族是偉大的民族。它絕不會讓帝國主義長期騎在自己頭上的。」毛澤東代表中國人民向英勇的日本人民致以崇高的敬意。他還說，中國人民深信，日本人民一定能夠把

1964 年 1 月 27 日，毛澤東接見日本亞非團結委員會常務理事、日中友好協會副會長、日中貿易促進會理事鈴木一雄（右一）等。

美帝國主義者，從自己的國土上驅逐出去，日本人民要求獨立民主、和平、中立的願望一定能夠實現。毛澤東號召，中日兩國人民要聯合起來，亞洲各國人民要聯合起來，全世界一切被壓迫人民和被壓迫民族要聯合起來，結成反對美帝國主義的廣泛的統一戰線，挫敗美帝國主義的侵略計畫和戰爭計畫，保衛世界和平。

（原載《圖文 20 世紀中國史》頁 2071）

新華社開始提出琉球歸屬問題了

　　新華社北京 9 月 30 日電（記者陳勇）9 月 28 日，中俄兩國元首發表《關於第二次世界大戰結束 65 週年聯合聲明》。在二戰勝利 65 週年之際，這份《聯合聲明》具有鮮明的現實意義。

　　二戰是世界反法西斯同盟抗擊法西斯軸心國的一場戰爭。中國和當時的蘇聯作為反法西斯同盟的重要力量，各自承受了數千萬軍民的傷亡和慘重的物質損失，才得以驅逐納粹和軍國主義侵略者。勝利來之不易，犧牲值得銘記。

　　但是在戰爭勝利 65 年之後的今天，沉渣泛起。今年 8 月 14 日，日本宣佈無條件投降 65 週年紀念日的前夕，部份歐洲國家極右政黨成員和日本極右分子在東京「連袂」參拜了供奉著甲級戰犯的靖國神社。這一行徑引起世界一切愛好和平的人民的擔憂，中俄兩國作為二戰中法西斯侵略罪行的最大受害者，更有理由警惕。

　　這種行徑究竟是如何發生的？究其根源，二戰之後緊接著發生的冷戰，為法西斯餘孽生存提供了土壤。美國出於自身利益的需要、意識形態的偏見，沒有徹底懲罰侵略者，從上世紀五十年代起在歐洲政治、軍事和經濟領域容留法西斯政權分子，在亞洲更是大量留用軍國主義戰犯。比如，曾以同盟國戰俘和平民進行生物戰人體試驗、犯下反人類罪行的日本「７３１部隊」首領，就得到美國的庇護而免於起訴，有些人在戰後反而身居高位。

　　不僅如此，美國還出於一己私利，背棄同盟國之間的共識和協定，損害同盟國的合法權益。比如，1945 年 7 月 26 日以同盟國

政府首長名義發表的《波茨坦公告》曾明確指出：

「日本之主權必將限於本州、北海道、九州、四國及吾人所決定其他小島之內。」日本理應歸還戰爭中侵佔的一切領土。但到了 1971 年，美日卻不顧中國的反對，擅自簽訂《歸還沖繩協定》，將日本從中國竊據的琉球諸島、大東諸島及附屬島嶼的管理權「歸還」日本。

正因為歷史的正義得不到伸張、罪行沒有得到清算，才釀成今天的一些怪象。人們看到，在歐洲，極右勢力繼承了納粹的衣缽在鼓吹種族謬論，通過煽動仇恨和偏見攫取更大的政治

影響力；而在亞洲，極右勢力甚至否認侵略、美化軍國主義的罪行，堂而皇之地繼承侵略中獲得的「贓物」。

回顧歷史是為了更好地應對現實。正如中俄兩國元首在《聯合聲明》中所指出的那樣：《聯合國憲章》和其他國際檔已對第二次世界大戰作出定論，不容篡改，否則將挑起各國和各民族之間的敵對情緒。人們應該看到，只有伸張歷史的正義，徹底清算法西斯罪行，才能徹底消除今天極右分子生存的土壤，維護國際社會的團結，共同應對全球性挑戰和威脅。而出於私利縱容罪犯、不清算侵略行為者，很有可能因為短視而付出代價，最終咽下自釀的苦酒。

（本文原載新華網 2010 年 10 月 2 日）

以下是天涯微博的跟貼：

sydGabriel　回復日期：2010–10–02　17：08：33

希望大家不要忘記琉球（現在的沖繩）以前就是中國的附屬國，所以東海的問題不僅僅是釣魚島的問題！

悠遠_bj　回復日期：2010-10-02　22：37：12

也不算跑題吧，既然談到了《波茨坦公告》，談到了美國歸還沖繩非法，也就意味著對琉球的主權表示質疑……誰也沒說琉球應該歸屬中國，但琉球未必不能獨立呀！比琉球小的國家又不是沒有……

jack7483　回復日期：2010-10-02　23：10：19

應該支持琉球流亡政府，中國口口聲聲說不干涉別國內政，不首先使用核武器，有什麼用？

任何一個民族，忘戰必憂，美國，俄羅斯，日本，以色列都明白這個道理，戰爭只是手段不是目的，所有的利益都是要靠刀槍拼出來的。中國人，該醒醒了！善良只會被人看成軟弱，放棄日本戰後賠償是為了換取日本對新政權的承認。中國從來不缺漢奸。中國人太會從經濟角度出發考慮問題了。一個連奶粉都做不好的國家你能指望他能生產出什麼好武器。軍隊裡的那些人都在忙什麼？美國為什麼都有那麼多好飛機，導彈，航母？中國是不能造，不敢造，不肯造，還是不需要造？俄羅斯佔著北方4島，日本人不是照樣沒辦法。日本人的軍艦都開到釣魚島這邊攔截你的漁船，中國媒體還在自慰，有膽子你直接導彈飛過去啊，人家的軍艦都在你領海作業了，中國的黨政軍，你們還有什麼臉面？要對方賠償道歉的話就不要多說了。

aizizhi　回復日期：2010-10-02　23：24：23

從道理上而言，攻佔沖繩的，是美軍。所以，美軍想給誰就給誰。當然，作為美國，世界上唯一的一個正義國家，並不打算吞併沖繩。

從現在的情況來看，沖繩人民並無「回歸中國」的願意，甚

至有可能聽到中國這個國家就吐。所以民意基礎。從實力來說，中國當然沒有能力攻佔沖繩，用專制獨裁奴役沖繩人民。所以，你杯具了。

軒轅——楓之戀　回復日期：2010–10–02　23：58：08

這狗日的肯定是日本狗崽子！

華山孤客　回復日期：2010–10–03　00：32：35

從政府的態度上看近十年內中國必會打仗了。首選應當是沿海周邊國家了。我看最有效的針對對像應當是日本，打垮日本就打散了美國，更打敗了周邊國家。不管從心理上還是從實際出發打日本是必由之路了。

健美的火車　回復日期：2010–10–03　10：15：05

琉球國國王的後代現在還在的，生活在美國的，貌似還可以利用下……

問題公共馬甲　回復日期：2010–10–03　10：29：12

戰後應該規定琉球獨立，並不得與日本合併的，像處置德國和奧地利一樣。

skystarrain　回復日期：2010–10–03　10：59：06

新華社比外交部更愛國，支持一下，這個公告想來老美也沒法否認的，說到點子上了。

恐龍一頭　回復日期：2010–10–03　11：03：59

怎麼不明確提出琉球爭議？

chehuchehu　回復日期：2010–10–03　11：07：00

琉球也許不是我們的，但也絕對不是倭奴地……

突突扁桃體面的　回復日期：2010–10–03　11：17：47

　　支持琉球獨立。

問題公共馬甲　回復日期：2010–10–03　11：22：52

　　美國託管時是朝琉球獨立方向施政的，但不久冷戰爆發使美國改了主意。

cqtw2018　回復日期：2010–10–04　09：05：43

　　雅爾達協議和波茨坦公告是全世界人民戰勝法西斯的最終法律文本，同時也是套在小日本脖子上的絞繩。同時也是我國收復釣魚島主權有力佐證。（前幾次，我在國際觀察上發表的觀點也就是基於雅爾達協議和波茨坦公告），我國外交智囊人員應該多從歷史角度來考慮和研究這些問題向政府建議，我國應該主動的面對這一歷史問題，不要讓有利於我國解決釣魚島主權上處處被動。韜光養晦不是處處退讓，不是不講原則。應該恢復琉球王國主權，同時也是為愛好和平全世界人民伸張正義。

一塌糊塗2000　回復日期：2010–10–05　09：33：17

　　就是的，琉球群島本是獨立的王國，被日本侵佔了，但在二戰結束後，應該建立一個獨立的國家的，可惜美國作為戰勝國之一，卻是為了自己的利益而將之給了日本，實在是對正義的踐踏！

histery　回復日期：2010–10–09　23：23：59

　　對琉球人來說，雖然他們討厭美國基地的飛機，他們更害怕某國特色社會主義，所以，大家盡可放心，無論什麼時候，無論什麼情況，琉球都沒有咱什麼事，都別瞎激動啦。

紅旗下的子彈 007　回復日期：2010–10–09　23：31：52

　　將來，琉球問題很有可能，只是中國和美國之間的一筆買賣！

蘭芳共和　回復日期：2010–10–10　00：10：39

　　國共兄弟手足相殘，導致外人得利。不謀萬世者，不足謀一時；不謀全域者，不足謀一域。琉球問題，是破解中日東海之爭的絕好棋子，中國要下好這部棋，徹底廢了小日本。

修煉千年的狐妖　回復日期：2010–10–11　09：44：20

　　央視可是經常放《七子之歌》的。

中共媒體明確表態：琉球群島不屬於日本

11 月 9 日 15 時，著名軍事專家彭光謙少將、海軍軍事學術研究所研究員李杰大校做客強國論壇，以中國的海洋權益及海洋安全為題與網友進行線上交流，歡迎參與。

中共應大力加強海空力量

[李杰]：大家好，很高興今天到人民網和大家共同探討中國海洋權益和海洋安全問題。

[彭光謙]：強國論壇的新朋友、老朋友，大家好。

[網友廬山]：兩位嘉賓好，請問對日本 6 號扣押中國漁船及其船長和 10 餘名船員這一事件如何看？日方並稱「將根據（日本）國內法處理。」日本這種做法是不是危害了中國的海洋權益？近年來，常見周邊各國對中國漁船、商船採取各種暴力威脅和制裁，請問中國應改如何應對？國家如何能保護好我們的公民？我們是否也應該在享有神聖不可侵犯主權的南海領域採取執法行動？

[李杰]：如果我們在正常的專屬經濟區和公海進行捕魚作業，是合法的，是沒有危害他國利益的。在當前日本還沒有搞清事態和原委的情況下，單獨扣押中國漁船和船長以及船舶的行為是不符合國際法和聯合國海洋法公約的，只會進一步損害兩國之間的關係。現在，雙方正在對海上漁事事件和衝突的情況進行進一步調查和分析。總之，我們希望日方本著大局為重，尊重國際法和聯合國海洋法公約，把他國的正常捕魚作業按照規定的法律

程式進行處理，允許他國的漁船進行正常捕魚作業，從事各項海事活動。目前中國在和日本進一步進行溝通，調查事件的原委，同時我們也希望兩國的漁業部門和法律部門就這件事進行很好的磋商和談判，以便更好地維護我國的海洋權益，保證我們的海洋安全。當前在南海，海上情況比較錯綜複雜，周邊各國在海洋主權問題上存在著一定的矛盾和糾紛，一些島嶼被他國侵佔，大片的海域被他國瓜分，資源被大量掠奪。面對這種複雜的情況，我們中國長期以來還是本著「主權歸我、擱置爭議、共同開發」這個基本原則，希望和南海周邊各國在維穩、維和的基礎上進一步搞好維護海洋開發和利用，同時加大海上軍事力量和海上執法力量，更有效地維護我國的海洋權益和海上安全。

　　[彭光謙]：對於這個日本扣押中國漁船船長事件本身，我們還正在調查。從目前日方公佈的情況看，似乎是中國漁船進入了日本領海。無論事實如何，這是一個單純的漁業事件，要就事論事處理，希望日方不要政治化、擴大化。從中日關係的大局出發，妥善處理這一事件。

　　[網友楊再昌]：請問彭將軍，您認為中國海洋安全主要威脅來自何方，如何有力維護？

　　[彭光謙]：與陸地方向相比，近年來，我國海上安全問題相對突出。主要表現在兩個方面：一是隨著美國全球戰略的重心東移，美國高調「重返亞洲」，插手南海，使問題日益複雜化；二是中國與周邊有些國家在海域劃界、海島歸屬、資源開發上的歷史遺留問題尚未解決，有些國家單方面採取行動，在有爭議的海域挑起爭端，也使問題複雜化。我們歷來主張南海問題由相關的聲索國，分別以和平談判的方式、互諒互讓的方式，合情合理的解決。在問題沒有完全解決之前，擱置爭議，共同開發，為最終

以雙贏的方式解決歷史遺留問題創造條件。有關國家不要片面採取激化矛盾的方式，更不要幻想引入外力，對中國施加壓力，這樣做只會適得其反。

[網友楊再昌]：請問李杰老師，針對目前在我國南海東海周邊出現的新情況和外國聯合軍演的威脅，我國應如何加強國防和強化應對手段？

[李杰]：當前在我國南海和東海周邊出現了一些國家和外國海空力量進行各種規模的海空演習，其矛頭指向十分明顯。針對這些日趨複雜、有所擴大的海上軍事演習，我們應該調整新的思路，採取新的手段和方式，有效地加以應對。首先，應該揭露一些域外大國例如美國、日本、印度等對我海空演習中兵力的加大或者行動方式的改變，我們要採取新的對策和手段。實際上，近些年來，美國等西方大國已將自己的戰略重心從歐洲轉移到亞太，尤其是東亞地區。因此，美國等國視我為其主要的戰略對手，不斷地加大力度，對我加緊進行遏制和包圍。日本由於金融危機，經濟不景氣，也不甘心失去自己原有的世界 GDP 第二的地位，希望聯手美國在東亞對我進行遏制和包圍。印度出於戰略策應的需要，近年來也加快進出南海、進出太平洋的步伐，企圖從戰略另一側對我實施策應和箝制。面對上述域外大國對我的戰略包圍和遏制，我應該針鋒相對，有所行動。首先，必須從戰略的高度，採取有力的措施，揭穿上述域外大國在我周邊海域進行的海空聯合演習的陰謀。其次，我們要利用和美國、日本等國經濟關係日益緊密的趨勢，通過經濟上的擴大和溝通，使上述國家與我經濟關係更加緊密，在經濟上更加依賴於我，從而在其進行相應的海空聯合演習或行動時，有所顧忌，有所考慮。再次，我方也應大力加強海空力量，尤其是中遠海海空力量，也在適當時

機和其他友好國家在某些相關的海域進行一定規模的海空演習；同時我應不斷增強海空力量，使一些懷有某些企圖的國家在進行海空演習或採取其他行動時，必須考慮它將為此而付出的慘重代價，而不敢輕舉妄動。第四，我要和周邊其他國家進一步搞好雙邊和多邊的關係，使西方強國無法利用這些國家為其海空演習提供方便和服務。

[網友一天一地一廣仔]：請問嘉賓，為什麼日本總是一而再地拿中國的船長船員做「人質」？問題總是爭而不決，未來中日是否會有一戰？

國家主權不容談判

[彭光謙]：的確，日本目前正處在一個重要的歷史轉折時期。日本目前面臨的一個重要問題，就是明確國家發展方向，是脫亞入歐，還是回歸亞洲，與亞洲鄰國和平友好相處，共同繁榮，共同發展。這是需要日本做出明智決策的重大戰略問題。我們對日本新內閣進一步發展中日友好關係表示期待，也希望野田首相早日訪華，推進中日關係的健康發展。東亞地區的穩定，有待於包括日本在內的所有亞洲國家，共同努力，發展和平友好的睦鄰關係。日本的鳩山內閣曾經提出東亞一體化，這是一個值得肯定的設想。只要中日雙方共同努力，中日可以避免歷史悲劇的重演。

[網友楊再昌]：請問李大校，作為軍人，您如何評價普京總理說的「國家主權只有捍衛沒有談判」和鄧小平所說的「國家主權不容談判」，面對東海、南海爭端，我們從中應有何啟示？

[李杰]：我非常同意俄羅斯普京總理所說的「國家主權只

有捍衛沒有談判」以及鄧小平同志所說的「國家主權不容談判」的觀點。國家主權是一個國家的核心和命脈，不容他國肆意踐踏和侵害。因此，維護國家主權不僅是我們軍人的神聖職責，也是每個中國公民應盡的義務。當前，東海和南海海上安全形勢日趨緊張，各種矛盾錯綜複雜，而且在某些時刻、某些方向還有加劇的趨勢，尤其是南海方向，近些年來，南海方向周邊一些小國在域外大國的挑唆和慫恿之下，加緊島嶼爭奪的步伐，不斷地挑戰我國的海洋安全底線，大肆掠奪我國海洋油氣資源；美國和其他域外大國也以航道通行安全為名，多方插手南海事務，使南海的局勢和矛盾愈發緊張激烈。面對當前複雜的南海和東海形勢，我們應該區別對待，採取不同的策略和措施：對於南海問題，應該採取「一對一」對話交流的準則，防止南海周邊各國聯手對我的態勢出現。此外，應防止域外大國進一步插手南海事務。必須向世界各國和輿論界指出，一些大國不負責任的插手和干擾是「既不利人，又不利己」的行為。但是，當前的南海和東海形勢確實出現了一些和已往不同的特點和趨勢，在這種情況下，我們不能繼續沿用一些原有的思路和措施，必須重新調整思路，加強和各方的協商和合作，制定出切實可行的、有針對性的行動方案和措施，防止已往那種「策略不可行、行動沒著落、問題不解決」的現象發生和出現。

[網友文學大王]：圍繞南中國海島礁主權和海域劃分的爭奪日傾白熱化，日本、越南、菲律賓等域內各國試圖聯手制華，美國等域外大國加緊介入滲透，推動南中國海問題國際化。請問：南中國海既然歷來就是中國的領域範圍，為何會造成今日這局面？如果南海問題國際化了，是否將嚴重侵犯我國主權影響我國安全？中國應該採取何種策略應對既能保障安全又能化解危機？

[彭光謙]：在上個世紀 70 年代以前，並不存在所謂南海問題，中國發現南沙群島可追溯到 2000 多年前的東漢，中國最早發現、開發、經營、管理南海諸島，中國對南海擁有無可爭辯的主權。1956 年 6 月 15 日，越南副外長雍文謙接見中國駐越南使館臨時代辦李志民時，鄭重表示：「根據越南方面的資料，從歷史上看，西沙群島和南沙群島應當屬於中國領土。」他還表示：從越方的研究結果來看，至少宋代中國就對南沙和西沙實行了有效管轄。1958 年 9 月 4 日，中國政府發表關於領海寬度為 12 海裡的聲明，規定領海制度適用於中國一切領土，包括南海諸島。9 月 14 日，越南總理范文同照會周恩來，鄭重表示：「越南民主共和國政府承認和贊同政府一九五八年九月四日關於規定中國領海的聲明，越南民主共和國政府尊重這一決定」。越南《人民報》刊載了中國政府聲明的詳細摘要，並全文刊載了范文同總理的照會。70 年代以後，隨著《聯合國海洋法》的頒佈實施，以及海洋資源開發技術的日益成熟，周邊國家掀起了搶佔中國南海島嶼、開採中國南海資源的高潮。越南出爾反爾，違背了國際法上的「反言原則」。近來，越南、菲律賓等一些非法佔領中國南海島嶼的國家，在中國國力日益強大的背景下，產生越來越大的危機感，因而急於引進外力，鞏固既得利益。這是不利於南海問題妥善解決的，也不利於南海地區的整體和平與穩定。把南海的水攪混，對任何人都沒有好處。南海問題的唯一出路就是南海海域相關的聲索國分別坐下來和平協商，走共同開發的道路。

[網友其中一員]：請問嘉賓，春曉油田在就是日方主張的中線的中方一側，為何還要跟日方協商開發事宜。

[李杰]：春曉油田確實是在日方主張的中線的中方一側，因此它的勘探和開採權無論從法律還是其他角度來說都屬於中國的

權益。之所以要和日方開展協商，是因為我們本著更好地解決海洋問題和東海問題，作出的一些友好姿態，目的是為了更好地解決東海的劃界問題和海洋權益問題。

[網友扛著大刀背著槍]：請問將軍，二戰後對琉球群島的處置，到底是中美共管還是交聯合國託管？現在社會上有這樣兩種說法，請將軍給個正確的答案。

中國海空力量對南海諸國具有相當優勢

[彭光謙]：琉球王國從明朝初年開始曾經是中國的藩屬國，前後有 500 年。日本曾經多次想併吞琉球，未能得逞。甲午戰爭以後，臺灣被割讓，琉球也被日本佔領。但日本對琉球的佔領，從無法律依據。第二次世界大戰結束後，**根據《開羅宣言》和《波茨坦公告》，日本應該無條件放棄對琉球的佔領。在當時的特殊條件下，琉球群島一度由聯合國託管，但事實上，是由美國一家託管。70 年代，美國單方面將琉球的行政管理權移交給日本。這是無效的。**

[網友文學大王]：兩位嘉賓好，我們有沒有能力保護好南海安全？如果一旦因為衝突發生海域戰爭，中國有沒有把握打贏海戰？當年因為第七艦隊影響我們解放臺灣，假如現在美國又派航母來干涉，我們是否又只能望海興歎？

[李杰]：南海的安全維護，應該說不是僅靠軍事力量或者武力這種單一手段來解決的，應該靠多種手段的聯合應用，包括政治、經濟、外交、文化、軍事等多種手段的並用。但是，一旦某些國家恣意妄為，膽敢挑釁中國的海洋安全底線的話，我們也必須要以武力來堅決捍衛與保護。**與南海周邊一些國家相比，應該**

說我們的海空力量還是具有相當的優勢的。不過，如果美國等西方域外大國要插手南海事務，將會使南海的局勢和問題變得比較複雜。[網友海納百川中國沙河]：中國第一張無人島使用權證頒出，寧波一公司老總 344 萬購象山旦門山島，使用年限 50 年，借鑒事例請問專家對我南海無數無人島嶼開發怎麼看？

［ 彭光謙 ］：加強對南海的資源開發，是目前體現我國對南海的主權存在的重要方式。南海的開發應該創新思路，官民並舉，多路推進。像引進民間資本，開發無人島的做法，是可以探索推廣的。

［ 網友孤松 ］：欣聞「瓦良格」號開始試航，但擁有航母並不等於擁有了戰鬥力。請問嘉賓，中國何時能像美國一樣組建起航空母艦戰鬥群。養護一個航空母艦戰鬥群每年的大概花費是多少？戰鬥群之間是怎樣的一個組合關係？

［ 李杰 ］：航母的試航肯定不等於航母已經有了戰鬥力。按照世界大國航母發展的經驗來看，航母進行試航，一般要經過兩至三年的時間，而擁有戰鬥力一般要有八到十年的時間。因為中國是第一次擁有和發展自己的航母，白手起家，各方面都沒有經驗，要組建成最終像美國那樣的航母戰鬥群，應該說還有相當的差距。中國總參謀長陳炳德上將曾經說過，中國的主要武器裝備水準與美國相比，有二、三十年的差距。因此，中國還要花費數十年的時間進一步進行改造、試驗和發展自己的航母，才能達到世界較先進的水準。養護一個航母戰鬥群，要每年花費大量的資金，國外經常把航母形容為「吞金獸」，一般來說，像美國航母，一小時大約要花十萬美元。航母戰鬥群是一個多種艦艇組合的編隊，包括巡洋艦、驅逐艦、護衛艦、核潛艇以及快速支援艦。

[網友長安客居]：請問彭將軍，憑什麼自古就是中國領海的地方卻要與別國共同開發？憑什麼？

[彭光謙]：共同開發並不在中國的領海。中國領海是有完全主權的，不存在共同開發問題。但是可以引進外資，合作開發。我們所講的「共同開發」是在有爭議的地區，和平解決爭端的方式之一。之所以採取這一方式，是從中國與周邊國家的傳統友誼出發，從維護地區和平穩定的大局出發，而做出的新的探索。

[網友一天一地一廣仔]：請問嘉賓，為什麼幾十年來我國的航母建設這麼晚這麼慢？在「制海權」方面我們何時才能完善防禦和作戰能力？

[李杰]：發展航空母艦主要牽涉到一個國家的軍事戰略、科技水準和財政收入等等綜合因素，由於我國 1949 年建國之初還是個一窮二白的國家，當時的工業基礎比較薄弱，資金比較缺乏，科技水準也不高，又受到美國等西方國家以及蘇聯對我的包圍和遏制，因此航母的發展和建設相對有所滯後。進入新世紀以來，我國的綜合國力明顯增長，經濟實力大幅度提高，科技水準不斷地增進，在這種情況下，我國開始進一步考慮和發展自己的航母。有了航母之後，我國的海上方向就有了龍頭和核心，就能把海上方向的各種力量綜合化、體系化地建設和完善起來。一旦形成了一定數量的航母編隊及其他海空力量的組合，就能有效地完善防禦和作戰能力。

[彭光謙]：建國以來，我國長期處於外部敵對勢力包圍、封鎖之中。我國主要實行積極防禦，誘敵深入的軍事戰略方針。重在維護本土安全。一是航母建設戰略需求並不迫切，二是我國的軍事工業基礎相當薄弱，還不具備建造航母的財力、物力和技術水準。隨著中國國力的提升，我們逐漸具備了建造航母的條件，

同時我國對外開放日益深入，與外界的聯繫日益密切，我國的海洋利益的維護日益提上議事日程，發展航母水到渠成。經過多年建設，我們維護我國領土、領海、領空的能力大大提高，並形成了完善的防禦體系。

[網友蔣孝化]：嘉賓，毛主席在的時候，北打珍寶島，南打印度！我們今天的軍力難道還不如毛主席那個年代了？是軍力不行還是國家意志力不夠？

越菲若輕舉妄動　必付出沉重代價

[李杰]：目前我軍力肯定是比當年要強大得多，而且陸海空天電各種力量均衡發展，軍力在世界上也屬於前列。但是，我們國家現在面臨的戰略格局和和安全形勢卻要比以往複雜得多，我國陸上周邊 14 個國家中，雖然大部分陸地邊界問題得以解決，但是中印邊界劃界問題還沒有根本解決；海上方向的 9 個相鄰相向的國家中，有很多和我存在著海洋權益的爭奪矛盾和糾紛，加之域外大國例如美國、日本、印度等國在海上方向設置的 C 形包圍圈，以及不斷構築的亞洲版的北約，使我海上方向安全形勢日趨複雜。尤其是我國當前雖然 GDP 總量已位居世界第二，但是我們還是一個發展中的大國，我們的經濟基礎和工業科技水準還不太強，有待進一步提高和發展，因此，我們應該更加韜光養晦，埋頭苦幹，大力發展我們的經濟實力和綜合國力，同時也要不斷增強我們的軍事實力和威懾能力，使我們的國力更加強大。只有這樣，屆時我們才能更加堅定地體現我們的國家意志，使任何敵人不敢輕舉妄動，如果輕舉妄動，就要使他付出極其沉重的代價。

[彭光謙]：建國以來，我們從未主動打過誰，無論是中印邊

境自衛反擊戰、中越邊境自衛反擊戰、珍寶島自衛反擊戰，都是被迫實施還擊的。不存在打誰不打誰的問題。改革開放 30 年來，我國綜合國力，包括國防實力大大增強，外敵對我國入侵的威脅有所減少，我國生存安全環境大大改善，當然發展的安全仍然相當複雜。未來我們會進一步發展全方位的友好合作，改善我國安全環境。但是，如果有人要把戰爭強加在中國頭上，當然，中國會奮起反擊，這點不用懷疑。

[網友楊再昌]：請問彭將軍，如何在中小學中加強中國的海洋權益及海洋安全方面的宣傳，在全民中牢樹海洋國防觀念？

[彭光謙]：網友提出這個問題非常重要。海洋空間是繼陸地空間之後，是人類又一個重要生存與發展空間。隨著陸地資源的日益減少，海洋資源的開發顯得越來越重要。海洋是人類生存與發展的第二搖籃，也是中華民族實現偉大復興不可或缺的戰略空間。中國既是一個陸地大國，也是一個海洋大國，但是長期以來，我們更多的關注的是陸地安全和陸地權益，相對而言，海洋意識不強。我們應該在全民中深入進行海洋國土觀、海洋國防觀、海洋權益觀的教育，樹立「寸海寸金」的觀念，而且要從兒童抓起。

[網友 jimmye01]：少反美，用反美的精力來對付侵佔中國主權的幾個小國，就能維護中國的海洋利益了。嘉賓，您同意我的見解不？

[李杰]：美國實際上是一些侵佔中國主權小國的挑唆者和幕後策劃者。中國有句成語叫做「狐假虎威」，如果沒有美國等西方大國的暗中唆使和慫恿，這些小國是不敢輕舉妄動的。所以，在當前的情況下，我們應該有力地揭露美國等西方大國的各種企圖；同時在與這些小國的博弈中，我們應該粉碎他們不恰當的幻

想；使他們認清，只有和中國協商合作，才能取得共贏。如果一味地依賴美國等大國挑釁鬧事，絕不會有好的下場。

[網友黃晨灝]：嘉賓好，我國海軍裝備同發達國家的海軍裝備有哪一些距離，如何加緊趕超呢？謝謝。

[李杰]：應該說，進入新世紀以來，我國的海軍裝備取得了突飛猛進的發展，逐漸縮小了與西方發達國家海軍主要武器裝備的差距，尤其在某些武器裝備領域，我們還有自己的優勢。但是，我們在一些大型戰艦和水下核潛艇方面，與西方發達國家相比還是有一定的差距。因為西方發達國家的這些大型戰艦和水下核潛艇在二戰期間和二戰之後就已經大量裝備和使用，而我們發展、建造和使用的時間相對較晚，因此，存在差距是難免的。今後我們還要繼續瞄準世界發達國家前沿的主要武器裝備的發展動向，充份借鑒他們的經驗和技術，充份發揮我國軍工企業特有的優勢，再加上我國設計和建造部門人員的聰明才智，通過不斷的試驗、改進、仿製和自行研製，不斷地發展和提高，爭取趕超世界先進水準。

[李杰]：謝謝各位網友，很高興我們之間進行交流，下一次爭取有機會進一步交流合作，願我們的強國論壇越辦越好，願我們的網友能更多地發揮自己的聰明才智，更好地進行溝通，使我們的媒體能夠為我國國防力量和防務事業作出更多的貢獻。謝謝大家！

[彭光謙]：對廣大網友們對國家海洋權益、海洋安全的高度責任感和高度關切表示敬意！

中共向日本提出香港模式解決琉球歸屬

在中日東海談判中，外交部出人意料地提出東海油田不容談判，願意和日本共同開發釣魚島，這一主張讓中外人士大跌眼鏡。據悉，中日東海協商是溫總在主導，外交部強調是溫總所授意，溫總不但是總理，同是也是國家能源領導小組組長，在石油問題上是絕對的一哥。

作為地質出身的總理，溫總深知其東海的戰略意義。因而從去年以來，溫總就提出穩住陣腳，以靜制動，步步為營對日外交方針。在具體實施中，溫總指示發改委、外交部、總參謀部對東海問題做綜作研究，提出系統解決方案。

後來，按照溫總指示精神，總參有人提出「吃一個，夾一個，看一個」的對日外交方針，這一方針是劉伯承在指揮淮海大戰時首創的，今日總參再度提出，刀鋒仍然見寒光。

所謂「吃一個」，就是吃定東海油田，決不承認日本提出的中間線主線；「夾一個」就是夾住釣魚島，向日本提出共同開發主張；這三個方針裡面最具意義的就是「看一個」，就是在談判中，伺機提出琉球群島歸屬，要求日方就琉球群島主權向中國歸還進行談判，中方保證琉球群島資本主義制度五十年不變，中方所引用文件是晚清的檔案，中方從未就琉球群島向日本割讓，是日本強取豪奪；做為讓步，中方願意承認琉球群島現被日本統治現狀，但希望中日能夠以香港回歸模式解決琉球群島歸屬。

目前中方以將「夾一個」這張牌打出去，提出共同開發釣魚島，日本為此惱怒之極，雙方在下輪談判中仍將就共同開發釣魚

島進行談判。但可以預計，以小日本的狼子野心，絕對不會同意中方的主張，因此這是沒有結果的。但中方不為所動，在今年第三輪蹉商中，將打出「看一個」的牌……琉球群島歸屬。

　　琉球群島歸屬一旦提出，溫總就把戰火燒到了日本的後院。呵呵，看來溫總要在西太平洋中和小日本打一場「淮海大戰了」。

（原載 2010 年 9 月 6 日西陸軍事網）

在琉球群島主權問題上　中國絕不會退讓！

　　近來，日本表面上大力鼓噪著東海劃界，其真實目的是琉球群島問題，想把琉球群島在法理上屬於中國的事實淡化，讓中國永遠也不要想起琉球群島屬於中國。那麼我們就應該把臺灣事務和琉球群島捆綁在一起解決。

一、琉球是什麼？看歷史一目了然

　　琉球群島是中國東海區域太平洋的一系列島嶼，在臺灣與日本之間一線或者一鏈展開。需要說明的是，釣魚群島（釣魚臺列嶼）不屬於琉球群島範圍之內。直至目前，琉球群島一直處於日本的託管之下，但其主權不屬於日本。《波茨坦公告》第 8 條的補充規定中，日本應將金、馬、彭、台、琉球諸島歸還中國。所以，琉球群島法理上是屬於中國的，琉球群島的主權也屬於中國。我們需要關注一種歷史，那就是琉球群島以前有琉球國。古代琉球國的疆域北起奄美大島，東到喜界島，南止波照間島，西界與那國島。當前全世界各地，均有大量支持「琉球國復國運動」或「琉球回歸中國運動」。

　　琉球作為中國的附屬國長達 500 餘年，附屬國即西方「tributary」的概念，不同於近代西方「colony」殖民地，但類似於中古歐洲農業文明和「奧匈帝國」時期的「進貢國」或中世紀羅馬教皇統治下的「states withinstates」的概念（國中之國），在西方原則上是視之為一個國家。

　　從 1372 年（明洪武五年）開始確立這種藩屬關係，當時的明王朝封琉球王為郡王級王爵（同期朝鮮、日本為親王級），這樣

一直持續兩百多年，到清初 1646 年，琉球王主動遣使臣到中國請求冊封，受到了順治皇帝的接見，當時的清朝皇帝封琉球王為尚質王，定二年進貢一次，並於康熙 22 年賜匾「中山世土」，現懸掛在首里王宮正殿上（為複製品，真品毀於戰火），國人去琉球旅遊時候必可見到。1663 年（康熙二年）和 1756 年（乾隆二十一年），清帝兩次賜印給琉球國王，乾隆所賜之印寫有「琉球國王之印」字樣。尚氏王朝貢不絕，採用中國年號，沿用漢唐文化，稱中國為父國，他們之間的關係類似于西方「父子國（Affiliated、affiliation）」。這種狀況一直持續到近代。

　　1875 年 5 月，日本派軍隊強佔琉球，強令琉球國王停止對中國的「朝貢」，為了消失中琉之間「宗藩關係」的痕跡，6 月又強令琉球改用日本年號，琉球國王不堪日本的侵略壓迫，於 1877 年 4 月密遣紫巾官（二品官爵）向德宏等人來華，呈遞國正密信，懇求阻止日本的吞併行徑。清廷派何如璋到日本進行交涉，但未取得成果。1879 年 3 月，日本政府派兵佔領琉球，3 月 30 日正式宣佈琉球為沖繩縣。1879 年 7 月 3 日和 23 日，琉球國王又密令紫巾官向德宏兩次赴天津拜謁李鴻章，請求清政府問罪於日本。10 月 24 日，琉球耳目官（一品官爵）毛精長等人到北京總理衙門「長跪哀號，泣血籲請」，希望清政府能在「俯憐二百年順屬藩」的份上援救琉球。雖然清政府與日本再次進行交涉，但由於日本的蠻橫和清政府的軟弱，琉球終為日本所吞併。此時腐敗的清朝已經無力保全自身，何況附屬國？

　　從明太祖時期開始向琉球派遣冊封使，即專門代表當時中央政府冊封琉球王的使節，明清先後派出 24 次冊封使前往琉球，琉球王只有獲得朝廷的冊封，才具有正統、合法的地位。描繪中國冊封使，其壯觀的隊伍，嚴肅場面的卷軸《中國冊封使行列圖》，如

今還收藏在那霸的沖繩縣立博物館。史籍中有大量有關琉球的記載，當時的日本人對琉球的瞭解多是從冊封使所著使琉球錄中得知，其中，清康熙年間（1719年）冊封使徐葆光所著《中山傳信錄》當時對日本影響極大。被譯成日文，成為日本人瞭解琉球的重要資料來源。最後一次冊封使冊封琉球王是 1866年。在 1853年美國與琉球王國簽定的不平等條約時候，琉球與美國的交往和條約文本都用的是漢語，使用的是清朝「咸豐」年號。甲午清廷戰敗後，日本一直霸佔琉球至 1945年，後為美軍佔領，美國在戰後長期有將琉球據為己有的意圖，在當地禁用日本昭和年號，並提倡一種與日文頗有出入的書面語言，直到六十年代後期，美國還在各種正式文件中避免使用「沖繩」這一日本稱呼。

二、琉球歸屬問題不單是日本的問題，更是美國的問題

第二次世界大戰前，日本併吞了琉球國，在歷次與中國政府談判中，中國並沒有放棄宗主國地位，所有的條約都沒簽定。二次大戰後，按照五大國約定把臺灣歸還中國，琉球群島國由美國託管（暫時），當時也沒有把琉球群島定歸日本。

1972年美國出於自身在亞洲「軍事存在」的利益考慮，單方面把琉球群島送於日本治下，中國政府也並沒有認可。在歷次民間「保釣」活動中，中國政府的態度是「規勸（對港、澳、台和海外保釣人士），阻止（對大陸愛國保釣人士）」。規勸和阻止並不等於放棄。政府肯定有更深遠的戰略思考。相反，日本出於長期佔有琉球國考慮，故意大肆操作釣魚島歸屬問題。用中國民間的話可以解釋為「漫天要價、就地還錢」，用心險惡。十分有意思的是，中國政府在臺灣問題上的「三個如果」（有外敵進

入、以任何形式宣佈獨立、久拖不決），其中「久拖不決」必須用武力解決。我個人感覺，軍方在臺灣問題上的三個時間節點上來看，也充份表明了臺灣問題的解決不會再等「下個50年」了。國際問題分析家預測，中國政府對於解決臺灣問題時間可能會早於2020年。從上述跡象不難得出：在解決臺灣問題後，中國政府將著手琉球群島的主權歸屬。

看來，琉球國的現狀是日本最願意要的一種結果，因為日本人的心態就是索取，當年的東三省甚至整個大中華他都想要呢。所以，今天的日本政府在琉球的問題上是進行長期的文化

改變，按照大和民族的文化傳統來對琉球進行化解，進行長期的有效統治，這是我們必須注意到的。

但琉球問題不只是日本的問題，更重要的是美國問題，是美國在二戰後進行了對琉球的代管，然後1972年又私下裡交給了日本，並且，美國在沖繩有大量的駐軍。當然，我們可以將美國F22撤出沖繩基地作為一個重大信號，但這是永遠不夠的。美國應當撤出琉球群島，日本應當放棄對琉球的管轄，在琉球實施一段時間的自治後，再來談主權歸屬問題是我們最佳的考量。

二戰後，美國人在琉球問題上，是一個徹頭徹尾的王八蛋，正所謂壞事做絕惡事做盡，這一點是我們每一個有正義感的炎黃子孫必須看到的。

三、毛澤東《祭黃帝陵》中表達了對琉球的重大關注，只是迫于當時的處境顯得無法實施胸中抱負

《祭黃帝陵》，是毛澤東的一首著名詩作，全文如下：

一九三七年四月五日，中華民國二十六年四月五日，蘇維埃

政府主席毛澤東，人民抗日紅軍總司令朱德，敬遣代表林祖
涵，以鮮花時果之儀致祭于中華民族之始祖軒轅黃帝之陵，
而致詞曰：

赫赫始祖	吾華肇造	胄衍祀錦	嶽峨河浩
聰明睿智	光披遐荒	建此偉業	雄立東方
世變滄桑	中更蹉跌	越數千年	強鄰蔑德
琉台不守	三韓為墟	遼海燕冀	漢奸何多
以地事敵	敵欲豈足	人執笞繩	我為奴辱
懿維我祖	命世之英	涿鹿奮戰	區宇以寧
豈其苗裔	不武如斯	泱泱大國	讓其淪胥
東等不才	劍屨俱奮	萬里崎嶇	為國效命
頻年苦鬥	備歷險夷	匈奴未滅	何以為家
各黨各界	團結堅固	不論軍民	不分貧富
民族陣線	救國良方	四萬萬眾	堅決抵抗
民主共和	改革內政	億兆一心	戰則必勝
還我河山	衛我國權	此物此志	永矢勿諼
經武整軍	昭告列祖	實鑒臨之	皇天后土

尚饗

　　這是毛澤東的原文，其中「琉台不守　三韓為墟」，表達
的正是對琉球主權的重大關注，在很深的心底裡埋下了對琉球
主權的渴望和訴求。因為這樣，我們可以看到，1972 年中國在
同日本建交過程中的公報，充份表達出了對琉球問題的原則不
讓。我們可以從《中華人民共和國政府和日本國政府聯合聲明》
（一九七二年九月二十九日）感受到：

（三）中華人民共和國政府重申：臺灣是中華人民共和國領土不可分割的一部分。日本國政府充份理解和尊重中國政府的這一立場，並堅持遵循波茨坦公告第八條的立場。……

那麼，什麼是波茨坦公告第八條呢？《波茨坦公告》（1945年7月26日）

1945年7月，美、英、中三國首腦和外長在柏林西南波茨坦舉行會議，26日發表《波茨坦公告》，敦促日本投降。其第八款全文如下：

> 開羅宣言之條件必將實施，而日本之主權必將限於本州、北海道、九州、四國及吾人所決定其它小島之內。

日本在戰後的領土問題上，尤其日本在「中日聯合聲明」裡，是明確承認波斯坦公告八條關於日本領土範圍的規定。為什麼今天又對琉球和釣魚島如此敏感呢？他們甚至還要到與那國島去駐軍，在沖之島礁要主權要領海要專屬經濟區，令你不得不思考日本到底想幹什麼。日本的軍國主義抬頭，是美國縱容的，也是美國培植的，目的只有一個，要壓垮中國。這一點，無論是中國的黨和政府，還是每一個民眾，都必須保持對帝國主義的高度警惕。

四、面對琉球問題，中國應當怎麼辦？

在此，筆者慎重莊嚴地向中國黨和政府以及國家領導人和職能部門提出以下建議：

1. 在埋頭搞經濟建設的同時，必須加強歷史知識學習。學習是能夠帶來改變的，隨著日本和美國對琉球佔領時日增長，許多年輕的領導人已經對這一段歷史淡忘或者對這一段歷史的來龍去

脈不知所云，加強這方面的知識積累是每一個領導人和職能部門的職責和義務所在，不然，我們就不能在相關問題上拿出自己的正確主張。在這個問題上，不能有絲毫麻木，誰在這個問題麻木不仁，誰就是李鴻章，政府就是滿清政府，這是中國最廣大人民所不能答應和不會答應的。

2. 不斷通過外交途徑和經濟、軍事手段促使美國從沖繩撤軍。美國應當從沖繩撤軍，這是不容忽視的一個鐵定的現實，只是一個時日問題。中國與美國的經濟糾紛，中國人在同美國人合作，但美國必須考慮中國重大利益的關切，這是美國政府承諾的，而承諾就要變為現實。沖繩撤軍應當有一個「時間表」，不能無限制地拖下去。主張琉球主權或者促進琉球獨立，美國從沖繩撤軍是第一步。除此之外，一切都是免談。

3. 對日本必須採取軍事打壓的高壓政策。日本是什麼？無論他的經濟多強大，都是一個二流國家，他是二戰時期的戰敗國、投降國，也是對我中國的侵略國。為什麼這麼多年來，在琉球問題上，我們的專家學者集體啞聲，這是值得我們領導人和廣大民眾注意的一種事實。相比于許多普通人，專家學者肯定在琉球主權問題上要比民眾知曉得多，我本人也只是一個普通的轉業軍人，我都能夠說出琉球的歷史，難道專門從事研究的專家學者們不知道？這個世界到底怎麼啦？你們的良心給狗吃了嗎？中國軍方應當加強對周邊史或者邊疆史的研究，不斷將成果向我們的國人公佈，以喚起中國人民的愛國意志。在這個問題上，我們切勿短視，否則，將飲下中華民族的千古之恨。穿越宮古海峽，日本憑什麼飛機艦艇繞來繞去？面對這種情況，對於囂張你唯一的辦法只有將其擊落，只有擊落才能表明我們的意志，才能震懾敵人的魂魄，「害怕外交上面的麻煩」，這是什麼屁話呢？你真的

要讓我們的軍隊成為任人宰割的羔羊？治軍要的就是一個「嚴」字，交手要的就是一個「狠」字，處變要的就是一個「敢」字，相逢要的就是一個「先」字。不然，我們時時、處處、事事都會被動。這是我不得不說的話語。在這一點上，我們永遠都要向老毛子和美國人學習。我們不是天天提倡要向外國人學習嗎？學什麼？就是要學管用的東西，那些不管用有害的東西（諸如嫖娼、享受、媚外）學來做什麼？那不是誤國誤民麼？對日本這樣的國家，我們講和諧是要的，但更要講的是槍桿子對準他的腦袋，否則他就不知道清醒。

4. 琉球歷史以及其他邊疆史應當寫入我們的教科書。今天，許多人之所以不懂得琉球到底是誰的，邊疆問題為什麼許多人不知所云，同我們的教育是有極大的關係。一個清醒的民族、民眾、群體，永遠是統治者最大的受益者。共產黨人的天下是槍桿子打出來的，今天要維護好自己的天下，你沒有任何辦法，唯一的辦法只有一條，那就是覺醒的中國人民才是你的最大勝利保障，在這個問題上，誰不都不能犯錯誤犯糊塗。將琉球歷史和其他邊疆史寫入我們的中小學教科書是人民的呼喚，用什麼思想、用什麼精神、用什麼知識、用什麼武器去教育我們的人民，是擺在當今中國領導人頭上的頭等大事，世界上沒有任何一個蓋子是捂得住的，只有將這些明明白白的告訴我們的人民，才是當政者和職能部門最大的職責。反之，我們就是幹了不該幹的事，做了不該做的無用功。

【附】：關於琉球問題的相關議論摘抄

琉球現在仍然是日本最落後的地方

　　現在是日本的，琉球群島歷史上曾存在有琉球國等國家，古琉球國與中國及日本均有朝貢關係，因水路之便而成為鄰近國家的貿易樞紐。後來於 17 世紀末期，琉球國開始被位於日本九州南部的薩摩藩侵略，並進而被逐步吞併其領土。明治維新之後，日本併吞了琉球國，正式納入日本版圖。今日，琉球群島包括了日本國的鹿兒島縣與沖繩縣；北部的奄美群島被併入鹿兒島縣，而餘下的群島另成立為沖繩縣。1872 年日本入侵中國的屬國琉球王國，清政府在後來的日台條約承認它是日本的，也就是以為著放棄了。害的琉球王國的大臣還跑到北京請求主人打擊日本，最後不了了之。二戰後期，羅斯福有意把琉球群島同臺灣一樣歸還中國，當時的國民政府正忙於同共產黨內戰，所以蔣介石也沒在意。到了 20 世紀 70 年代，美國把琉球群島由美國直接控制交給日本政府管理，直到現在。

　　今天假如有機會到琉球群島去，你會發現那根本不是日本，卻是中國，那裡的古蹟都是漢語，建築風格也是如此，前不久，琉球的土著還要求北京故宮把當年進貢給清廷的貢物交還給他們，真是不要臉，要知道，中國自古的朝貢貿易，往往都是來少去多，以彰顯天朝富足。

　　從西元 2 世紀開始，琉球群島出現南山、中山、北山三國，分別在琉球群島的南部、中部和北部。

　　1372 年，明太祖朱元璋給琉球的中山王察度下達詔諭後，琉

球的北山、中山、南山三王遂開始向明政府朝貢。從此琉球成為我國的藩屬。

1392 年，明太祖有見於琉球對於來華使節海上航行的困難，特賜閩人善於造船航海的技術者三十六姓人家移居琉球。這一點是後來促進琉球對海外貿易的關鍵。閩人三十六姓

琉球國進貢船復原模型

中包括『知書者，授大夫長史，以為朝貢之司；習航海者，授通事，總為指南之備』。可知他們不僅是善於操舟者，且擔任通譯和其他與朝貢有關的事務。他們在琉球定居以後，便成為代表明王朝長期協助琉球，增進中原王朝和琉球關係的一群優秀人員。他們子孫繁衍，為琉球人盡過許多勞績。

1429 年，中山王尚巴志征服南山，形成統一的琉球王國（第一尚氏王朝），每一代國王都需要由明王朝政府冊封任命。明王朝不干預琉球王國內部事務。

1470 年，第一尚氏王朝滅亡，尚丹建立第二尚氏王朝。國王依然由中央政府冊封。

1400 年–1550 年，琉球王國的黃金時代，高度發達的商業，與內地、朝鮮、東南亞和日本進行貿易。

15 世紀–16 世紀，日本狼子野心開始顯露，大量倭寇海盜騷

擾我國沿海（包括琉球群島）。

　　1609 年日本一個叫薩摩的地方諸侯國——也就是現在的鹿兒島——入侵了琉球，把琉球國王——尚寧王抓到了鹿兒島，並讓他去拜見德川家康。從此琉球不單是中國的屬國，它也向日本稱臣。

　　1879 年 4 月 4 日，日本強迫琉球國王尚泰流放到東京。把琉球改為沖繩縣。並開始實行殘暴的同化、奴化和殖民政策。

　　1882 年，Shinichiro Takezoe（日本人名）在天津作為領事就職後，與清政府恢復談判琉球問題，但是沒有達成協定。琉球問題一直拖延至甲午戰爭。

　　1894–1895 年，中日甲午戰爭，中國作為戰敗國割讓臺灣、遼東，在琉球群島問題就更沒有發言權。從此琉球群島屬於中國的領土這一事實開始被人遺忘。

　　1898 年，日本強迫琉球人服兵役。

　　1916 年，偽全沖繩教師大會要求教師用極其污辱的手段懲罰在學校說琉球語的學生。

　　1945 年，二次大戰後期，美國進攻琉球本島，日本兵強迫琉球人跳崖自殺，或乾脆被打死以減少山洞中缺少食物的壓力，又或因為說琉球語而被認為是間諜慘遭殺害。戰爭使琉球人口減少四分之一。

　　1945–1972 年，美國佔領時期，美國在琉球實行異化政策。

　　1947 年 4 月，《關於前日本委任統治島嶼的協定》，把屬於中國的琉球群島交給美國「託管」。

　　1970 年，美日背著中國簽定《美日三藩市和約》，拿中國的領土作交易，私相授受，把琉球連同釣魚臺的「施政權」轉給

日本。但這遭到土地的主人琉球人的群起反對，他們「聚哭於鬧市」。

1972 年 5 月 15 日，日本政府重新恢復對琉球群島的殖民統治，繼續實行同化政策。琉球群島現在仍然是日本最落後的地方，可見日本仍然視琉球人為異己。

長期以來，日本不斷在中國東海製造無理要求。中國應通過有關層面提出琉球群島主權回歸要求。從性質上看，中國面臨的不是海洋爭議，是海洋領土被侵略侵佔，是反侵略光復國土的問題，性質是不一樣的。中國的海洋權益和海洋安全面臨嚴重威脅。漁業資源、石油資源和海底礦產資源受到嚴重侵犯。

整個東海是中國的內海

中國 460 多萬平方公里海洋國土中，有 150 萬～ 190 萬平方公里被相關國家覬覦或侵佔。很多爭議以前並不存在，各國對中國對黃海、東海、南海的歷來主權也無異議，只是在近 20 年多來才幾乎突然增多，箇中因素很值得揣測。

中國可以對日提出琉球群島及其附屬島嶼（日本所謂的沖繩）主權歸屬問題，為什麼一直沉默不提？戰後一系列國際法文件規定，琉球群島主權是未定的，清朝時是中國的，至少是個中國的獨立保護國。提出來，中國將在海洋劃界、釣魚島等日本一手製造出的問題等方面掌握戰略主動，表明整個東海是中國的內海，琉球群島、琉球海溝都位於中國境內，未來海洋劃界將在琉球群島以東至少 200 海里處與日本劃分中間線（中國人口多，還可以繼續東推）。

如此，理由、依據和戰略上極大有利於中國，日本製造出來

的諸多問題將恢復其偽命題的本來面目，不攻自破、迎刃而解，東海可以成為中國的內海，並徹底打破所謂第一島鏈的制約和束縛，東部戰略海疆大門為之豁然開朗。

日本方面要攪渾水，中國也要義正詞嚴提出歷史與國際法事實。在東海和南海，可以公開在有關被佔島嶼及其附近水域宣佈進行戰略導彈試驗或軍事演習，他國人員和設施不限期撤離則後果自負。中國南海的「九條斷續線」作為中國的南海海洋國界，這一立場決不要後退和動搖。一是立足鞏固現有，二是主張主權未定的海洋國土。

美國不敢介入南海衝突

要克服美國肯定會介入南海衝突的誤區。長期以來，存在一個誤區，認為美國肯定會介入南海衝突。不錯，美國在南海有航行利益、亞洲安全權力謀取等企圖。但爭取的主要還是海洋安全航行權力，這方面可以做出規劃或按國際通行慣例，保證戰時或收回海洋主權之後的美國安全權益，但要求美國承認中國的領海權。只要有戰略決心，美國會不情願但最終會這樣做，因為國際形勢的發展對中國是越來越有利，充滿了戰略機遇，比如金融危機。而美國連臺灣問題直接介入的可能都很小，何況南海問題呢？

但南海周圍國家極力炒作美國介入的因素，實際是狐假虎威，擾亂中國的戰略決心。而國內一些人也過於忌憚於美國所謂的介入南海局勢，尤其是發生戰爭的情況下，而事實是，只要運作得當，美國不會直接介入南海爭端。不必過於擔心這一點。

中國可以不必承認這些國家單方面製造出來的所謂爭議，不

要忍氣吞聲，更不要在佔據時勢主動的情況下突然做出一些不可捉摸的讓步。在黃海北部和黃海南部，有關國家與中國爭奪相關海域；在中國東海，日本單方堅持按照所謂的中線原則劃分200海里專屬經濟區，日本還無視歷史事實，一直佔據主權屬於中國的釣魚島，卻隻字不提其長期竊據的琉球群島，刻意抹殺其歷史文化。

在中國南海水域，除中國控制6個礁和中國臺灣駐守最大的太平島外，共有39個島礁被侵佔，其中越南一國就佔有27個，該國多次聯合外國公司在中國海域進行所謂海洋勘探和開發石油。有關國家加緊開發資源，並把國際開採資金和公司引入其中，增大國際化力度和事實佔領程度。一些國家也已確從油氣開採中獲得巨大實惠。

國際海洋法存在重大缺陷，無論從法理還是事實都存在巨大不公平性。而個別國家不嚴肅地引用聯合國海洋法，不顧中國多次主權宣示和警告，不顧歷史事實和海洋法的具體實施細則和以往判例，無視現實地理條件與海洋法的理論界定之間的客觀差異，不恰當引用其中對其有利的條款，甚至斷章取義，使中國460多萬平方公里海洋國土中的一些海域面臨「主權歸屬爭議」。

根據海洋法，一個島嶼周圍的主權水域可延伸到1500平方公里，可以附帶控制43萬平方公里的專屬經濟區，並影響到大陸架和對海底資源的分割，這就是有關國家與中國激烈爭奪海洋主權、島嶼主權的關鍵原因之一。

保障領土領海安全是國家核心要務

中國的海洋家底並不厚實。中國海洋國土絕對面積數位居世

界第四，但海洋面積和海洋資源相對貧乏。中國海岸線 18000 公里，島嶼線 14000 公里。根據聯合國海洋法，中國對 12 海里以內 38 萬平方公里的海域具有完全主權。連同 24 海里毗連區、200 海里專屬經濟區和最長 350 海里的大陸架，中國共對 460 多萬平方公里海洋國土的水體、海床及其資源能源、海洋勘探和水體以上空域部分的管轄權。

中國陸地面積是 960 萬平方公里，加上 460 多萬平方公里的領海面積，中國總體管轄國土面積應是 1420 萬平方公里。另外，在中國管轄區內，還有 6500 多座島嶼。但從中國擁有 13 億人口方面看，不僅中國海洋國土總面積不算大，人均海洋國土和海洋資源更是極端貧乏，而且目前面臨著被多方蠶食和瓜分的現實危險。

維護領土領海主權與完整考驗一個國家的戰略智慧、戰略意志與戰略能力，中國需要拿出戰略膽識和戰略決斷，要充份尊重全體中國人民的意願，聽取他們的心聲。中國周邊鄰國眾多，不可能追求絕對的平靜和安寧，取得相對穩定就不錯了，適當有些紊亂未必是壞事，因為有時候「樹欲靜而風不止」，追求的絕對和平與平靜往往是一相情願，沒有可能也沒有必要，因為國際政治的基本法則長期是叢林法則，只是各方都心照不宣而已，大同社會至少在可見的未來幾百年是不可能實現的，甚至是永遠的烏托邦。

中國東北部、東部、東南部和南部海域以及陸地，攸關中國巨大的安全利益和戰略縱深，關乎子孫後代的生存與發展。一旦被有關國家心照不宣地聯合切割或者佔據，中國東部和東南部的戰略安全大門將被關閉，如果中國進出自己的領海都要經過他國的允許，造成整個國家和民族的嚴重被動，無奈懊悔可想而知，

而且中國的海洋國土面臨被他國竊據的島鏈所包抄和分割的危險境地。

　　維護中國的領海主權和海洋國土，與維護中國的戰略機遇期、做負責任大國、和平發展等理念並不矛盾。保障領土與領海安全是國家核心的第一安全要務，在國家對外戰略中佔據核心和首要位置，並非堅持維護領土領海主權就不是和平發展、就是不負責任。在維護海洋國土和陸地國土方面，能解決的可以考慮解決，不能解決的不必著急，可以擱置起來、凍結起來，留待子孫，因為我們祖國有強大的發展空間，民族有源遠不息的未來，機會在於時間、在於發展、在於未來。輕易作結或不對等的讓步可能造成歷史性的嚴重被動與不利。不要讓子孫埋怨和唾罵。

不能以割讓領土領海來換取和諧環境

　　對於海洋談判，必須考慮到談判雙方的人口多少、陸地面積多寡、工業和經濟佈局、歷史依據等多種要素，絕不能簡單地以所謂中間原則進行嚴重不對等不公平的所謂平分，這正是國際海洋法的嚴重缺陷。此外，還有領海基線界定並延伸、大陸架自然延伸、歷史依據乃至國家戰略力量等許多選擇。在主權和領土領海問題上，國內法要適當高於國際法，不能陷入海洋法和國際法中的一些嚴重不公平陷阱，該拒絕的要懂得拒絕，要懂得規避，該堅持的要堅持到底。全國人大不要批准通過國際海洋法，以此作為重要外交緩衝。總之，以國家利益和國家領土領海主權為首要，不要急於談判，決不能以割讓領土領海來換取和諧發展、和諧環境。

　　中國在快速發展、上升，時間和發展在中國這邊，中國的優勢越來越大，無可比擬。而一旦簽訂則無法在未來收回。最困難

的時期，中國都挺過去了，我們還怕什麼？急什麼？未來更不必怕什麼，更不必急什麼！！當前和今後，內心焦急的絕對不是中國！失去的領海與領土是幾百年的 GDP 都挽回不來的，中國近代以來相繼失去的幾百萬平方公里的富饒土地就是深刻的歷史教訓，它們能趕上中國多少年的 GDP ？它們有多麼重要的安全、資源、經濟和戰略意義？！難以估量，無法估量。既然不選擇戰，拖下去又如何？切記切記。

　　中國要旗幟鮮明爭取爭奪伸張對琉球群島、蘇岩礁、整個南海 9 條斷續線、白龍尾島、整個藏南的所有主權，能收回的收回，收回不了得放著，但一直聲索下去！不要急促簽訂條約！要敢於善於使用武力和威懾！開拓疆土，時不我待。要敢於修改、否定或退出聯合國海洋法，立足國內法，不要受到掣肘。這才是底線。不要怕美國干預南海爭端，美國不會也不敢，現在的言論都是煙幕彈，不要上當受騙。考慮在南海進行導彈試驗，能收回的島嶼收回，收回不了擱置或炸掉，或加大石油漁業開發，或導彈試驗。對日本強詞奪理佔領的國際公海「沖之鳥」礁，大不了炸掉。在領海領土方面，一招不慎滿盤皆輸，必須爭取戰略主動，拿出戰略意志和氣魄！

　　鄧小平同志關於領土和領海爭端的主張是擱置爭議，共同開發，但頭裡隱含了一個根本前提：堅持主權在我。他的白話語意思是：領土領海問題解決不了，就暫時擱置起來，讓後代解決，一代解決不了二代，二代解決不了三代以致無窮，總有解決的時候，後代總比我們聰明。看來中國的領土和領海爭議還是繼續擱置為好，最忌急於解決，斷了後路，造成永久的遺憾。還有：不能中國單方面擱置爭議、停止開發，而任由其他方面炒作爭議、火熱開發。　　　　　　　　（原載 2010 年 5 月 13 日鐵血論壇）

中共應支持琉球獨立運動

　　2010 年 11 月 8 日，環球時報發表中國國務院商務部研究院日本問題專家唐淳風文章〈中國應支持琉球獨立運動〉。文章說：日本從 1879 年到 1945 年對琉球的血腥統治本已使琉球人民極度反感。1945 年 4 月，日本政府獲知不得不接受《開羅宣言》、《波茨坦公告》歸還一切被佔領土時，竟然以「擔心琉奴帶領支那（中國）人清算日本」為由，下達所謂「玉碎令」，要當地駐軍殺光琉球人。據不完全統計，在美軍奪取琉球前，日軍共屠殺琉球民眾 26 萬餘人，屠殺規模之大僅次於南京大屠殺。27 年後，美國將琉球的施政權移交給日本，對琉球人民來說無異於晴天霹靂。他們求救無門，只能默默地反抗。因此，38 年來琉球人民從未停止過反日反美的獨立鬥爭。

　　然而，日本不但不去安撫琉球人民的情緒，還繼續把琉球人當「賤民」對待，對琉球實行殘酷的殖民統治。1978 年，日本學者中村丈夫從經濟從屬關係等具體資料中得出「國內殖民地」的結論。1982 年又有山崎等日本學者就「國內殖民地」作出具體解釋，以「在國家內的從屬地區遭受榨取、掠奪、壓制、疏遠和歧視等現象」解釋琉球問題，企圖迴避國家侵略和民族壓迫的主要矛盾。但是，他們忘了，琉球是個擁有 1000 多年的主權獨立歷史的國家，是 1879 年才被日本武力吞併，在日本無條件投降交出琉球後又重新佔領，其「國內殖民」的說法是站不穩的。「侵略殖民」加上「國內」二字並不能改變其本質。就像強姦犯罪一樣，不管你說它是「室內」強姦，還是「室外」強姦，它也永遠都是強姦。琉球的獨立鬥爭已不單是琉球的問題，而是全世界要如何

去解放被壓迫民族的大問題。

根據「琉球革命同志會」的說法，「中國與琉球往來，遠在千百年前，不論政治、經濟、文化、思想、風俗，無一不來自中國，即以血統而論，大部分係由福建遷入，僅有一部份由朝鮮及南洋遷來者，所謂三十六姓子孫延綿至今實佔人口大半」。簡而言之，琉球是我們的血肉同胞，當琉球同胞陷於水深火熱之中時，我們有什麼道理置身事外？當琉球獨立鬥爭如火如荼之時，我們有什麼理由不伸援手！

更為感人的是，琉球的獨立鬥爭主要目的之一是為了中國的戰略安全！日本政府為了顯示自己的主權和增強軍事實力，加緊在琉球部署海、陸、空自衛隊，並不斷在釣魚島海域和中國東海挑起糾紛，企圖依仗美日同盟，和中國展開軍事對抗，再次把琉球當作封鎖中國、進攻中國的前沿陣地。琉球同胞為了祖國的戰略安全，不惜與軍國主義以死相拼。我對幾位琉球朋友說，你們驅逐日本人可以理解，但美軍基地養活著琉球幾十萬人，是琉球最大的搖錢樹，為什麼也非要趕走呢？他們氣憤地看著我，反問道：「唐先生，你不知道美軍基地是封鎖中國，進攻中國的嗎？在我們的土地上進攻我們的祖國你能答應嗎！只要美國一天不停止與中國為敵，我們就是餓死也不能讓他們呆在琉球！！」

聽完這一答覆，我熱淚盈眶，如果中國社會還不把支持琉球獨立當作自己的大事，我們將有何面目面對琉球同胞呢？

（原載 2010 年 11 月 8 日環球時報）

中共應設立琉球辦

　　2010 年 11 月 1 日，強國網軍事論壇刊載文章說：永丘智太郎是琉球獨立運動最初發起倡導者之一；而支援運動的組織中，最著名的是琉球獨立黨，由野底武彥建立，現任黨魁是屋良朝助。年前琉球大學副教授林泉忠對十八歲以上的琉球人進行電話調查，收集共一千零二十九份有效回答，其中四成人認為自己是琉球種族而不是日本種族，兩成五表示支持琉球獨立運動，說明琉球獨立運動在當地有強大民意支持。同日強網社區刊文說：當前中日交惡，正是中國改正錯誤的戰略機遇期，**當務之急是迅速成立國務院琉球辦公室，與國務院港澳辦、國務院台辦並列，專門處理琉球群島回歸中國的事宜，還應在中國社科院設置調研專題，研究琉球群眾與中國大陸的歷史和文化關係**，中央政府更應支持琉球人民自發的抗日反美行動，培養民意，在適當時候進行全民公決，回歸中國。

　　日本明裡暗裡支持台獨、藏獨，允許達賴到日本發表政治演說，中國何不以其人之道還治其人之身？何況琉球本身與中國就有割不斷的歷史和文化淵源。

　　強國網創建於 2007 年 11 月，網站定位於關注中國軍事戰略，見證並記錄中國崛起、中華民族復興的偉大歷程。該網薈萃了軍事戰略評論精華，每天及時更新。人民網強國社區包括強國論壇在內的 48 個主題論壇以及強國博客、掘客、網摘、辯論大廳等。2005、2006 年強國論壇與強國社區分別入選中國互聯網年度品牌欄目。

　　人民網是世界十大報紙之一《人民日報》建設的以新聞為主的大型網上資訊發佈平臺，也是互聯網上最大的中文和多語新聞網站之一。　　　　　　　　（原載 2010 年 11 月 1 日強國論壇）

梁光烈要求歸還琉球群島

梁光烈

2010 年 3 月 3 日，中國傳媒大學國際傳播研究中心副教授劉建平在環球軍事網發表〈解決釣魚臺爭端，機遇已出現〉一文，文章說：國際關係的邏輯、公理是統一的。既然日本認為俄羅斯控制「四島」是「沒有法律根據」的「事實統治」，《雅爾達協定》、《波茨坦公告》、《舊金山和約》以及《聯合國憲章》第107 條等尚不足以構成俄國對「四島」的主權根據，那麼日本在戰後二十多年之久接受美國私授釣魚島就更無「法律根據」意義可言。日本的表態給相關國家共同研究關於二戰結果的國際法問題創造了一種合作、理性的前提，也可能成為和平解決中日釣魚島問題難得的機遇。中日兩國的有識之士應一起尋求解決中日關聯式結構性問題的可能性，為推動東亞政治走向良性迴圈的發展軌道、實現歷史和解而努力。

環球軍事網創刊於 2001 年 2 月，是《解放軍報》社主辦的半月刊，發行一百萬份，全彩色，64 頁，篇幅十萬字。網路版環球軍事是中國最權威的軍事新聞網站之一，報導中國、國際、臺灣的最新軍事新聞與軍情諜報。

（原載 2010 年 3 月 3 日解放軍報環球軍事網）

梁光烈：要求解放軍打贏琉球戰爭

2011 年 2 月 17 日，北京《強國論壇》刊出署名「摧毀東京」者的文章〈梁光烈防長啟動中央軍委大變革，要求打贏琉球戰爭〉，文章說：乾涸了近兩百天后，北京的第一場雪終於不期而至，解放軍第三次軍事大變革在雪海掩沒中拉開了帷幕。

這一起因，就是 2011 年元旦剛過，二炮參謀長魏風和出任總參謀部副總長，標誌著由陸海空二炮共同組成的總參聯席會議已初步形成。

在更早一點點，軍委決定由梁光烈主持軍委軍事工作，出席成員包括總長陳炳德、陸軍代表常務副總謀長章沁生、空軍代表空軍司令許其亮、海軍代表海軍司令吳勝利、二炮代表二炮司令靖志遠，以及其它相關人員。

梁光烈軍委軍事新班子組成後，發出的第一道令就是在中國西部地區進行核反擊軍事大演習。

演習背景是，當中國決定強行收復朝鮮半島和琉球群島，美國決定對解放軍進入朝鮮、琉球部隊進行核打擊，解放軍如何對包括美國本土在內進行核反擊。

外交投降派＋軍內裸官＝軍事變革反對派。對於軍事改革，網上已流傳多年，去年初網上更是初現梁光烈防長《對我國當前國防體系存在問題的思考和建議》一文。

但由於強大的外交投降派和強大的軍內裸官派作怪，軍事改革從 2007 年底軍委換屆到 2010 年底都無動靜。

外交投降派和軍內裸官派認為，現有的軍委副主席領導下的

四總部統軍體制讓解放軍已經可以包打天下。

他們所認同的體制是,軍隊就是應該用大量軍費來養文藝兵、機關兵、後勤兵、過多軍隊副職,並認為小米加步機時代的四總部掌軍體制再過一百年也不落伍,同時認為目前解放軍陸海空二炮分離作戰體制代表了先進生產力和先進發展方向。

但 2010 年春天安艦事件引發的朝鮮半島動盪,證明外交投降派和軍內裸官派的觀點是大錯特錯。

因為不論是天安艦被擊沉初,還是 9 月美軍借延坪島炮擊派航母進入黃海演習,解放軍現有的軍事指揮體系對此束手無策,無論從九大長老(按:政治局常委)到國家安全會議,再到中央軍委和四總部,還是最後到黃海前線,由於沒有一個周邊有事應急反應體制,都只有眼睜爭看著美航母大搖大擺開進黃海演習,羞辱 13 億中國人民。

梁光烈現任中國國防部長,他是中國政府內力主收復琉球、臺灣的鷹派代表人物,近年中國海空軍強行接近釣魚島海域、空域、中國編組艦隊自由通過宮古島海域,皆盡出自這位

軍事強人的強勢作為。梁光烈(1940.12–),四川三台縣人。1978 年武漢軍區司令員楊得志奉鄧小平命令調任昆明軍區司令員時,只帶走武漢軍區司令部作戰部副部長梁光烈一人。他隨即投入中越之戰,開戰前制定作戰計劃時,楊問部下將領:攻下越南需要多少時間,只有梁光烈一人說:只要兩個星期就可解決戰鬥。結果僅用八天,解放軍就打下諒山,直逼河內城下。1989 年 6 月 4 日,他任陸軍 20 集團軍軍長,率部入北京執行戒嚴任務。現任中共中央軍委委員、國務委員、國防部部長。

(原載 2011 年 2 月 17 日人民日報強國論壇)

東海之爭
中共手中的琉球牌為什麼引而不發？

對於中日東海之爭，有些人對中國政府手握琉球牌而不打，表示不解。

事實是，中國政府從不承認所謂「中間線」，但也沒有說馬上接受大陸架方式，顯然，預留了打琉球牌的空間。普通人都知道打琉球這張牌，中國政府會不知道？

要知道中國政府是沒有承認琉球的，對東海之爭，手握這張牌卻引而不發，讓日本政府坐立不安，就好似一支引而待發的箭，是最讓人可怕的，因為它可能攻向任何目標。

無論是臺灣問題還是中日問題，都要把握住要害，那就是：都必須把它們放到中美關係的大格局下，才能看清楚，否則必不得要領。所謂「不識廬山真面目，只緣身在此山中」。

經過近一段時間中美在全球幾乎每個地方的激烈較量，美國已感力不從心。究其原因，是美國目標太高，胃口太大，正在做力所不能及的事。

自〈反分裂法〉出臺後，臺灣牌已經基本打不動了，要打就只能打「台獨」牌了，但又不敢，於是美國適時地把日本放了出來，去咬人，這就日本牌了。所以，東海等問題實質是中美問題。

當下日本政府的外交一團糟，從最近的入常和爭俄羅斯石油等事就可看得出來。根本原因就是無視自己其實是中美較量的一個棋子的地位。

一味地以美國利益為導向，並不符合日本的利益，這樣會被美國控制得更緊。古今中外有很多例子告訴我們，很多被人利用的棋子，卻總是以為自己在利用下棋人。日本就是這樣。

日本在眼巴巴地等著美國給它機會，讓它跨過核門檻，可美國就是不說話。

美國比誰都清楚，讓經濟第二大經濟國日本擁有核武器意味著什麼，最起碼，日本會從中美之間的大棋子（相對臺灣這個小棋子而言）一躍而成下棋人，這樣，美國就沒有理由再在

日本駐軍下去，整個東亞的格局將被徹底改變。

顯然，現有的東亞格局對美國是最對有利的。能夠在軍事，政治，甚至經濟（從廣場協議的日元被迫升值可以看出）上全面控制著日本，同時，又可以以日本為前沿，駐軍遏制中國。

有趣的是中國並不想打破這個格局，美國不管日本，中國未必能管得住。那何不讓美國代勞呢？

更有趣的是，美國並不敢放手讓日本和中國大打一場，像日本在歷史上靠兩次軍事冒險中斷中國的資本主義進程一樣（從這也可以看出強有力的中國共產黨政權的出現，是歷史的必然）。

因為如果那樣，一旦日本戰敗，整個東亞的格局一樣會而且是更早更徹底地被改變，這對美國來講是不能接受的。

中國已經向世界證實了自己有毀滅美國數百座城市的二次核反擊能力，美國敢直接參戰嗎？為了日本的利益，美國喪失了世界老大的地位，美國不傻吧？

日本獨戰，敢嗎？現在的中國不是滿清，也不是民國。而是一個讓天下無敵的美國在越南和朝鮮兩次沒有勝績、狼狽而回的中國。那麼，日本敢嗎？

別看它上竄下跳，那都是做給美國看的。到今天為止，始終不敢在東海問題上邁出實質性的一步。這點酷似台獨份子只過乾癮不敢越線。

一句話，中美無論怎樣鬥，都是兩個下棋人的事。雖然雙方都在利用日本的這個棋子，但底線是：無論怎樣玩，不能在兩人之間出現一個新的下棋人。

在這點上，中美是有默契的。從美國從不提日本的核武化問題，以及在關鍵時刻和中國一起反對日本入常，都可以看得清清楚楚。

美國為了霸主地位，不想改變現有東亞格局。中國為了專心建設也不想改變現有東亞格局。而如果讓日本這個「代理人」去搞大亂，東亞就面臨提前攤牌，對美國來說風險太大。

這就註定了日本跳得再高也是假的，美國會收著它的。

但美國畢竟要遏制中國，也就註定了，日本會繼續咬下去的，跳下去的。不過，前提是一定要握住韁繩，而且跳得越高，美國的韁繩就握得更緊，日本成為正常國家就越沒希望，美日的戰略矛盾就越突出。

因此，中國未必不願奉陪下去，讓中日關係一直有點緊張，給美國一點在日本駐軍下去的理由，幫中國再多「管教」日本一段時間，何樂而不為呢？

看來日本「生不如死」的日子還長著呢！

常言道：天作孽尤可逭，自作孽不可活。看看它近代對中國做了些什麼？難道今天的下場不應該嗎？

日本的特性是：精於細節，缺乏哲學頭腦；敢於冒險，但又隨時準備向不能戰勝的強者下跪；但下跪的同時，別以為它認錯

了，它有死不認錯的本性和一顆陰毒的心，一有機會就要捲土重來；再有，用搶來的錢和冷戰對峙暴富。

日本，就是這麼一個下賤無恥的民族。它有多少錢，我都看不起它！我承認日本有不少好人，可代表日本的是這麼一個政府，我們還能說大部份日本人是好的嗎？要知道，有其民必有其國！

中國雖然改朝換代至今，但古今一局棋，都要面對虎視眈眈的日本。滿清政府未必不想韜光養晦，等有了實力再對付日本，但日本不允許我們這樣做。

和平，是要用實力來捍衛的。如果你在國外生活多年，對美國在內的西方社會有一定正確的瞭解，就一定會發現，他們骨子裡信奉的始終是社會達爾文主義。現實就是這麼殘酷。理想的自由主義在現實中是行不通的。一味地追求所謂理念，只能被對手所利用，從來損害國家利益。前蘇聯的解體就是一個例子。

中國最高層有的是聰明人，中國政府的謀略遠在日本政府之上。

從毛澤東到鄧小平到江澤民到現在的胡錦濤，中國不是越來越好嗎？要不然美國和日本能急成這樣？

回到東海問題，從中日雙方的視角來看，問題的關鍵不是石油，而是領土。中國政府至今不承認琉球，而日本就是想劃定一個「中間線」出來。

日本人心裡當然清楚，琉球是搶來的，搶來的東西總是要急著合法化才安心。

如同其它歷史上中國的番屬國韓國和越南一樣，琉球獨立中國都還可以接受的，但被日本佔去，就不同了。雖然時至今日，獨立已變得困難，但中國政府會用這張牌獲取一定的國家利益

的。

　　一張引而不發的牌，彼此都心照不宣。為避免給「中國威脅論」提供口實，現在就明確提出琉球問題，顯然不是時候。事實上，明確申明不承認「中間線」又不提大陸架，這樣引而不發，已足已讓日本如臥針氈了。

　　日本若選擇對抗之路，綜上分析，中國政府並不懼怕，於是，勢必落入美國的陷阱，與其追求的國家利益和正常國家的目標背道而馳。

　　讓日本陷於東海之爭，也可以讓中日對抗的前沿從臺灣和釣魚島前移至東海，對中國有利。

　　而且，引而不發，還含有規勸日本改弦易轍，同創共贏之意。

　　天堂之路你走不走？地獄之門難道你非要投？

　　何去何從，球在日本一方！

　　　　　　　　　　　　　　　　　　（原載 2005 年 10 月 10 日漢網）

美日違反波茨坦宣言
私相授琉球群島

日本國和美利堅合眾國
關於琉球諸島和大東諸島的協定

　　日本國和美利堅合眾國留意到日本國總理大臣和美利堅合眾國總統于一九六九年十一月十九日、二十日、二十一日就琉球諸島和大東諸島（即同年十一月二十一日發表的總理大臣和總統的聯合聲明中所說的「沖繩」）的地位所進行的商討，以及關於為把這些島嶼早日歸還日本國而達成具體協定問題，同意日本國政府和美利堅合眾國政府直接進行協商的事實，注意到兩國政府經過這次協商已再次確認要在上述聯合聲明的基礎上把這些島嶼歸還日本國，作為美利堅合眾國，考慮到希望根據一九五一年九月八日同日本國在三藩市市簽署的《三藩市和約》第三條的規定，把琉球諸島和大東諸島的一切權利和利益放棄給日本，並認為據此對該條約規定的所有權利和利益放棄完畢，而日本國考慮到為了行使對琉球諸島和大東諸島的領域及其居民在行政、立法和司法方面的一切權利，希望接受完全的權能和責任，據此，雙方達成如下協定：

第一條

　　一、根據一九五一年九月八日在三藩市市簽署的同日本國的《舊金山和約》第三條規定，自本協定生效之日起，美利堅合眾國將把第二條規定所指的關於琉球諸島、大東諸島的一切權利和利益放棄給日本。同一天起，日本國為行使對這些島嶼的領域及其居民在行政、立法和司法方面的一切權利，接受完全的機能和責任。

　　二、本協定的適用範圍，所謂「琉球諸島、大東諸島」是指根據和日本國《舊金山和約》第三條規定美利堅合眾國所給與的全

部領土和領水範圍內，日本有權行使行政、立法和司法方面的一切權利。這種權利不包括根據一九五三年十二月二十四日和一九六八年四月五日美利堅合眾國和日本國分別簽署的關於奄美諸島的協定和關於南方島嶼及其他島嶼的協定中已歸還日本的部分。

第二條

雙方確認，自本協定生效之日起，以往日本國和美利堅合眾國之間締結的條約及其他協定（其中包括一九六零年一月十九日在華盛頓簽署的《美日安保條約》及此有關的協定，一九五三年四月二日在東京簽署的《美日友好通商航海條約》，還不僅僅限於這些條約和協定）均適用于琉球諸島、大東諸島。

第三條

一、根據一九六零年一月十九日在華盛頓簽署的《美日安保條約》及此有關的協定，日本國同意自本協定生效之日起讓美利堅合眾國使用在琉球諸島、大東諸島上的設施和區域。

二、關於美利堅合眾國根據本條第一項規定，得以自本協定生效之日起使用琉球諸島、大東諸島的設施和區域事項，當應用一九六零年一月十九日簽署的《美日安保條約第六條規定的有關設施、區域以及駐日美軍地位的協定》第四條規定，同條第一項中所謂「那些提供給美利堅合眾國軍隊時的狀態」是指該有關設施和區域最初為美利堅合眾國軍隊使用時的狀態，而同條第二項中的所謂「改良」應理解為包括在本協定生效之日加以改良之意。

第四條

一、日本國對在本協定生效以前，在琉球諸島、大東諸島上由於美利堅合眾國軍隊或當局的存在，由於履行職務或採取行動，或對這些島嶼帶來影響的美利堅合眾國軍隊或當局的存在，對其履

行職務或採取行動而產生的日本國及其國民要求美利堅合眾國及其國民以及這些島嶼現任當局的一切要求賠償權,均予放棄。

　　二、但是,本條第一項規定的放棄並不包括琉球諸島、大東諸島在美利堅合眾國施政期間適合的美利堅合眾國法令,或根據這些島嶼的現行法令特別認可的日本國民的賠償要求。為了在本協定生效後根據同日本政府在協定上規定的手續處理並解決那種賠償要求問題,美利堅合眾國政府同意在琉球諸島、大東諸島安置授以正當許可權的職員。

　　三、凡是琉球諸島、大東諸島上的土地在美利堅合眾國政府當局於一九五零年七月一日前使用期間內遭受損失,並對於一九六一年六月三十日後本協定生效前解除使用的土地所有者,美利堅合眾國政府將自願付款使之恢復土地的原狀。而這一付款與一九六七年高級專員發佈的第六十號命令中規定的對一九五零年七月一日前所受損失而於一九六一年七月一日前解除使用的土地所支付的款項相比較要以不失平衡為宜。

　　四、日本國將根據琉球諸島、大東諸島在美利堅合眾國施政期間由美利堅合眾國當局或現任當局制訂的指令或其結果行事,承認當時法令許可的一切作為和不作為的效果,而對於美利堅合眾國國民和這些島嶼居民因這些作為和不作為產生的民事和刑事責任,決不採取任何與之相抵觸的行動。

第五條

　　一、日本國承認在琉球諸島、大東諸島的任何法院於本協定生效前作出的民事案件的最後裁決,只要不反對公共秩序和良好風格,一律有效,並使之得到完全地繼續有效。

　　二、日本國決不在任何意義上損害訴訟當事者的實際權利和

地位。在本協定生效之日，將對屬於在琉球諸島、大東諸島上的任何法院裁決中的民事案件繼續行使裁判權，並使其繼續進行裁判和執行。

三、日本國決不在任何意義上損害被告人或嫌疑者的實際權利和地位。在本協定生效之日，將對屬於在琉球諸島、大東諸島上的任何法院，或在本協定生效之日前正屬於向這些法院開始辦理手續即將進行訴訟的刑事案件，繼續行使裁判權，繼續辦理手續並得以開始訴訟。

四、日本國將能繼續執行在琉球諸島、大東諸島上的任何法院對刑事案件作出的最後裁決。

第六條

一、自本協定生效之日，琉球電力公司、琉球自來水公司、琉球開發金融公司的財產將交給日本政府。同日起，日本政府還將按本國法令繼續行使這些公司的權利和義務。

二、此外，自本協定生效之日，在琉球諸島、大東諸島上的一切美利堅合眾國政府的財產，而且是存在於根據第三條規定提供的設施和區域之外的，同日將全部移交給日本政府。但是，自本協定生效前已歸還給原土地擁有者的土地上的財產，以及美利堅合眾國政府得到日本國政府同意於同日以後置辦並繼續擁有的財產不受此限。

三、美利堅合眾國政府在琉球諸島、大東諸島圍墾的土地和在這些島嶼取得的其他圍墾地，至本協定生效之日止仍屬該政府所有的，同日起成為日本政府的財產。

四、在本協定生效前，美利堅合眾國根據本條第一項和第二項規定向日本國政府移交財產的所在地上發生的任何變化，對日

本國和日本國民不負有補償的義務。

第七條

　　日本國政府考慮到美利堅合眾國的財產將根據第六條的規定移交給日本國政府；考慮到美利堅合眾國將如一九六九年十一月二十一日聯合聲明第八項規定在不違背日本國政府政策的前提下把琉球諸島、大東諸島歸還日本，還考慮到美利堅合眾國政府願意在歸還後分擔餘下的費用等事實，自本協定生效之日起的五年內，將向美利堅合眾國政府支付總額三億兩千萬美元。日本國政府在本協定生效後的一星期內先支付一億美元，餘額平均分四次在本協定生效後的每年六月間等額支付。

第八條

　　日本國政府和美利堅合眾國政府根據兩國政府之間締結的協定，同意自協定生效後的五年內繼續在沖繩島經營美國之音電臺的轉播。兩國政府還就本協定生效兩年後沖繩島的美國之音電臺的經營問題達成了協定。

第九條

　　本協定須經批准，批准書將在東京相互交換。本協定在互換批准書後的兩個月生效。

　　作為上述歸還沖繩協定的證據，下列簽字者各受本國政府的正式委託在本協定上簽字。

　　本協定於一九七一年六月十七日在華盛頓和東京同樣用英文和日文繕寫成兩份。

　　　　　　　日本國代表　　　　　愛知揆一
　　　　　　　美利堅合眾國代表　　威廉・皮爾斯・羅傑斯

有關琉球主權的
大陸民間呼聲

琉球獨立是歷史的必然

　　2010 年 12 月 17 日，鳳凰論壇刊出梁瑾瑜文章《琉球獨立是歷史的必然》，文章說：日本投降時已按《波茨坦公告》原則將琉球這一非法強佔的土地物歸原主，並在琉球與日本之間設立邊界線。琉球從 1945 年至 1972 年已經獨立了 27 年之久。只是 1972 年前，美國擔心與中國建交後經營多年的第一島鏈防線會化為烏有。又經不起日本的威脅利誘，才將琉球的行政管理權移交給日本。但在對中華民國的外交答覆中明確說明美國並無主權可移交，交給日本的只是行政管理權。既然美國無權將琉球主權移交日本，那你日本佔領琉球的合法主權何在？既然你日本投降時承認並退出了琉球這一非法佔領的他國領土，那你重新佔領的法律依據何在？你要推翻投降承諾，改變二戰結果嗎？那就要看二戰各戰勝國答不答應！聯合國同意不同意！在沒有人同意你改變投降承諾之前，你只能退出琉球，將琉球主權還給琉球人民。單憑這一點，琉球獨立就是歷史的必然。

　　鳳凰網是鳳凰集團旗下網站，鳳凰集團由中共中央軍委與中國國安部聯合斥資興辦。

琉球歸屬決定東海石油主權

種種跡象表明，未來的共同開發必定是路漫漫而修遠，而關於東海石油資源，中國保衛的不僅僅是自己的話語權，更有作為一個大國的尊嚴。

日本人終於又沉不住氣了。11 月 17 日，日本執政黨自民黨公佈了《海洋建築物安全水域相關的法律》大綱。根據該大綱，日本企業將在日本專屬經濟水域內開採油氣田，開採設施 500 米以內為安全水域，未經日本政府允許，任何船隻不准進入。據自民黨稱，此法案是為了使「日本企業安全放心地在日本在專屬經濟水域內開採油氣資源」，這意味著，為了使日企在中日有爭議的水域開採石油，日本政府正在從法律上加緊營造環境。

上個月，小泉純一郎上任來的第五次「拜鬼」令中日間本已緊張的雙邊關係再次蒙霜，兩國原欲展開的各種對話嘎然而止，這其中也包括對不斷升溫的東海爭端的磋商。沉寂了不足一個月，日本還是按捺不住再次在東海問題上做起了文章。一如它以往的一貫作風。作為中日談判桌上最敏感的話題之一，東海問題再次引起了經濟、政治及歷史等各領域的共同關注。有專家提醒，如今中日《漁業協定》有效期即將結束，應該警惕日本借「暫定措施水域」實現其單方面主張的「中間線」劃定企圖。

攪動東海波瀾　日本意欲何為

種種事實表明，這次已歷時一年多的東海爭端完全是由日本一手引發。十幾年來相對安靜的東海在去年 5 月開始泛起波瀾。

打破這種平靜的是日本慶應大學一個名叫平松茂雄的教授。此人號稱是日本的中國問題專家，曾于上個世紀六十至八十年代任職於日本防衛廳研究所。

　　去年 5 月底，這位全無國際海洋法學術背景的日本教授夥同一個日本記者乘飛機對中國東海油氣田開採情況匆匆「調查」了一番。次日，《東京新聞》便炮製出有關中國東海油氣田開發情況的系列述評文章，如《中國在日中邊界海域建設天然氣開採設施》、《日中兩國間新的懸案》等。我國春曉油氣田的合理開採被報導聳人聽聞地貫以「向東海擴張」、「企圖獨佔東海海底資源」等。這些文章飛速在日本網路上散佈開來，並引起一些日本民眾的激烈反響。從勘探發現到現在已近十年的春曉油氣田突然引起了日本的極大關注，日本輿論界不分青紅皂白，推動這些反應升級為一場所謂的「春曉衝擊波」，一面將矛頭指向了中國，大肆渲染「中國威脅論」，一面向日本政府施加影響，責備政府「反應遲鈍」、「有損國家利益」。隨後，一股極右的政治勢力也趁機摻和進來，它們開始向日本政府施壓，敦促政府採取所謂的「維護本國海洋權益」的行動。

　　很快地，事件開始升級。日本政府的態度逐漸趨於強硬：去年 6 月 9 日，在一次能源部長會議上，日本經濟產業大臣中川昭一做了一段用吸管飲下整杯果汁的表演，由此提出了那個令人啼笑皆非的「吸管」理論，稱春曉油氣田會吸走日方海底資源，這一理論與當年薩達姆入侵科威特找的藉口如出一轍；6 月 21 日，中國外交部長李肇星向日本外務大臣提出「擱置爭議、共同開發」建議，遭到日方拒絕，日方表示除非中方提供有關油氣田的具體資料，否則不可能實現共同開發；23 日，搭載著中川昭一和幾名日本能源、防衛官員的直升機出現在東海上空，這一干人馬

對我三大油氣田——「天外天」、「平湖」和「春曉」進行了一番仔細察看；7月初，日本政府派遣海洋調查船隻在距中國正在開發的春曉氣田約50公里處的海域進行海底資源調查。此後，日本不斷挑戰中國在東海問題上的底線，在中外合作的東海油氣項目上作梗，要求中方停止春曉項目，並授予其民間企業開採權等等。

為應對不斷升級的摩擦，中日之間分別於去年10月、今年5月以及10月初舉行了三次磋商。正如事先所普遍預料的，三次磋商最終都是無果而終。在漸進式策略的指導下，日本竟在第三輪磋商中大言不慚地提出了要中方提供春曉等油氣田資料等無理要求。小泉「拜鬼」導致中日東海對話中斷後，日本又無根據地指稱中國一艘測量船隻闖入東海日本領海，隨即加緊從法律上為日企在有爭議水域開採油氣營造氛圍。可見，日本在東海上的小動作一直沒有停止。

日本企圖以漁業協定線影響海域劃界

值得關注的是，近日有中國學者指出，從某種意義上說，其實東海問題是一個假議題。中國社會科學院歷史所鄭任釗博士告訴記者，日本本土遠在北方，它之所以可以將手伸向東海，完全是因為它佔據了琉球群島，也就是日本所謂的沖繩。通過佔據琉球，日本得以逼近了中國近海，給自己劃出了偌大的海域。日本人炒熱了東海問題，其實掩蓋了一個根本的事實，那就是它並不擁有琉球的主權。

鄭博士對記者講述了一段歷史：自明朝洪武初年開始，琉球就為中國的附屬國，定期向朝廷進貢，奉中國正朔，使用中國

年號。琉球國王都要得到中國皇帝的冊封才獲得合法地位，若未
及冊封，則只是權宜「署國」，而不敢稱王。而中國皇帝也頒旨
稱「琉球國世守臣節，忠藎可嘉」，屢屢賞賜匾額和財物。日本
一直覬覦琉球，明萬曆年間就派兵劫掠過琉球，清光緒年間乘清
政府無暇自顧之時以武力吞併了琉球，改為沖繩縣。當時琉球國
王曾秘密派員赴北京求援，清政府也以「滅藩屬」向日本提出抗
議。

　　作為琉球的宗主國，清政府雖然腐敗軟弱，無力出兵，但卻
從未承認日本對琉球的吞併。日本一再企圖跟清政府簽訂劃分琉
球的條約，也都沒有得逞。此後歷屆中國政府也都沒有與日本簽
署過有關琉球的條約。1945 年，日本二戰失敗投降，無條件接受
《開羅宣言》和《波斯坦公告》，據此日本必須放棄「其以武力
或貪欲所攫取之所有土地」，其中理所應當包括琉球。但戰後琉
球被美軍「託管」了起來，1970 年美國又將琉球的「施政權」
私自轉給日本，使日本再度竊據琉球。儘管如此，美國也自知理
虧，因此宣稱轉移的是「施政權」，從而回避了主權問題。時至
今日，日本佔據琉球依然沒有任何法理上的基礎，既不能由武力
攫取而獲得琉球的主權，也不能由美國的私相授受而獲得琉球的
主權，更不用說依《開羅宣言》和《波斯坦公告》日本也早已不
能繼續霸佔琉球了。既然日本不擁有琉球主權，那麼以琉球為基
點來劃分中日兩國的海域從根本上說就是非法的，是根本站不住
腳的，更談不上什麼「中間線」了。從這個意義上來說，在解決
琉球問題之前，東海問題根本就是一個假議題。

　　這樣看來，對於日本而言，拿本不屬於自己的琉球來與中國
劃分東海，不論分多分少，都是佔便宜的。因此日本採取的策略
就是漫天要價。在中日兩國的幾次磋商中，日本逐漸變本加厲，

對我國在所謂「中間線」中國一側的開採行為都要開始橫加指責，其實背後隱藏著一個要逼迫中國承認中間線的企圖。日本的做法只不過是想盡辦法提高談判價碼，把「爭議地區」盡可能地擴大，並在國際上製造這種爭議的輿論，最終在談判中以及在以後的共同開發中獲取最大的利益，並促使「中間線」說法變成既成事實。

談到中間線，中國社會科學院日本研究所副研究員、東海問題專家呂耀東提出一個非常值得警惕的問題：幾個月前，日本執政黨剛剛提出「油田問題也應從漁業角度談日方權益」。

今年是中日簽署的《漁業協定》的最後期限年，在這樣的背景下，日本這樣的提法很有可能是一個信號，這意味著日本想以中日《漁業協定》的東海海域「暫定措施水域」，實現其單方面主張的「中間線」劃定企圖，並進一步拿「油田問題」說事。近年來，日本非常重視各個相關省廳在東海問題上的協調一致。日本政府於 2004 年設立了「關於大陸架以及海洋資源調查相關省廳聯絡會議」，開始了以日本海上保安廳為主、各省廳相互合作的日本周邊海域大陸架調查活動，片面為其單方面主張的「中間線」主張尋找「科學」依據。中日 1997 年簽訂的《漁業協定》設立了「暫定措施水域」，有效期為 2000 年 6 月 1 日至 2005 年。儘管中日漁業協定談判曾經明確表示不影響將來的海域劃界，但國際海洋劃界實踐表明，漁業協定線可能影響到海域劃界，甚至會成為專屬經濟區的邊界線。

依大陸架劃定海上分界線在國際法院勝訴的判例

東海問題之所以日漸凸顯成為中日關係的最主要話題，這與

中日的能源局勢密切相關。目前，中日兩國分別為全球第二大和第三大石油進口國。隨著經濟的快速發展，兩國的能源形勢越來越嚴峻。統計顯示，今年中國原油進口預計將達到 1.3 億噸，增長 8% 左右。最近十多年來，中國石油消費量年均增速保持在 6% 左右，對外依存度也由 2003 年的 36% 上升到 2004 年的 42%。有專家坦承，今後中國石油的對外依存度只會更高。國際能源署認為，到 2030 年，進口石油佔中國石油總需求的比重將激增至 80% 以上。

作為世界第二經濟大國的日本更是心急如焚。日本的石油、天然氣等一次能源幾乎完全依靠進口。在上個世紀 70 年代的兩次石油危機中，日本飽嚐能源匱乏之苦。當時日本最為暢銷的一本書《油斷》反映的正是石油進口中斷使整個社會陷入混亂的現實。此後，日本一直將確保石油、天然氣等能源供應當作最重要的國家戰略目標之一。

而東海恰好是一個有著誘人能源遠景的區域。早在幾十年前，我國著名地質學家李四光就曾經斷言，「中國海上石油遠景在東海」。聯合國亞洲及遠東經濟委員會也曾經推斷，東海大陸架可能是世界上蘊藏量最豐富的油田之一，釣魚島附近可能會成為第二個「中東」。有專家預測東海油氣資源量將達 200 多億噸，甚至更多。根據日本人自己的預測，東海海底蘊藏著上千億桶的石油和數千億立方米的天然氣資源，這些能源足夠日本政府在國民不納稅的情況下維持近 10 年的支出！

當東海的能源遠景越來越明晰時，中日圍繞海域劃界的爭議開始變得越來越棘手。自 1998 年以來，中日兩國每年都要就這一分歧進行磋商，但始終都是無功而返。由於在採用何種原則和方法上的對立，兩國始終沒有劃定海上分界線。

　　眾所周知，依據《聯合國海洋法公約》，東海海底的地形和地貌結構決定了中國大陸架自然延伸至琉球海槽，該海槽是中國大陸自然延伸的陸架和琉球群島的島架之間的天然分界線。這也是中國目前所主張的大陸架劃法。但是，日本主張採用陸地間等距離中間線來劃分中日兩國之間的東海大陸架。日本意識到，如果能夠將目前的大陸架外側界線從起算領海寬度的基線開始，向外延伸至 350 海里處，日本就有望從資源窮國成為資源大國。因此，日本堅持「本國大陸架」勘測的範圍包括中國領土釣魚島、日本與韓國有爭議的獨島等海域，總面積達 65 萬平方公里，相當於日本國土面積的 1.7 倍。正是由於日本罔顧琉球海槽是東海大陸架與琉球群島之間的自然隔斷這一客觀事實，才將原本清楚的東海海域劃界問題一步步描繪成為所謂的「懸案」。

　　呂耀東告訴記者，在聯合國第三次海洋法會議期間，中間線或等距離線的劃分方法只得到包括日本在內的 20 多個國家的支持。而包括中國在內的大約 50 多個國家主張，中間線劃法有可能導致不公平的結果，應在考慮到各種特殊情況下，按照公平原則通過協議劃界。

　　在東海劃界問題上，日本是在有意迴避和混淆專屬經濟區與大陸架的概念區別。呂耀東認為，一些國際經驗意味著，日本應該在東海海域劃界問題上慎重從事。20 世紀 60 年代，聯邦德國與丹麥、荷蘭對北海大陸架歸屬出現紛爭，若根據中央線劃分，則聯邦德國所得大陸架最少，但事實上北海大陸架多由聯邦德國領土延伸出去，1969 年 2 月 20 日，最後由國際法院判決聯邦德國勝訴，聯邦德國的大陸架面積由按照中間線或等距離線劃分所確定的大約 23700 平方公里，增加到大約 35000 平方公里，而確立了領土自然延伸的原則。

保衛東海石油資源是保衛國家尊嚴

　　毋庸置疑的一點是，由於中日東海爭端問題極其複雜，牽涉到經濟、法律、政治以及歷史等多個領域，因此，東海爭端的解決不是一朝一夕的事。從目前來看，擱置爭議、共同開發是中日雙方都認為的最好選擇。

　　呂耀東認為，作為解決問題的必要步驟，當前中日兩國應以公平協商為原則，認真研究如何推動共同開發東海大陸架資源的問題。本著和平、合作的精神進行共同開發，如果中日兩國採取積極的態度，共同開發這一敏感海域的資源是完全可能的。

　　根據 1982 年制訂、2001 年修改完善的《中華人民共和國對外合作開採海洋石油資源條例》規定：為促進國民經濟的發展，擴大國際經濟技術合作，在維護國家主權和經濟利益的前提下，允許外國企業參與合作開採中華人民共和國海洋石油資源；中華人民共和國的內海、領海、大陸架以及其他屬於中華人民共和國海洋資源管轄海域的石油資源，都屬於中華人民共和國國家所有；中國政府依法保護參與合作開採海洋石油資源的外國企業的投資、應得利潤和其他合法權益，依法保護外國企業的合作開採活動；外國合作者可以將其應得的石油和購買的石油運往國外，也可以依法將其回收的投資、利潤和其他正當收益匯往國外；中外企業都應當依法納稅；為執行石油合同所進口的設備和材料，按照國家規定給予減稅、免稅，或者給予稅收方面的其他優惠。呂耀東認為，有了這些條例保證，只要日本拿出誠意，中日經濟界真心合作，東海大陸架的開發會取得雙贏的結果。

　　但從目前看，日本似乎打的是另外一番算盤。

　　一談及共同開發，日本總是要提到「共用中方已獲得的海底

資源資訊」的要求。根據業界常識，一般所謂「共同開發」的範圍，不應包括已發現的油氣田。對此，就連日本的資深能源人士都承認，日本的要求實在於國際法不符，於行業常識不符。日本原石油資源開發公司董事豬間明俊公開承認，中國是在本國經濟專屬區內發現的油氣田，理所應當可以繼續進行開發。而要中國公開屬於絕對機密的地下資源資料，就如同要一家機械製造公司公開其專利技術，是理該嚴詞拒絕的。

他認為，在全球都關注東海爭端的非常時刻，日本不斷提出這樣違反行業常識的要求，只會有損日本的國家尊嚴。日本之所以要冒這樣的大不韙，意在 2009 年時得以向聯合國申請海域主權。

本月初，日本最大的石油生產商——國際石油開發公司引人矚目地以 30 億美元價格併購日本第三大石油生產商帝國石油公司。此前，帝國石油剛剛因被日本政府授予試開採權而成為中國媒體關注的對象。隨後，國際石油開發公司又啟動了一項通過收購實現增長的戰略，將在 2010 年之前向亞洲和大洋洲以外地區進行多樣化拓展，以與中國和印度的大型石油公司對抗。在目前東海油氣田之爭成為中日外交衝突焦點的背景下，這樣的消息更加顯得耐人尋味。一家日本的石油旗艦企業擺出如此大規模的擴張勢頭，這很難不讓人對日本政府在幕後所扮演的角色有所猜測。

日本政府目前也開始提「擱置爭議、共同開發」了，但至於到底有多少共同開發的誠意，恐怕只有日本政府心裡最清楚。種種跡象表明，未來的共同開發必定是路漫漫而修遠，而關於東海石油資源，中國保衛的不僅僅是自己的話語權，更有作為一個大國的尊嚴！

（原載 2010 年 9 月 16 日鐵論壇）

從利比亞撤僑透視我們收復琉球的可能性

2011 年 3 月 3 日，馮善智在鐵血社區發表文章〈從海外撤僑透視中國收復琉球的可能性〉，文章說：中國海軍正不斷努力，以突破第一島鏈並在西太平洋海域上自由行動，要麼是為了威脅臺灣東部海岸，要麼是出於其他的一些目的。佔領一座或幾座琉球群島島嶼，將令中國軍隊有機會實現這一計劃。只要隱蔽在島嶼鏈之中，中國軍隊就能擊退日美海上聯軍，讓東京和華盛頓無法關閉這條海上通路。而最近中國軍艦以及空軍四架伊爾 –76 大型運輸機遠赴利比亞撤僑的行動引起世界的關注，對此西方媒體大肆報導這一消息，並說這是中國史無前例的大規模軍事撤僑行動，以後將成為常態，也就標誌著中國海外軍事行動的先兆！對此西方大國以及日本都對中國大規模軍事撤僑感到震撼，從這次大規模撤僑行動中，也可以證明中國在戰時投送兵力和物力的雄厚基礎！

面對中國向海外用武的第一步，日本顯得有些害怕了，那麼第二步中國會不會用於收復島嶼？對此，日本必須做好防止中國武力收復釣魚島以及琉球群島的可能性。日本自衛隊必須應對與釣魚島和琉球群島有關的多種意外狀況。一種可能性就是中國為了在群島間開闢一條航道而展開嚴密且精準的打擊。中國軍隊可能會佔領該群島中鄰接一至兩條海峽的島嶼。毗鄰宮古海峽和石垣海峽的宮古島便是首選。這兩條海峽是中國小型艦隊近年來根據其戰略部署選擇的航行路線。一旦在宮古島上部署導彈部隊，就能夠掩護途經這兩條海峽的中國艦隊，令該島發揮雙重作用。

島嶼戰略為中國帶來的絕不僅僅只是軍事利益而已。比如，北京可能會將奪取有爭議的釣魚島用作政治心理策略。目前，這片

群島日本幾乎沒有任何保護。只有通過島上工事、反艦和防空武器的掩護，日本部隊才能夠為琉球群島提供絕佳的保護，令中國軍隊無法在遠端作戰的情況下奪取這片島嶼。有效的聯合行動能夠在戰爭時期防止中國軍隊猛攻這片群島，即使未能達到這一目標，日本仍能切斷、孤立、等待並擊敗中國。但是中國可能採取遠端打擊軍事行動，在中國境內部署的大量岸基導彈以及中程彈道導彈將會對琉球群島或者日本西海岸進行轟炸，但是日本也不會束手就擒的，日本會利用其部署的愛國者反導彈系統攔截中國的岸基導彈以及中程導彈，這樣中國的導彈對日本西海岸以及琉球群島的打擊破壞性就大大減小。無論是哪種方式，日本都將在中日競爭中佔據優勢，這是一個不爭的事實，但是我們也不能害怕日本，隨著中國的快速崛起，相應地我們的軍事實力也在進一步壯大，以目前的局勢和國際環境來分析，和平收復失地的可能性已經為零。為了我們民族的復興與強大，我們只有依靠武力來完成對日本的打擊，藉以收復釣魚島以及琉球群島，不管代價是多麼大，這是遲早的事！我們只有收復釣魚島和琉球群島，我們的海軍才有出入太平洋的自由出口，只有收復釣魚島以及琉球群島，我們才能真正走向海洋大國。希望國人能夠時刻保持一顆清醒的頭腦，時刻為完成祖國的統一大業而做出自己的偉大貢獻！

　　鐵血網創立於 2001 年，由北京鐵血科技有限公司運營，定位於以軍事內容為主的中文社區，通過鐵血互動平臺，向用戶提供海量、全面、最有價值的實用資訊，它已成為全球最大的中文軍事網站。至 2009 年 6 月，鐵血網日均訪問用戶率在 200 萬左右，日均頁面訪問量達 1500 萬，穩居中文社區類網站之前十名。它設有鐵血社區、鐵血讀書等欄目。

（原載 2011 年 3 月 3 日鐵血網）

解決釣魚島爭端，機遇已出現

中國傳媒大學國際傳播研究中心副教授劉建平

　　近日，正當俄羅斯與日本之間的「四島之爭」看來日趨尖銳、無解的時候，日本出現了一個微妙的概念變化。抓住這個變化，將大大有助於解決中日的釣魚島問題。

　　數月來，俄羅斯以政要連續登島和強化軍事部署等方式，澄清作為「二戰的結果」，「四島」現狀據《雅爾塔協定》、《波茨坦公告》、《舊金山和約》以及《聯合國憲章》第 107 條完全合法，強硬地打回了日本扣給俄羅斯「非法佔領」的帽子。對此，日本政府終於調整立。2 月 24 日，外相前原誠司和官房長官枝野幸男在回答日俄、日韓島嶼爭端時，迴避「非法佔領」概念，而表述為「被以沒有法律根據的形式統治著」，並進一步解釋說：「從歷史或法律上來看」，他國沒有事實統治的根據，日本不承認「那種所謂的事實統治」為「實效統治」。

　　從「非法佔領」論到「無法律根據事實統治」論的轉變，給島嶼爭端通過外交途徑的合理解決創造了話語空間。過去的半年中，同樣都是二戰後的領土爭端，日本一方面張揚為「實效控制釣魚島」的自許「合法」立場，一方面卻把俄、韓實際控制爭議島嶼稱為「非法佔領」，自我民族中心主義的雙重標準立場是多麼明顯！

　　然而，日本政治家開始根據歷史知識和現實教訓來調適政治心理、整理外交方向。去年以來，美國政府反復宣稱「日美安保適用於釣魚島」，但俄羅斯不甘坐視日美同盟通吃東亞的囂張之

勢，以政要頻繁登島的行動，徹底打破日本乘勢交涉日俄爭議領土的幻想。這使得日本政府在國內失去宣傳「固有領土」被「非法佔領」所積累的虛擬政治威信，對外則遭遇「日美安保」祗適用於疑似「威脅」的中國、朝鮮之尷尬。

大約兩週前，美國政府曾表示支持日本的「北方領土」立場，但俄羅斯立即召見美駐俄大使，警告「不許介入日俄領土問題」。面對美國「威懾力」對俄無效的事實，日本政府給俄、韓都摘去「非法佔領」爭議島嶼的帽子，而改稱為「沒有法律根據」的「事實統治」。

事實証明，美國以虛構「威脅論」來維持中國、朝鮮半島分裂格局之類的「巧實力」壓迫不被俄羅斯接受，而且一個強硬並與日本敵對的俄羅斯，恰恰符合美國在日本維持軍事基地的需要。正視這種戰略態勢，日本或許會認識到，依賴美國並不能滿足日本的利益和尊嚴需求，而應該與東亞國家一起探索公正、合理解決島嶼爭端的外交途徑，而爭端的解決反將創造日本向美國論證撤退軍事基地的有利條件。

國際關係的邏輯、公理是統一的。既然日本認為俄羅斯控制「四島」是「沒有法律根據」的「事實統治」，《雅爾塔協定》、《波茨坦公告》、《舊金山和約》以及《聯合國憲章》第 107 條等尚不足以構成俄國對「四島」的主權根據，那麼日本在戰後二十多年之久接受美國私授釣魚島就更無「法律根據」意義可言。日本的表態給相關國家共同研究關於二戰結果的國際法問題創造了一種合作、理性的前提，也可能成為和平解決中日釣魚島問題難得的機遇。中日兩國的有識之士應一起尋求解決中日關係結構性問題的可能性，為推動東亞政治走向良性循環的發展軌道、實現歷史和解而努力。　　　　　　　　　　　（原載 2011 年 3 月 3 日環球時報）

中國的年度軍事預算究竟是不是官方宣稱的 6011 億元呢？

梁光烈最近承認高達 12500 億元

東方網引述美國《華盛頓時報》報導稱，在新中國成立 60 周年慶典上，共有 52 型新式先進武器系統（其中包括空降戰鬥車輛、洲際彈道導彈）與裝備精良、整齊劃一、神情肅穆的中國戰士一同接受了檢閱。中國國防部長梁光烈 2011 年 1 月 10 日上午在八一大樓與來訪的美國國防部長蓋茨舉行會談。在談到中國軍力時梁表示，擁有 230 兵力的解放軍在衛星、戰機、坦克、火炮、導彈、軍艦及潛艇等領域的技術水準「已經達到或接近于世界領先水準」。

文章稱，梁光烈將軍此言揭示了一個中央情報局早已知曉的事實：中國正在向軍事領域注入鉅資。據中央情報局估計，在 2008 年，中國軍費開支佔其 4.4 萬億美元 GDP 的 4.3%，約達 1900 億美元。另外，還需要注意一點的就是，利用同樣的資金，中國獲得的軍備幾乎是五角大樓的兩倍。

文章進一步指出，目前中國真正增值的製造業在世界排名第二，是美國產出的 60% 至 70%。在今年 8 月，中國的汽車市場還首次超過了美國。據美國經濟預測機構 IHS/Global Insight 預測，中國將在未來五年內（甚至更短的時間內）成為世界頭號工業大國。中國 8 月份製造業產值較上年同期增長 12.3%，而美國的數字則有所減少。

文章稱，在這種情況下，中國國防工業支援軍事現代化的能力將有望超過美國。畢竟，目前中國已經是全球一流的造船商，

電子與化學商品製造商，其鋼產量佔全球總量的一半，而且還控制著全球稀土氧化物的 90%。文章指出，自 1999 年以來，中國軍費開支的增長已遠遠超過了其國民生產總值的增長速率——平均增長率在 15% 至 19% 之間——軍事研究及發展費用增長速率甚至更高。對此，梁光烈表示，中國需要跨越式升級軍事科技，以「有效的維護國家主權與領土完整」。

梁光烈曾經粉碎美軍的聖誕作戰計劃

2003 年，朝鮮半島發生核危機，美國政府在交涉和談判無效的情況下，決定對朝鮮實行打擊，先實行外科手術空中打擊，再派地面部隊消滅小金政權，扶持親美力量。大家都知道，中國和朝鮮自古就是唇亡齒寒的關係，朝鮮一旦失守，會東北告急，華北告急，全中國告急。無論如何，中國政府都不會同意美軍對朝鮮的打擊。在梁光烈主導下，軍委決定對美軍施以顏色，以牙還牙。為此，在獲得美軍的攻打計劃後，梁光烈採取了先發制人的辦法，秘密調動 10 萬野戰軍替換了中朝邊境的武警。

在穩定東北局勢後，梁光烈考慮到如果中美在朝鮮開戰，美軍極有可能從中國後方緬甸方向攻入中國腹地大西南，而當時有關情況表明美國確實在緬甸製造混亂，準備發動軍事政變。梁光烈一不做二不休，決定同時和美軍打響兩場局部戰爭，又調 10 萬野戰軍替換了駐中緬邊境的武警。

在陸地憂患已基本消除的情況下，剩下的危險只有駐日本的橫須賀日美聯合海空基地，這裡有美軍的航空母艦，另外就是美軍駐琉球力量。一旦中美在戰爭爆發，美軍肯定利用駐日本基地的海空力量對中國沿海展開打擊。要消除這些危險，唯一措施

就是從地圖上抹掉它。因而，正如後來海外媒體披露的那樣，中國核潛艇多次進入日本內海，目標直指橫須賀港內的美軍航空母艦。在做了這些佈置後，總參有關部門才通過香港親北京媒體披露 20 萬野戰軍換防中朝中緬邊境的事，讓美軍為之大吃一驚。在這年的年末，中國一艘老掉牙的宋級潛艇突然在東京灣浮出水面，當時許多日本民眾都看見了這艘潛艇。整個日本媒體和朝野對此對中國展開了口誅筆伐。但效果顯而易見，讓整個美國朝野都知道了中國準備和美軍展開兩場局部戰爭的決心，小布希也只得草草收兵，放棄了聖誕作戰計劃。

廣大網民強烈呼籲琉球回歸祖國

中國民間的反日情緒表現在線民透過各個軍事網站表露對梁部長的竭誠支持以及對中國外交部對日鴿派的強烈譴責，有關網貼摘載如下：

面對美韓軍演，一直對中國虎視眈眈的小日本終於坐不住了，主動入朝鮮半島衝突。先是日本參謀本部派出軍官觀摩團出席美韓軍演，新任駐華大使又公開宣佈日本不承認臺灣是中國的一部份。

南華早報報導，聞聽此言，外交部繼續裝聾作啞，但解放軍勃然大怒。主持軍委日常工作的梁光烈主動打電話給外交部，要求外交部發表公開談話，稱按照開羅宣言日本應歸還琉球群島。但外交部對梁光烈的建議吱吱唔唔，沒做表態。

據稱，對於外交部的含糊其詞，梁光烈很不滿易，下令東海艦隊再次穿越琉球群島，並授權東海艦隊可以派兵搶回釣魚島。

從文章表述的情況分析，二次出入宮古島，這是已過去了的真實的事情，但是否有梁光烈與外交部電話往來之事就不知道了。官方一般是不報導這樣的事情的，除非洩漏或若干年之後才知道真實情況，但不管怎麼樣，僅從中國百姓大眾這方面反應來講，中國的外交部已經是中國崛起路上非常危險而且是非常巨大的絆腳石，中國官方強硬派更不用說早就滿腹牢騷，怒火滿腔！老百姓最先發怒早就強烈要求撤銷外交部這個漢奸部、賣國部！

地球人都知道一個道理：那就是弱國無外交！在中國有不少人都認為中國是個大國而且是個強國。以前我也這麼認為，可現

在早就沒理由讓我堅持原來的觀點了，更讓我沒臉堅持原來的觀點！而對現在的中國更貼切的說法應該是：地盤很大（但已經越來越小）、錢櫃子也很大而且裡面很有錢、一個大塊頭傻大個國家！

說他傻，就是因為它總是出什麼怪論想約束別人、結果別人沒約束住卻常把自己約束住了（昨夜鳳凰衛視評論也這麼說）；正因為他傻而且憨，所以小蒼蠅之國都敢欺負他；正因為他還很有錢，所以一些豺狼饞得眼睛都發綠！大家說說，這樣的國家是否已經充滿被殺被宰的凶兆？當前的形勢是否已印證了這樣的預測？

這都是為什麼？難道說中國的軍隊都是吃乾飯的嗎？難道說中國就沒有先進而強大的軍事裝備嗎？難道是中國人都失去鬥志完全是一群綿羊了嗎？非也！那真正的原因究竟是什麼？

答案：綏靖妥協軟弱的一群人主導著中國，讓中國的外交沒有強硬的聲音、讓中國虎狼一樣的軍隊被軟弱之人囚禁在籠中、讓一群虎狼一樣具有尚武傳統的中國人被軟骨頭湯（軟骨頭文化）灌軟灌迷、並被一群軟骨頭們看管統領著、結果變得比綿羊還變態、比綿羊還綿羊的「轉基因綿羊人」（到處都是細聲小氣、妖臉媚態的陰陽人）！

這麼多軟骨頭不消失，中國還能沒有不被瓜分的風險嗎？尤其是外交部，這麼多網民都公開稱其為漢奸部、賣國部，強烈要求撤銷它，不能說沒有道理！

我也很氣憤，但我個人感覺外交部是撤不了的。這不僅是因為對外需要有一個機構來跟外部協調溝通和聯絡，同時也為軍隊在動粗之前有一個緩衝，也就是先文後武、先禮後兵，這都需要外交，儘管「外交部」這個名字已經讓中國人感到非常令人噁心

了，但這樣功能的機構還是有必要存在的理由的！但不妨換一種稱呼並改組它，讓它既能表達軍隊的強硬意志，又能聽取民眾呼聲，這樣一來，它對外發出的聲音不就徹底改變以往的頹廢、綏靖、傻而無力的怪相了嗎？

同時建議這樣的一個機構應該比國防部矮半級或一級，使國防部必要時可以命令它行使國防部已被授權了的國家意志，這樣中國的外交一定不比美國遜色，中國人從此又要站起來了，而且會更有力地站在世界的東方，成為真正的東方巨龍！

廣大網民強烈建議全國人大召開會議，研究撤銷當前的外交部，成立一個具有上述新功能的新機構，為中華民族的復興做一件非常巨大而且有利的事吧！

> 本人建議這樣的機構應該有以下幾方面人員組成：軍隊鷹派高級代表＋有頭腦的強硬外交人員＋人大代表＋有國際司法常識司法人員等組成外交智囊團。記住任何時候都不能再次啟用軟骨頭，否則國家會後患無窮！中國的歷史早已告訴了我們這個道理！
>
> 　　　　　　　　　現役軍官（2010–12–1011:20:48）

> 廣大網民強烈建議全國人大召開會議，研究撤銷當前的外交部，成立一個具有上述新功能的新機構，為中華民族的復興做一件非常巨大而且有利的事吧！
>
> 　　　　　　　　探索真理者（2010–12–1011:28:01）

> 不僅外交部，所有政府機構（特別是高層）中的軟骨頭都應該被撤換！！！
>
> 　　　　　　　　　　　喬刀（2010–12–1011:35:09）

現在的中國外交部部長楊潔篪是共和國成立以來最差的一任

外交部部長，敬請國人把這個敗類綁到歷史的恥辱柱上。

舞劍人（2010–12–1013:40:23）

外交部長必需從軍人的強硬派中選，中國的外交、陳毅任部長時那是什麼景象，想和中國過招的面對陳毅先怯三分，真是給中國人長臉哪！

今天的以楊潔篪為首的外交部太丟中國人的臉，都不如一群掃馬路的有骨氣有血性！

軟骨頭的文人治國握重權，亡國只是遲早的問題！

舞劍人（2010–12–1013:53:27）

不要寄希望於人大，人大是既迷惘又缺鈣，就會立一個對老百姓不痛不癢的法，也就這點能耐了，對轉基因連個不字都不敢說！

23 筆劃（2010–12–1014:19:58）

梁防長與戴旭已成為愛國力量與投降派的風向標，如他們得到提升，說明愛國力量在加強，如果他們受挫或離開軍隊，說明投降派佔據上風！當前國家民族多事之秋，我們需要自己的鷹，保護好自己的鷹，就保護了國家民族的未來和希望！

天地人（2010–12–1015:23:34）

中國人民支持梁將軍！

為忠魂舞（2010–12–1017:37:13）

外交部看上去就像一個漢奸、賣國賊部。

心海幽靈（2010–12–1018:43:25）

希望梁防長的話是真的！

911H（2010-12-1019:05:31）

堅決支持梁光烈將軍的愛國行為、全國人民都會支援並聽梁
將軍的召喚，決不會聽投降派賣國賊的，必要時把賣國賊一
個個都消滅乾淨。現在的中國外交部部長楊潔篪所作所為、
足以證明其是一個出賣國家利益和出賣國家領土的賣國賊，
必須誅之，此乃國家之幸！

雲火龍（2010-12-1023:00:12）

強國論壇創立於 1999 年 6 月 19 日，是中國官方新聞網站中
最早開辦的時事論壇。中國國家主席胡錦濤曾說過：「人民網強
國論壇是我經常上網必選的網站之一。」

有關琉球主權的
海外／境外輿論

大家都來竭誠支持琉球復國運動

鄭義

中共宣佈恢復向日本出口「稀土金屬」後，因撞船事件引起的釣魚島危機似乎煙消雲散了，然而，日本首相又接連宣稱釣魚島主權屬於日本，還在東海地區增加兵力，磨刀霍霍。

釣魚島主權的癥結是琉球歸屬未定

日本是個善於見縫插針的國家，它發現國共對峙，釣魚島無人值守，就想把它攫為己有。要佔領一個本就不屬於自己的領土，就需要拿出適當的理由。日本認為釣魚島原本就屬於琉球國，而琉球國更名為沖繩後成為日本領土，故釣魚島理所當然地屬於日本。所以，假若釣魚島真的曾經屬於以前的琉球，而中國又承認琉球是日本的領土，日本提出釣魚島主權主張就站住了腳。基於此，中國現在推出大量的論證和批駁，旨在撇清釣魚島與琉球的任何關係，並且擺出釣魚島為中華領土的種種歷史證據，卻恰恰把「琉球不屬於日本」這個最好的證據給忘了。所以這裡必須要弄清楚兩個問題：第一釣魚島真的與琉球沒有任何關係嗎？第二琉球真的屬於日本領土嗎？

琉球群島包括七十多個島嶼，蜿蜒海上八百里，總面積五千平方公里。其原始琉球人在戰國、秦、漢時代已傳染燕、齊、吳、越民族之血統。明太祖洪武五年（1372），琉球與中國正式結成父子宗屬關係，中山王察度請求明帝將閩人三十六姓東渡。故今日琉球 120 萬人口中大半為蔡、洪、鄭、金等卅六姓之後

裔，僅有小部份由朝鮮、南洋遷來。有明一代，琉球王對宗邦進貢一百七十餘次，為三十餘藩屬之冠，其貢物極優。琉球學生入中國國子監讀書，歸國皆政要。

　　明萬曆 37 年（1609）日寇以兵力三千、戰船百艘入侵琉球，島民廢除武備已近百年，無異以卵擊石，以致日寇生擒琉王尚寧，押往日本囚禁兩年，強迫琉王謝罪並簽訂屈辱條約。當時琉球烈士殺身成仁者不計其數，例如二品官鄭迴兵敗被俘拒絕投降，竟被敵寇扔入油鍋處死。日軍在島上燒殺姦淫掠，糧食用具以及宮廷財物被劫掠一空，凡中、琉交往文書與中文典籍全部焚毀，並強迫每年進貢大量財物、燒毀島民之家譜，實施地租、人頭稅、船稅等苛捐雜稅，強迫墜胎控制人口，惡毒地偽造《中山世鑑》，捏造琉球世祖為日本後裔云云，還壟斷中琉貿易、禁止遣派學生赴中國留學。清光緒四年（1878），志士毛允良等組織「結盟黨」，襲殺日寇；不願做奴隸之志士密渡中國策劃琉球復國，達八百餘人。琉球王國呻吟於日寇桎梏之下，延續了二百七十年。清光緒五年（1879）日寇再次出兵琉球，綁架琉王尚泰至東京，宣佈廢藩置（沖繩）縣。琉王密使向德宏自閩奔津京，作秦庭之哭，隨員林世功上書總理衙門哀求援兵絕食而死。清庭憫其孤忠，贈白銀二百兩殮葬。光緒六年，美國前總統格蘭特受李鴻章之託，從中調停，日方願意劃界分治：將沖繩以北歸日本管治，南部宮古、八重山兩群島歸清國安置琉王，保其宗社。此時左宗棠正進兵新疆，清廷欲聯日拒俄，以致未批准此一「琉球條約」，以致琉球全入日寇魔爪。此後日寇捕殺親華人士、禁止琉民從政、經商、接受高等教育，還強制琉人遷居臺灣與九洲，強召琉球青年入伍充當炮灰。琉民對日寇恨入骨髓，1945 年美軍登陸時，三千學生奮起協助美軍圍殲日寇，迫日本投

降後，琉球全境展開「驅逐日寇出境運動」。

波茨坦公告規定戰後日本領土限於四島

　　自 1895 年 1 月 14 日，日本內閣決定釣魚島與久場諸島、黃尾嶼為沖繩縣所轄。這樣至 1945 年日本戰敗，釣魚島週邊的三大系列群島事實上一直在日本的佔領和統治下，也就是說，在長達五十年的時間裡，釣魚島週邊海域和島群一直編列在沖繩縣內。由此可見，釣魚島曾經「屬於」琉球，儘管是日本強行佔領並劃併。當然，我們也有充份的證據表明，釣魚島是中國人率先發現並命名，一直獨立於琉球國之外，並且在中國直接治理下的版圖之內。尤其是美國、蘇聯、法國甚至日本等 10 多個國家近 200 種地圖上，都曾明確標繪釣魚島屬於中國。例如，1948 年美國權威地圖《新世界地圖》一書中，就包括了美國在第二次世界大戰時期進攻日佔區時的疆域界限，地圖中詳列了日本管轄的全部島嶼，而釣魚島沒有被包括在內。按照近代國際法對領土取得方法中的先佔準則，釣魚島自古就屬於中國；按照《開羅宣言》和《波茨坦公告》，日本也不能擁有釣魚島，不僅不能佔有釣魚島，而且連琉球都不是日本合法領土。問題恰恰就出在這裡，從毛澤東時代以來，中國就默認了日本對琉球的佔有權，我們自己居然先違背了《開羅宣言》和《波茨坦公告》。朝鮮戰爭爆發以後，中美全面交惡，為了分化日美同盟，毛周很沒遠見地公開呼籲美國把琉球「交還」日本。朝鮮戰爭的挫折和此後越南戰爭的泥潭令美國感受到自身力量的有限性，為了更好地同蘇聯爭鬥，美國必須拉攏並控制日本，於是便順著毛周的呼籲把琉球連同中國的釣魚島一同交給了日本。就這樣，日本堂而皇之地重新佔領了琉球，海峽兩岸對此竟然毫無異議；就這樣，釣魚島事實上置

於了日本佔領之下。

按照 1992 年《聯合國海洋公約》，釣魚台列嶼海域擁有 74 萬平方公里的「海洋經濟專屬區」，這幾乎相當於中國與東南亞各國在南沙群島領土領海爭執的總和。如果日本竊土成功，日本人就獲得一個大陸架，他們會進而要求 200 海里的專屬經濟區，中國不僅再也不算是海洋大國，而且日本的領土和領海還會急劇地增長。以釣魚島為基礎，日本就可以瓜分中國的東海大陸架，至少能攫取我們東海油氣資源的一半。在地緣政治上，釣魚台列嶼位於臺灣和琉球之間，處於西太平洋第一島鏈一線，是外國海軍進入中國的跳板，也是防止中國海軍向太平洋縱深地區進出的屏障，更是日本海上生命線的咽喉要道。如果日本完全控制了該海域，不僅中國海軍被扼住了咽喉，使侵略者獲得進攻中國的理想前進基地，而且有助於確保日本東海霸主地位，為軍國主義的再次復活埋下深厚的地理基礎。現代高速戰機和導彈的發展，越來越有利於發動進攻的一方，防守一方極易陷於被動，因此盡可能地擴大防禦縱深和進攻空間就具有越來越重大的戰略意義。顯然，一旦日本徹底擁有了釣魚島，日本的戰略縱深就會大大延展，我們的戰略縱深就會同步急劇萎縮，假若中日再次開戰，失去釣魚島的中國就會再次陷入戰略窘境。

日本打藏獨牌疆獨牌　我們應打琉球牌庫頁牌

目前日本有一股力量企圖分裂中國版圖，他們不僅鼓吹藏獨、疆獨、（內）蒙獨而且策謀把中國分割為十幾個小國，近年日本政府還設立基金以專款援助中國的叛亂勢力。因此，從戰略上我們應該有個全盤規劃。日本剛剛佔領琉球時，為撲滅琉球人的國家意識和獨立風潮，它不擇手段地使用了各種軟硬兼施的方

琉球三司官，著大明服飾。

法，強行推行「日本化」。1875年日軍侵佔琉球時，琉球人的漢化已經很深，雖然經過日本七十年的「皇民化改造」，但是數百年積累下來的中華文化依然根深蒂固。琉球人使用與日本完全不同的漢語方言——琉球語，風俗民情（正中結髮風習、龍頭金簪制、冠服、飲食、刑法、葬制、墳墓、祭禮、舞蹈、拳術、扒龍舟，乃至建築樣式、官階制度、宗教廟宇、歌謠樂譜）、社會人文依然屬於中華文化，口音屬閩南語和臺灣語系，琉球人的家譜，大多是來自福州的三十六姓系統，她更有自己獨特的歷史，採用的是中國的農曆年號，節日喜慶也與中華文化大同小異。二戰後期，美國進攻琉球本島，日軍強迫琉球人跳崖自殺，或乾脆打死琉球人來應對琉球食物的缺乏。這場戰役使琉球人口減少三份之一，大約 30 萬人死難。日軍在最後關頭「極有遠見」地驅散了琉球獨立的最後象徵——王宮衛隊，王宮在戰火中被夷為平地，琉球立國以來所有王家典籍文獻檔案被一把火燒光，琉球七百五十年的文化積累由此喪失殆盡。

　　儘管國人對琉球問題所知甚少，政府也從不進行張揚，但是抗戰期間的國民黨政府卻予以多次聲明。1938 年 4 月蔣介石在國民黨臨時全國代表大會上發表講話：「日本自明治以來，早就有一貫的大陸侵略計劃。過去甲午之戰它侵佔我們的臺灣和琉球，

日俄戰後吞併了朝鮮，侵奪了我們的旅順和大連……它以臺灣為南進的根據地，想從此侵略我們華南和華東；而以朝鮮和旅大為北進的根據地，由此進攻我們的滿蒙和華北。」1943 年，蔣介石在《中國之命運》一書中莊嚴宣示：「琉球、澎湖、臺灣、東北、內外蒙古、新疆、西藏，無一不是保衛民族生存之要素，這些地方之割裂，即為中國國防之撤除。」1942 年 11 月 3 日，中華民國政府外交部部長宋子文在重慶舉行記者招待會，指出日本所侵佔之土地均應于戰後交還原主，「中國應收回東北四省、臺灣及琉球」。

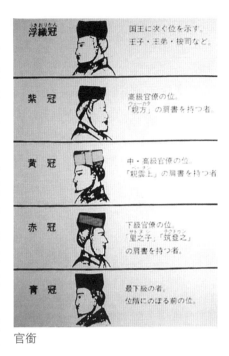

官銜

五十年代初期美國中情局資助蔡文治在太平洋塞班島設立自由中國抵抗運動，欲配合美軍滲入大陸，其倉庫與軍法監獄設於沖繩島。戰前島上農戶半數種蔗，年產值 1500 萬日元。戰後島上一片荒蕪，甘蔗滿山遍野無人收割。1953 年夏韓戰停戰後，千餘受訓官兵面臨遣散，蔡文治曾打算將美方所付遣散金集中開設糖廠，以安撫被遣散之官兵，先求自立，再等待國際形勢演變。然而美方不欲節外生枝，堅持全部資遣，顯然美國人不希望琉球與中國發生血緣、鄉土聯繫，以防他日落入中共手中。

1970 年美日背著中國簽定《美日舊金山和約》，拿中國的

領土作交易，私相授受，把琉球連同釣魚臺的「施政權」轉給日本。此舉遭到了土地主人琉球人的群起反對，他們「聚哭於鬧市」，連夜集會向美國日本抗議，數度組團到臺灣向蔣介石哭訴陳情，代表團用漢語懇請蔣介石看在「同是一家人」的份上，在聯合國仗義執言，准許琉球獨立或併入中華民版圖。儘管這種琉球「交還」方式並無任何國際法以及當地投票依據，曾經受國民黨公開支持的蔡璋「琉球復國運動」還是持續了很長時間。

　　1965 年日本首相佐藤榮作訪問臺灣時，曾以繼續維持台美外交關係為餌，要求蔣介石在琉球「歸還」日本問題上保持緘默。當時蔣介石考慮的是臺灣的生存[1]，他知道「退此一步，即無死所」，才使琉球在無阻礙情況下落入日本之手。由於兩岸分裂，

1　1948 年 9 月 28 日，日本外務省宣佈，關東軍官兵及其眷屬有十四萬人被迫留在東北共軍中服役，包括決定戰爭勝敗的優質炮兵、工程兵、訓練共軍士兵開槍打炮的以及教授飛行技術的。這夥殘忍暴戾的日軍官兵參加了四平街血戰、三保臨江、四下（松花）江南、林海雪原之戰、黑山狙擊戰、錦州戰役，爾後隨共軍四野入關，參加平津戰役、渡江戰役，一直打到海南島。據《中國人民解放軍事件人物錄》一書稱，自 1946 年 7 月——1950 年 6 月，共軍斃傷國軍 171 萬官兵，其中四野編制最大，戰績也最著，每個連隊都編有一個日本步兵班，這些訓練有素的日本鬼子在鐮刀斧頭旗下殺害的國軍官兵擢髮難數，四平街殉難的一萬七千國軍官兵竟多數死於日俘兵的屠刀。中共的空軍司令員王海、副司令員林虎、張積慧，北京軍區空軍司令員劉玉堤都是「東北航校」的日俘教官訓練出來的，1955 年一江山保衛戰中葬身火海的王生明上校及其麾下千餘官兵就是被日俘培訓的共軍飛行員炸死的。據大陸軍事網站透露，佔領東北的蘇軍向林彪部移交了 59 萬名日俘與偽滿官兵三、四十萬，所以林彪的四野藏污納垢了四、五十萬訓練有素的日偽俘虜兵，靠抽壯丁填數的國軍當然不是它們的對手。另外，徐向前部圍攻太原時，操作四千門大炮摧毀國軍三千多座碉堡、死傷四份之一市民的，就是共軍在山西受降的日本炮兵。蔣介石知道，倘若日本再次協助中共，以日本的海空軍實力，臺灣根本無法防守，這才忍辱負重，默許日本攫取了琉球群島。

國家不統一，釀成了這些痛苦的後果！

以民間力量推動琉球復國運動

　　由於日本的貪婪和無恥，釣魚島早就和琉球國牽扯到一起，我們事實上早就無法置身於事外，除了幫助琉球人民同時也是幫助我們自己之外，我們已沒有其他更好的選擇。琉球群島介於日本和臺灣省之間，是太平洋中橫亙在我們出海門戶的狹長鎖鏈，也更嚴重地控扼著我們進出太平洋的門戶。琉球的獨立就是第一島鏈的徹底破碎。琉球獨立後，我們與琉球會成為極其友好的國家，浩瀚的太平洋就能無遮攔地向我們敞開懷抱。

　　因此，中國不僅要關注琉球問題，而且要高調全力地插手！我們必須徹底放棄被動防禦的態勢，「高調出擊、攻敵之必守」就是我們最好的戰略，讓對手手忙腳亂方寸大失就能為我們贏得最大程度的戰略空間！中國政府應該義正辭嚴地指出琉球問題，要立場鮮明地指出「琉球不是日本領土」，並且站在國際法的高度同美日交涉。當然，僅僅停留在口頭上，也僅能嚇唬美日於一時，我們還需要採取一些具體的行動。我們必須全力支持和推動琉球復國運動，允許琉球人在中國成立復國組織，為琉球復國運動提供必要的資金，在全國各地重點高校與各級社科院設立琉球研究所，幫助琉球復國組織收集資料和資訊，並協助培養各種必要的人才，當然在中國版的世界地圖上將琉球同日本徹底分離也非常必要。宗旨就是：讓琉球人以中國為腹地，引導琉球復國熱情愈來愈激昂。一旦琉球人獨立的願望極其強烈，我們就要適時地推動他們進行全民公決，只要公決的結果是獨立，琉球獨立建國的法理就已成立。美國總是對外打著民主和人權的旗號，一旦琉球公決獨立，美國駐軍就只能乖乖溜走。日本若出兵干涉，

我們就要出動大軍，在我們的鼻子底下決不允許日本再次胡作非為！琉球一旦獨立，中國就立即同他簽署全面友好條約，大陸將熱情地擁抱我們曾經的琉球難弟！但是，我們必須記住，我們決不能宣稱琉球是我們的，維持獨立的琉球比加入中國更為有利！

　　釣魚島是我們的，這是毋庸置疑的。但是如果我們還僅僅停留在「強調釣魚島不是日本的」，不僅會被日本逼入死胡同，還會落入處處被動挨打的地步。既然日本非要把釣魚島同琉球聯繫起來，我們就只能把琉球問題撿起來。一旦我們揚起「琉球地位未定論」，釣魚島問題就會在中日關係中退居次要地位，一個涉及二戰法律遺產的國際法問題就會沸沸揚揚地擺在國際社會面前。這個問題就是：《開羅宣言》和《波茨坦公告》還有沒有效力？如果這兩個國際法文件效力不再，那麼聯合國就會失去存在的基礎，因為聯合國就是這兩個文件的產物。同樣，美國同日本的私相授受不僅非法，而且其在琉球的駐軍也非法。所以琉球問題是美國的難堪和日本的死穴！美日號稱民主國家，民主國家最重法律和民意，只要中國不示膽怯，只要琉球人還有獨立的熱望，那麼琉球就是扭轉中國戰略被動態勢的絕佳好牌！

　　易經有云：取法乎上，得乎其中；取法乎中，僅得其下。今日我國在邊界問題上侷處守勢，只有招架之功，全無還手之力，是謂取法乎下，則無所得矣！我想，海內外凡有血性有良知的中國人都應當竭誠支持琉球復國這一正義之舉。中國（兩岸）政府不方便出頭的事，老百姓應該走在前面。從戰略眼光，我們一定要志存高遠；在敏感問題上，政府難於啟齒的，學術界一定要當仁不讓，為中華民族的整體利益見義勇為。

梁光烈表示：絕不放棄對琉球的控制權

據香港雅虎論壇報導，中國國防部長梁光烈近日重新坐鎮西山，繼續主持軍委日常工作。而在此前，香港軍事論壇 BBS 傳言梁光烈因請求擊沉美航母未被中央外事領導小組組長允許，大怒之下自己給自己放假休息並偶爾見見外賓，兩耳不聞煩心事。

但美日韓一直持續到中國農曆春節的超強度軍演，讓有關親日懼美人士終於感到了害怕，因而力請梁光烈出山。梁光烈再次出來後，在軍委的一次會議上，就講道要爭取第二次朝鮮戰爭早打大打，關健時候不惜和美軍打核大戰。梁光烈的觀點是，寧可讓中美同時退回中世紀，也不放棄對朝鮮半島和琉球群島的控制權。

據相關人士透露，**在中日就釣魚島發生撞船事件後，梁光烈力主武力解決，用特種部隊飛赴那霸解救人質，並趁機派出軍艦對釣魚島進行常態化控制。對梁光烈的建議，溫家寶總理給予了大力支持**，並以中國軍方做後盾，在聯合國要求日本 24 小時放人。在溫家寶梁光烈的強力打壓下，日本首相不得不宣佈放人。但讓人遺憾地是，雖然溫家寶梁光烈為中國贏得了對日危機處理第一步棋，但因中央外事領導小組負責人攪局，最終將一盤大好棋輸給了日本人。

在梁光烈欲派漁政船和軍艦進行常態化管理的時候，日本首相建議中日首腦在比利時進行會唔商洽。日本共同社報導，對日本方面的建議，外交部表示了極大熱情，外事領導小組秘書長戴秉國多次向溫總理建議，要求中日首腦見面唔談。因此，在中央外事領導小組骨幹成員壓力下，溫家寶不得不和日本首相在走

廊裡見面十分鐘。這短短的十分鐘，讓日本軍政官員摸清中國對日底牌，就是中方決策者並不敢和日本在釣魚島發生戰爭，並認為打只是中國軍方單方面的想法，但日本方面仍希望摸清中國軍方的態度。由此，在東盟防長會議期間，日本防相北澤俊美多次請求和梁光烈在河內見面。對於日本方面的想法，梁光烈知根知底，因此給予了堅決拒絕。但日本方面並不甘心，繼續通過中國外事領導小組給梁光烈施壓，讓梁光烈不得不在電梯裡和日本防相談了十分鐘。梁光烈事後接受鳳凰台採訪時，也提到自己並不願意和日本防相見面，因為上面的要求不得不見。

　　中央外事領導小組力促梁光烈和日本防相見面，他們以為只是普通一場外交，可以緩和中日緊張關係，給三千日本青年免費遊世博創造良好氣氛。孰不知，日本通過和梁光烈的這次見面流程，瞭解中國軍方在政界並無決策權。日本由此斷定，即使日本武力侵佔釣魚島，中國中央外事領導小組也不允許解放軍和日本皇軍發生衝突。

（原載於 2011 年 3 月 2 日西陸軍事網）

美國聯邦眾議員吳振偉呼籲日本交出釣魚島

在美國，也出現了同官方立場相悖的輿論。華裔的聯邦眾議員吳振偉[1]便是一例。據美國之音 2010 年 9 月 29 日報導，正當日中兩國關係由於釣魚島爭端處於緊張之際，美國俄勒岡州聯邦眾議員吳振偉（David Wu）呼籲日本交出釣魚島。

吳振偉對記者說，由於當初是美國將釣魚島交給日本，才引起今日的爭端，因此他認為美國也有義務出面協助解決。

吳振偉說：「我今晚在這裡，也要呼籲日本政府，放棄對釣魚島的佔領（surrenderits possession）。這件事在最近的新聞當中引起極大爭議。很不幸，也很不必要的，美國曾經涉入此事。這些島嶼，自古就是屬於中國的。」

吳振偉認為，自從明朝開始，釣魚島無論在歷史上或地理上，都是屬於中國的。日本方面的資料也承認 1700 年代晚期中國對這些島嶼的所有權。日本是在 1895 年的（甲午）戰爭之後，才對這些島嶼宣稱主權的。目前日本將這些島嶼稱為尖閣列島。

吳振偉認為，當年美國在這件事上犯了錯誤：「在二次世界大戰之後，日本政府交出這些島嶼，不幸的是，美國當時暫管釣魚島，美國犯了個錯誤，把這些島嶼的管理權交還給日本。這個

1　吳振偉（1955.4.8–），耶魯大學法學博士，美國首位華裔眾議員，民主黨黨員。祖籍江蘇揚州，出生於台灣新竹。他在亞裔選民僅佔 5% 的俄勒岡第一選區已七度當選聯邦眾議員。他是奧巴馬競選總統的較早支持者之一，主要原因是他們政見相近；從一開始就反對伊拉克戰爭。他早年致力於推動議案，要求日本政府正視慰安婦問題，還致力於促進華裔權利，是華人在美國政壇少見的明星級人物。他認為美國介入釣魚島問題是不幸與不必要的。

錯誤應該被糾正（be rectified），日本政府應交出這些島嶼。」

　　吳振偉批評了目前美國國務院在釣魚島爭議上的做法。他說：「我認為國務院持續採取 1970 年代早期的立場，是錯上加錯（compound the error）。這很不幸。如果經過更進一步深思熟慮之後，顯示國會的決議案將有幫助的話，我當然不反對提出決議案。」

　　吳振偉認為，如今美國在釣魚島爭議上，應該扮演中立的「誠實掮客」（honest broker）角色，來及時解決目前的情況。

　　吳振偉認為雙方在談論此事上不需要設定前提，因為前提有時反而會成為障礙。

　　不過吳振偉承認，要求日本交出釣魚島控制權的說法，尚未與相關政府接觸。他說：「我們還沒有與特定的中國官員或日本官員接觸。我原本打算今晚要參加中國大使館的（十‧一）國慶慶典，但我決定在那裡討論這樣的議題不太洽當，所以我們失去這次接觸的機會，但我期待將來會這樣做。」

　　吳振偉說，他可以理解涉入爭端各方的憤怒情緒，但他期待這件事可以及時並且和平的解決。他同時歡迎任何人到他的網站上提供有關釣魚島爭端該如何解決的建議。

另類的聲音

琉球住民的兩種不同意願

在琉球本土，由於歷史的積凝與恩怨，對琉球獨立與否也產生了兩種不同的聲音，主張獨立或回歸中國的聲音顯然超出了維持現狀的聲音。剛好在瀏覽網頁的時候看到了這一個帖子。雖然是 2010 年 9 月份的，但回復也有今年，甚至是昨天的。總之是與之前的相呼應了。

按照發帖的內容來看，該樓主是個沖繩人，雖然不能代表整個沖繩，但至少是能夠反應一部份沖繩人的思想觀念。從回復帖子的情況來看，可以印證在上次帖子中說過的，有部份日本人瞧不起沖繩人；而有部份沖繩人希望從日本獨立出來；又有一部份沖繩人嚮往中國。（由於國內環境，本文刪了一些敏感的攻擊性言論。本文翻譯一些比較有中性或是代表的言論）。

一、我是沖繩人，但比起內地（指的是日本本島）更對中國抱有親切感。中國文化是琉球文化的源泉。為何這麼說，看看首里城（首里城是位於琉球群島的沖繩島內南部，那霸市以東一座琉球式城堡，從 15 世紀至 19 世紀是琉球國的都城所在地和王宮。首里城原建於 13 世紀末至 14 世紀初，是琉球王國的政治和權力的中心。）的情況便可一目了然。

日本本島的人給琉球帶來的只有破環與混亂不堪，而中國人給我們帶來的是文明的進步。再說了，琉球人與中國人的往來，比起日本本島的人足足早了 400 年。對中國人抱有親切感是理所當然。

作為沖繩人想成為中國人的願望比成為日本人更為強烈。日本政府趕快把沖繩還給中國吧！我們沖繩人沒有比這個更期待的

了。

二、沖繩縣民的意願是選擇中國。

三、怎麼說。現在的日本可以說是美國人的奴隸。要說的話，只是奴隸主從美國變成中國而已。

由於人類基本上是保守的動物，所以對於主人更改一事肯定是懷有恐懼感與厭惡感。值得嘗試一次改變。

或許會出乎意料的，中國會比美國寬容許多，比如以寬鬆的預算政策著稱的中國會給沖繩錢錢的啦。

四、我是沖繩人。

同時擁有久米（日本地名）36 姓（=600 年前移居到沖繩的中國人）的我們的血混有中國的 DNA。

去國外的時候，讓人家看護照呢，是日本人，但是在日本國內就是「從沖繩來的沖繩人」，但是，我們的祖先是中國人。

五、對於沖繩，贊成日美安保條約的只有 5%。

親中或者是親美都沒有關係，希望沖繩作為沖繩自主自生才是王道。

沖繩人也並非是親中，但是，也確實似乎是很在乎中國、如果中國人實現了無簽證的話，那麼中國遊客每年估計會達到最多 2000 萬人。

這個數字，是從東京或者是大阪等地來的 600 萬日本遊客的 3.3 倍以上。

讓沖繩獨立，然後以保衛沖繩的名義，和中國締結安全保障條約，這是中國的如意算盤吧。

六、贊成中國支持琉球王國作為獨立國家。

琉球王國因為日本的原因，經濟上也完全不行了。

七、如果沖繩成為中國的，那麼行政區是中華人民共和國臺灣省琉球自治區嗎？

八、沖繩如果變成是中國的，那麼釣魚島問題也就不復存在了。漁民們也可以安心的捕魚了。沖繩人就不用整天提心吊膽的了。

九、所以，沖繩人想成為中國人。

沖繩人不是日本人而是沖繩人。和被美軍施壓的日本和中國不一樣。如果不是成為日本的，而是成為中國領土，那麼美軍將會從沖繩消失，終於歸於和平了。

如果在漢族的統治下，能夠和平，那也不錯。

十、沖繩人說想成為中國人，就那樣不好嗎？

十一、試著想一下，沖繩人確實不是日本人。要不要成為中國人由沖繩人自己決定。

十二、沖繩人真的非常讓人討厭，如果成為中國的那就好了。

十三、到底因何緣故，這麼地憎恨日本與沖繩？

我雖是琉球人，但非常非常喜歡中國。

十四、我是沖繩人，但是我比較喜歡中國。不喜歡內地（日本）人。我好想成為中國人。

十五、琉球人嚮往獨立。

十六、關於未來的預想，沖繩會在中華圈發展，而日本將在經濟衰退中沒落。

（本文係 2010 年 9 月以來琉球網貼選輯）

日本對中共學者收回琉球言論暴跳如雷

日本《每日新聞》近日報道稱，對中國學界主張「沖繩歸屬中國」表示關注。報道稱，在日美基地搬遷問題陷入僵局之際，中國學者熱切議論這一課題，令日本感到恐怖和不安。據《每日新聞》報道，去年 12 月，在北京的一個歷史學者研討會上，有教授提出「明治政府在 1879 年簽定的《琉球合併》（註：沖繩的原名為琉球）以及在 1972 年沖繩歸還日本，在國際法上沒證據支撐。」

該報還指出，「進入 21 世紀後，中國的主張『中國沒放棄沖繩』的論文卻頻頻問世。」該報引用一名日本學者的統計數據，推算中國發表過相關見解的論文有 20 來篇。同時，分析了中國學界之所以在這個時候熱論沖繩的歸屬問題，與日本和美國被沖繩基地搬遷問題困擾有關。

《每日新聞》的報道還稱，「中國政府放任這類主張，不排除這是中國的意圖，是趁日美為沖繩基地搬遷問題煩惱、沖繩人民不滿美國基地的情緒高漲之際，發出這樣的言論。」

琉球群島是太平洋的一系列島嶼，位於中國台灣與日本之間。到目前為止，琉球群島中南部一直處於日本託管之下，但主權不屬於日本，根據《波茨坦公告》第八條的補充規定：「開羅宣言之條件必將實施，而日本之主權必將限於本州，北海道，九州，四國及吾人所決定其他小島之內。」

中國學者正在發起一場「還我沖繩」的運動嗎？這個大部份中國人很陌生的問題卻在日本被看得很重。《每日新聞》18 日稱，中國當局默認學者熱議「還我沖繩」，讓日本「恐怖」。還

有日本學者 16 日在朝日電視台上聲稱，中國海軍的最終目的是
要佔領沖繩。沖繩是日本明治維新之後吞併的第一塊土地，它至
今仍是日本的一塊心病。中國社會科學院學者吳懷中是認為日本
對沖繩的主權缺乏國際法基礎的學者之一，他對《環球時報》表
示，對複雜的沖繩主權問題，中國學者一說話，日本就給中國扣
霸權主義的帽子，這只能顯示出日本自卑的心態和對華交往的嚴
重「不誠信」態度。

日本對「還我沖繩」的呼聲感到恐懼

日本三大報之一的《每日新聞》18 日刊出題為《走向海洋的
巨龍》的專題報道，其中一篇文章的標題是「中國出現『還我沖
繩』之聲」。

報道開篇寫道：「『中國對於沖繩至今仍然擁有權利』，
這樣刺激的主張在中國的歷史學者之間變得越來越有力。」報道
稱，在美軍普天間機場搬遷問題上日美同盟發生動搖、沖繩和日
本政府之間的關係出現摩擦之時，中國要求「還我沖繩」的聲音
在增強，去年 10 月在北京舉行的一次研討會上，有學者「反覆主
張」無論是明治政府在 1879 年吞併琉球，還是 1972 年沖繩回歸
日本都沒有國際法上的根據。報道介紹了一些日本學者對此進行
的評論。琉球大學名譽教授上里賢一稱，中國學者的這種主張等
於推翻了中國政府支持沖繩屬於日本的公開見解，而且主辦那次
研討會的北京大學歷史系教授還不是一名「過激的反日派」，但
卻進行這樣的議論；中國政府默認這種與官方見解不同的主張，
這「令人感到恐懼」。

早稻田大學特別研究員三田剛史稱，中國有領導人在二戰之

前的文章中曾經提到，「沖繩是被帝國主義國家掠奪的眾多領土的一部份」，這段話在二戰後重新刊登時已經被刪掉了。

可是，進入本世紀，主張中國沒有放棄沖繩權利的論文開始陸續發表，相關論文在 2006 年以後就達到 20 篇。

中國人可能都知道岳飛「還我河山」的說法，但對「還我沖繩」這話卻很陌生，如果不是日本媒體報道，很多人都沒聽說過。然而日本人卻要敏感得多。16 日晚間，日本朝日電視台的政論專題節目中，青山繁晴等國際問題專家以中國海軍在日本海域頻繁活動為由評論認為，中國海軍不僅在覬覦釣魚島，最終目的是要佔領沖繩，所以日本政府不能不作出相應防範。類似論調常見於日本部分著名評論家口中。日本右翼人物西尾干二曾在朝日電視台宣稱，中國什麼時候攻擊沖繩都不奇怪。

日本記者惠隆之介也曾發表題為《要被中國吞併的沖繩》的文章。他說，中國把包括海底油田在內的琉球諸島作為進入太平洋的戰略據點，正虎視眈眈地想將其據為己有，如果今後不管沖繩的話，就會威脅到日本的主權，沖繩本島有變成釣魚島的危險。

侵佔沖繩一直是日本的一塊心病

沖繩位於台灣島和九州島之間，由沖繩諸島、宮古列島、八重山列島等 60 多個島嶼組成，面積為 2255 平方公里。沖繩在歷史上曾是一個獨立的國家，名為琉球王國，曾是中國從屬國。這個王國後來成為明治維新後日本對外擴張的第一個犧牲者。1879 年 4 月，日本正式吞併琉球，設置沖繩縣，但中國清政府並不承認日本對琉球的吞併。1879 年美國卸任總統格蘭特訪問中國和日

本，曾居中調停，提出三分琉球的方案，即將南部小島歸中國，中部歸琉球王復國，北部島嶼歸日本。甲午戰爭後，日本開始對琉球進行進一步的蠶食，清政府無力干涉日本的吞併舉動，琉球才逐漸被日本侵佔。即使到了二戰結束前後，沖繩作為日本領土的地位都不穩固。1945 年美軍登陸沖繩，沖繩成立了一個只有一星期歷史的八重山共和國。二戰之後，美國曾要求當時的國民黨政府托管琉球與台灣，但蔣介石只收回了台灣，並未收回琉球。於是 1945 年至 1972 年期間由美軍直接管轄沖繩，其地位與如今已成為美國海外領地的塞班島幾乎一樣。

《每日新聞》18 日在報道的下面製作了歷史資料鏈接，也顯示出沖繩對日本的長期不認同：1879 年，琉球處分（日本對吞併琉球的說法），琉球王國的士族要求清朝救援；1894 年，日清戰爭，沖繩出現清兵來救援的流言；1911 年，中國發生辛亥革命，部份沖繩報刊同時刊登日本和清朝的年號。《每日新聞》稱，沖繩從傳統上就有親中國的土壤，再加上駐日美軍基地問題對日本本土的不滿，讓沖繩對中國的親近感在增強。

今年 5 月末，《每日新聞》和《琉球新報》聯合進行的民意調查顯示，沖繩支持日美安保條約的人僅有 7%。沖繩國際大學學者富川盛武認為，沖繩人當然是日本人，但沖繩人也有既是日本人又不是日本人、既是中國人又不是中國人的獨特感覺。

2005 年日本內閣府的一項調查顯示，25% 的縣民主張沖繩獨立，40% 的縣民認為自己是沖繩人。

《環球時報》記者去年到沖繩採訪時，曾經在石垣島上住了一晚。民宿的所有者是一位 70 多歲的老太太，她在和記者聊天時說，她不是日本人，也不是美國人，她根本不認同這兩國的文化。她還用一種與日語相差很大的語言唱起了琉球歌謠。

　　但今年初《環球時報》的另一個記者組在沖繩採訪時，一個
家庭的幾名成員表示，他們認同自是日本人，通常是外來人提醒
他們是沖繩人。

　　在日本還有琉球獨立運動，但並未獲得一般縣民的支持。
2006 年的沖繩縣知事選舉中，琉球獨立黨的黨魁屋良朝助代表該
黨參選，但只得 6220 票。琉球大學學者林泉忠認為，沖繩民族認
同的主流並沒有超出「日本人」這一框架，沖繩獨立的思想被譏
諷為「酒館獨立論」：既沒有尋求獨立的政治領導人，也沒有相
應的理論基礎和長久持續的運動實踐，只會在喝酒閒聊的時候發
洩牢騷、空談獨立。

中國學者言論無可厚非

　　對於中國民間出現的「日本沒有對沖繩的合法主權」的說
法，清華大學學者劉江永認為，從歷史及國際法上，日本對沖繩
都屬於強行吞併，並無合法主權。但如果說「中國應收回沖繩」
則純屬無稽之談，因為中國政府從未有過對沖繩的主權，中國收
回沖繩既缺乏歷史根據，也缺乏國際法的支持。而且中國政府也
一貫承認沖繩屬於日本。部份學者提出中國應該收回沖繩，只是
民間極少數人的意見，並不能代表中國主流聲音或中國政府的態
度。

　　實際上，日本對中國領土說三道四的言論更多，從台灣到新
疆、西藏，被日本一些人拿來挑事兒，甚至還有學者公開聲稱中
國應該分裂成幾部份。

　　日本 JCC 新日本研究所副所長庚欣認為，沖繩問題從來都不
是中日之間的主流問題，它不是一個中日矛盾問題，而是日本國

內問題。一些日本學者和媒體經常拿台灣、西藏等中國內政問題責難中國，因此中國學者這次也拿沖繩向日本「說事兒」，這更像是小孩打架，你打我一下，我還一下，沒有什麼實際意義。

中國社會科學院日本所學者吳懷中則與上述學者持不同意見，他認為中國也擁有對沖繩的主權。他說，中國學者提出中國應收回沖繩主權，是給囂張的日本學者以警示。日本有人頻繁借台灣問題向中國拋出不友好言論，一次又一次地抹黑中國形象，一次又一次地給中日關係增添雜音。中國很少對日本做出激烈回應。

吳懷中說，現在當中國民間提出一些在沖繩問題上反擊日本的聲音時，日本一些人卻反應強烈，並提升到中國霸權主義興起的層面，徹底顯示出日本自卑的心態和對華交往的嚴重「不誠信」態度。顯示出日本對待中國的不平等心態：只能允許自己往死裏罵別人，別人說自己一句壞話就暴跳如雷。中國學者借沖繩對日本進行反擊，從歷史角度或現實角度都完全是無可厚非的，對日本做出一些刺激，對中國奪回話語權有很大幫助。

（原載 2010 年 11 月 10 日中華網論壇）

復旦郭定平教授畏懼網路罵名
「漢奸賣國賊」跳樓身亡

在中國學術界，也有在釣魚島問題上持不同見解者，譬如復旦大學教授郭定平：

郭定平主張釣魚島歸日本　經不起口誅筆伐自殺身亡

最新媒體消息，2011 年 2 月 28 日下午三時許，上海復旦大學教授郭定平跳樓自殺。自復旦大學行政大樓頂突然跳下。接到報案後，警方已經控制了現場。郭定平因為之前在鳳凰衛視有關孫海英夫婦要求將戶籍遷往釣魚島一事的評論引起軒然大波，針對其言論，眾多網友在互聯網上口誅筆伐，諸如「哈巴狗」、「賣國賊」、「漢奸」、「敵特」、「偽專家」等的質疑和謾罵一時間充斥各大知名論壇。不僅如此，還有不少網友表示要對郭教授實施人身襲擊。郭定平堅持「釣魚島歸日本領土」的錯誤主張。有關釣魚島的最終歸屬問題，郭在書中認為從中日友好的長遠利益考量，承認釣魚島是日本領土未必不是明智的選項。他曾透露這個提法很大膽，會有爭議，但上面還是有默許的。關鍵是這個主張贏得了日本朝野方方面面的廣泛支持，可以有效打開中日邦交目前的僵局，也讓美國在東亞的介入失去了部份合理性。中國失去的僅僅是一個沒有什麼現實價值的小島，可是贏得了中日友好的千秋之利，同時可以極大地改善中國的國際形象，遏制『中國威脅論』的持續蔓延。」

中國之音評論：

　　郭定平教授不該發生的悲劇終於發生了！死得太不值得！太遺憾了！雖然讓世人同情，但其所謂的學術觀點完全錯誤！

　　郭定平教授的草率言論，顛倒是非，混淆黑白，極大地傷害了中國人民的思想感情，違背了中華民族的根本利益。也許，郭定平教授是想以自殺證明自己心裡不是想當漢奸賣國賊，或者有所悔悟、頓感無顏見江東父老、唯有跳樓以謝國人？但是，全國人民絕對不會同意郭定平教授關於釣魚島問題的立場、觀點和方法：「承認釣魚島是日本領土未必不是明智的選項」。這個說法非常不妥當和極端有害。

　　郭定平教授說什麼「上面還是有默許的」，這是誰默許的？南海島嶼問題，藏南領土問題，美國圍剿中國問題，美日韓黃海東海軍演問題，一系列麻煩問題，再說「中國失去的僅僅是一個沒有什麼現實價值的小島」，「可以有效打開中日邦交目前的僵局，也讓美國在東亞的介入失去了部份合理性。」諸如此類的糊塗觀點，令人費解。

　　為什麼郭定平教授如此無知和歷史常識？釣魚島（日本叫「尖閣列島」）決不是一個沒有價值的小島問題，而是一大片領海領土和東海油氣田，還有極端重要的戰略地位。日本島鏈就是這樣圍困中國！豈可拿中國領土主權當兒戲？拿原則作交易？

　　郭定平教授對日本和美國太天真、太幻想了，不太像堂堂復旦大學國際關係與公共事務學院教授的學術水準！請注意：經過中國之音查實，2009-04-16郭定平自己在網上發佈的消息說：「郭定平，復旦大學日本研究中心主任，國際問題研究院副院長，國際關係與公共事務學院政治學教授，博士生導師。1998年

獲復旦大學博士學位，2002年獲東京大學博士學位。出版《多元政治》、《政黨與政府》、《韓國政治轉型研究》、《上海治理與民主》等多部學術專著，主編《東亞共同體建設的理論與實踐》等學術著作，發表《論戰後日本政黨在外交決策過程中的地位和作用》等中文、英文、日文學術論文數十篇。」

琉球群島（日本叫沖繩群島）問題即使是一個歷史遺留問題，中國也沒有答應不與日本算帳啊！1879年日本吞併唐朝以來就是中國的附屬國——琉球群島，其70%居民來源於福建，否則隔著一個琉球群島，中國與日本就不存在領海之爭問題。更何況釣魚島問題？僅僅釣魚島回歸中國，中國就有通往太平洋的出海口。

國家圖書館出版品預行編目資料

琉球是我們的／胡志偉 編著.--初版-- 臺北市：博客
　思出版事業網：2022.08
　　面；　公分. --（當代觀察；10）
　ISBN：978-986-0762-32-7(平裝)

　1.CST: 歷史 2.CST: 琉球

731.7881　　　　　　　　　　111012105

當代觀察 10

琉球是我們的

作　　　者：胡志偉 編著
主　　　編：張加君
編　　　輯：凌玉琳
美　　　編：凌玉琳
校　　　對：沈彥伶、楊容容、古佳雯
封面設計：陳勁宏
出　　　版：博客思出版事業網
地　　　址：台北市中正區重慶南路1段121號8樓之14
電　　　話：(02)2331-1675或(02)2331-1691
傳　　　真：(02)2382-6225
E - MAIL：books5w@gmail.com或books5w@yahoo.com.tw
網路書店：http：//5w.com.tw/
　　　　　　https：//www.pcstore.com.tw/yesbooks/
　　　　　　https：//shopee.tw/books5w
　　　　　　博客來網路書店、博客思網路書店
　　　　　　三民書局、金石堂書店
經　　　銷：聯合發行股份有限公司
電　　　話：(02) 2917-8022　　傳真：(02) 2915-7212
劃撥戶名：蘭臺出版社　　　　帳號：18995335
香港代理：香港聯合零售有限公司
電　　　話：(852)2150-2100　　傳真：(852)2356-0735
出版日期：2022年 8 月 初版
定　　　價：新臺幣 500 元整（平裝）
ISBN：978-986-0762-32-7